全球价值链背景下
制造业服务化的环境效应研究

In the Context of Global Value Chain
A Study on the Environmental Effects of
Manufacturing Servitization

王向进◎著

中国经济出版社
CHINA ECONOMIC PUBLISHING HOUSE
·北京·

图书在版编目(CIP)数据

全球价值链背景下制造业服务化的环境效应研究 / 王向进著. --北京：中国经济出版社，2022.4
ISBN 978-7-5136-6888-0

Ⅰ. ①全… Ⅱ. ①王… Ⅲ. ①制造工业-服务经济-低碳经济-研究-中国 Ⅳ. ①F426.4

中国版本图书馆 CIP 数据核字(2022)第 061463 号

策划编辑　赵静宜
责任编辑　贾轶杰
责任印制　马小宾
封面设计　任燕飞

出版发行	中国经济出版社
印 刷 者	北京艾普海德印刷有限公司
经 销 者	各地新华书店
开　　本	710mm×1000mm　1/16
印　　张	13.5
字　　数	206 千字
版　　次	2022 年 4 月第 1 版
印　　次	2022 年 4 月第 1 次
定　　价	78.00 元

广告经营许可证　京西工商广字第 8179 号

中国经济出版社 网址 www.economyph.com 社址 北京市东城区安定门外大街 58 号 邮编 100011
本版图书如存在印装质量问题，请与本社销售中心联系调换（联系电话：010-57512564）

版权所有　盗版必究（举报电话：010-57512600）
国家版权局反盗版举报中心（举报电话：12390）　　服务热线：010-57512564

序言
PREFACE

改革开放以来，中国制造业的出口贸易嵌入全球价值链低端的"加工""组装"等环节，依赖于传统的要素禀赋和比较优势获得利益。这种粗放型的增长模式能源消耗多、环境污染重，虽然实现了制造业出口贸易的高速增长和全球价值链参与程度的提高，但是也带来严重的环境污染问题，导致中国面临"污染避难所"的指责。中国政府积极应对减排压力，为实现减排目标，对制造业出口贸易隐含碳的减排提出了更高的要求。目前和未来国际贸易发展的制造业服务化的趋势为出口贸易隐含碳的减排提供了可选择的途径。

本书提出的制造业服务化是指制造业出口贸易中服务来源增加值占比的提高，即制造业投入服务化。服务化的过程将更多能源消耗少、技术含量高的服务要素投入制造业的全球价值链生产环节，降低了制造业出口贸易中隐含的国内外能源消耗，从而降低出口贸易隐含碳的排放。基于以上逻辑，本书对制造业服务化的环境效应的内生机制、投入产出关系和减排路径进行理论分析；在此基础之上分别从中国行业、区域空间和国际比较三个视角对制造业服务化的出口贸易隐含碳排放效应进行实证检验；针对中国情况，对制造业服务化的出口贸易隐含碳的减排潜力进行模拟估算；最后，根据研究结论提出相应的政策建议。本书的主要内容如下：

第一，基于投入来源两部门的假设，构建制造业服务化的环境效应的内生机制静态模型，并且基于投入来源部门能源消费弹性的大小对模型进行动态分析；基于投入产出关系，对制造业出口贸易增加值来源的服务化与出口贸易隐含碳排放链之间的关系进行分析；最后对制造业服务化与碳排放的阶段性关系及服务化的减排微观传导路径进行阐述和总结。以上理论分析是对制造业服务化的环境效应进行实证检验的基础，主要结论为：全球价值链背景下制造业出口贸易增加值来源结构的调整，即服务化水平的提升，可以为降低出口贸易隐含碳排放提供思路。

第二，建立引入服务化指标的环境污染与供给模型，基于多区域非竞争型投入产出表（WIOT），从中国行业的视角，利用面板固定效应模型（Fe）对制造业总体服务化、高端服务化和路径异质性服务化的出口贸易隐含碳排放效应进行实证检验。结果表明，制造业服务化的趋势能够显著降低行业出口贸易隐含碳排放水平；制造业生产性服务化对出口贸易隐含碳没有减排效应，主要原因是目前中国制造业出口贸易中科学技术和信息等服务投入程度不足；制造业下游价值链的服务化比上游服务化对出口贸易隐含碳的减排效果更加显著。

第三，基于中国地区竞争型投入产出表，以"莫兰指数I"（Moran's I）分析区域空间相关性及空间局部关联模式，从而研究中国制造业服务化和隐含碳排放的区域空间分布特征。从制造业总体服务化、高端服务化和异质性服务化等角度，利用半参数地理加权回归模型（SGWR）对出口贸易隐含碳排放效应进行区域空间对比。结果显示，中国制造业服务化对出口贸易隐含碳的减排作用主要依靠东部地区，且东部地区分配性服务化是减排的主要动力；西部地区制造业的分配性服务投入对出口贸易隐含碳排放的负向效应不足；与西部和东北部地区相比，东部和中部地区更早享受信息传输、计算机、软件业服务化的减排福利。

第四，借鉴STIRPAT模型，建立适用于全球价值链背景下不同国家或地区制造业服务化的环境效应评估模型。从多国的角度，利用面板固定效应模型（Fe）和全面可行广义最小二乘法模型（全面FGLS），实证检验异质性服务化和国内外来源服务化的出口贸易隐含碳排放效应的国际差异。按照技术水平对制造业分类，分别对比不同经济发展水平国家的不同类型制造业服务化的出口贸易隐含碳排放效应。研究表明，39个主要国家整体制造业服务化与隐含碳排放之间存在"倒U型"关系；发达国家国外来源生产性服务化及中低技术制造业服务化的减排效应显著，低技术制造业服务化无减排效应；新兴经济体的所有类型制造业服务化的减排效应显著的主要驱动因素均是生产性服务化，且国内来源生产性服务化的减排效应更加显著。国际比较视角的研究结论给中国制造业通过服务化促进减排提供重要政策启示。

第五，基于环境经济核算的方法构建模拟估算模型，从"服务化减排""技术减排"和"结构减排"共同决定的视角，对全球价值链背景下中国制造业服务化的出口贸易隐含碳减排潜力进行估算。结果表明，制造业服务化程度提升所致出口贸易隐含碳的减排潜力与结构减排强度相当，且逐年提升；因而，服务化速度加快带来的出口贸易隐含碳减排潜力将更高。

第六，根据中国行业视角、区域空间视角和国际比较视角制造业服务化的隐含碳排放效应的研究结论，以及中国制造业服务化的减排潜力估算结果，可以得到中国制造业服务化减排的政策性启示。例如，加大制造业中高端类服务投入力度，以充分发挥生产性服务化的减排潜力；发挥东部、中部、西部和东北部异质性服务化的减排差异的比较优势，形成制造业服务化升级和减排优势一体的区域生产网络；提高制造业产出中服务来源增加值的比重，促进高技术制造业中生产性和分配性服务投入的减排作用等。最后，分别从发挥企业服务化的主动性、促进高端技术服务要素与制造业融合、提高全国信息化比重等六个方面给出相应的政策建议。

本书对全球价值链背景下制造业服务化的出口贸易隐含碳排放效应进行多层次的研究，并且将研究范围从中国行业层面扩展到区域空间和国际比较。这是对现阶段学界关于贸易与环境关系研究视角的创新和拓展，补充了产业内部升级的减排效应研究的全球价值链服务化视角的欠缺和不足，具有重要的理论意义。并且，对中国政府有针对性地制定服务化政策，以促进减排目标的实现，具有重要的现实经济意义。

目 录
CONTENTS

序 言 ··· 1

第一章 引 言 ·· 1

1.1 研究背景和意义 ·· 1
    1.1.1 研究背景 ·· 1
    1.1.2 研究意义 ·· 3

1.2 研究思路与方法 ·· 6
    1.2.1 研究思路 ·· 6
    1.2.2 研究方法 ·· 6

1.3 研究框架与内容安排 ··· 7
    1.3.1 研究框架 ·· 7
    1.3.2 内容安排 ·· 9

1.4 本书的创新与不足 ·· 10
    1.4.1 本书创新之处 ··· 10
    1.4.2 本书不足之处 ··· 11

第二章 文献综述 ·· 13

2.1 制造业服务化的环境效应相关研究 ·· 13
    2.1.1 制造业服务化的环境效应理论研究 ······································· 13
    2.1.2 制造业产出服务化的环境效应 ·· 15
    2.1.3 制造业投入服务化的环境效应 ·· 15
    2.1.4 产业结构服务转型的环境效应 ·· 17

2.2 制造业升级的环境效应相关研究 ·· 18
    2.2.1 制造业内部结构升级的碳排放效应 ······································· 18

  2.2.2 制造业出口贸易结构升级的碳排放效应 ·············· 19
 2.3 嵌入全球价值链的环境效应相关研究 ······················· 20
  2.3.1 贸易开放的隐含碳排放效应 ···························· 20
  2.3.2 全球价值链升级的隐含碳排放效应 ···················· 22
 2.4 小结 ·· 23

第三章 全球价值链背景下制造业服务化的环境效应理论基础 ········ 25

 3.1 制造业服务化的环境效应的内生机制 ······················· 25
  3.1.1 基本假设 ·· 25
  3.1.2 基于投入来源两部门的静态模型 ······················· 26
  3.1.3 基于能源消费弹性的动态分析 ·························· 28
  3.1.4 现实含义 ·· 30
 3.2 制造业服务化的环境效应的投入产出分析 ·················· 31
  3.2.1 制造业出口增加值来源的服务化 ······················· 31
  3.2.2 制造业出口贸易流中的隐含碳 ·························· 37
  3.2.3 制造业服务化与隐含碳排放链的关系 ················ 38
 3.3 制造业服务化的环境效应的路径分析 ······················· 39
  3.3.1 制造业服务化的过程 ····································· 39
  3.3.2 制造业服务化与碳排放的阶段性关系 ················ 41
  3.3.3 制造业服务化的减排微观传导路径 ···················· 44
 3.4 小结 ·· 45

第四章 全球价值链背景下制造业服务化的现状及特征 ················ 47

 4.1 全球价值链背景下中国制造业的服务化：行业特征 ······ 47
  4.1.1 制造业服务化的行业细分差异 ·························· 48
  4.1.2 制造业服务化的投入高端化 ···························· 50
  4.1.3 制造业服务化的来源国分解 ···························· 52
 4.2 全球价值链背景下中国制造业的服务化：区域特征 ······ 53
  4.2.1 制造业服务化的区域细分差异 ·························· 53
  4.2.2 制造业服务化的投入异质性 ···························· 54
  4.2.3 制造业服务化的地区对比 ································ 58
 4.3 全球价值链背景下制造业的服务化：国际特征 ············ 61
  4.3.1 发达国家和新兴经济体制造业服务化的趋势对比 ···· 61

  4.3.2 发达国家和新兴经济体制造业服务化的来源国分解 …………… 62
  4.3.3 发达国家和新兴经济体不同类型制造业服务化的差异 ……… 65
 4.4 小结 ……………………………………………………………………… 70

第五章 全球价值链背景下制造业服务化的环境效应：中国行业视角 … 71
 5.1 模型设计 ………………………………………………………………… 71
  5.1.1 模型构建 ………………………………………………………… 71
  5.1.2 指标说明 ………………………………………………………… 74
  5.1.3 数据来源和处理 ………………………………………………… 74
 5.2 实证检验 ………………………………………………………………… 78
  5.2.1 制造业总体服务化的碳排放效应 ……………………………… 79
  5.2.2 制造业高端服务化的碳排放效应 ……………………………… 82
  5.2.3 制造业路径异质性服务化的碳排放效应 ……………………… 85
 5.3 小结 ……………………………………………………………………… 87

第六章 全球价值链背景下制造业服务化的环境效应：区域空间视角 … 88
 6.1 区域空间分布特征 ……………………………………………………… 88
  6.1.1 空间自相关指数 ………………………………………………… 88
  6.1.2 空间自相关检验 ………………………………………………… 90
  6.1.3 空间局部关联模式 ……………………………………………… 92
 6.2 模型设计 ………………………………………………………………… 95
  6.2.1 模型构建 ………………………………………………………… 95
  6.2.2 指标说明 ………………………………………………………… 97
  6.2.3 数据来源和处理 ………………………………………………… 99
 6.3 实证检验 ……………………………………………………………… 101
  6.3.1 制造业总体服务化的碳排放效应的空间对比 ……………… 101
  6.3.2 制造业异质性服务化的碳排放效应的空间对比 …………… 103
  6.3.3 制造业高端服务化的碳排放效应的空间对比 ……………… 107
 6.4 小结 …………………………………………………………………… 111

第七章 全球价值链背景下制造业服务化的环境效应：国际比较视角 … 112
 7.1 模型设计 ……………………………………………………………… 112
  7.1.1 模型构建 ……………………………………………………… 112

  7.1.2 指标说明 …… 114
  7.1.3 数据来源和处理 …… 117
 7.2 基于异质性服务化和国内外来源服务化的实证检验 …… 118
  7.2.1 全球整体制造业服务化的"倒U型"碳排放效应 …… 118
  7.2.2 制造业异质性服务化的碳排放效应的国际比较 …… 121
  7.2.3 制造业国内外来源服务化的碳排放效应的国际比较 …… 122
 7.3 基于不同类型制造业服务化的实证检验 …… 128
  7.3.1 高技术制造业服务化的碳排放效应的国际比较 …… 131
  7.3.2 中高技术制造业服务化的碳排放效应的国际比较 …… 131
  7.3.3 中低技术制造业服务化的碳排放效应的国际比较 …… 134
  7.3.4 低技术制造业服务化的碳排放效应的国际比较 …… 137
 7.4 小结 …… 140

第八章 中国制造业服务化的出口贸易隐含碳减排潜力 …… 141

 8.1 制造业服务化与减排目标兼容 …… 141
  8.1.1 减排目标的内涵要求 …… 141
  8.1.2 减排目标的制造业服务化要求 …… 142
 8.2 制造业服务化的减排潜力估算方法 …… 143
  8.2.1 估算模型 …… 143
  8.2.2 参数假设 …… 145
 8.3 制造业服务化的减排潜力估算结果 …… 147
  8.3.1 预期减排潜力变化趋势 …… 148
  8.3.2 预期减排潜力对比 …… 149
 8.4 小结 …… 150

第九章 结论、建议与展望 …… 151

 9.1 主要结论 …… 151
 9.2 政策建议 …… 154
 9.3 研究展望 …… 158

参考文献 …… 160
附　表 …… 179
术语索引表 …… 204
后　记 …… 205

第一章 引 言

过量温室气体排放带来严重的环境问题已经成为全球关注的焦点,中国政府积极应对减排压力,寻求有效减排政策。在全球价值链背景下,服务化程度可以作为衡量制造业在国际分工中产业内部升级的指标,服务化的趋势为制造业出口贸易隐含碳的减排提供了可选择的途径,也给制造业出口贸易的环境效应研究提供了新的视角。因而,全球价值链背景下制造业服务化的环境效应成为本书的研究焦点,该研究具有重要的理论意义和现实经济意义。

1.1 研究背景和意义

1.1.1 研究背景

近年来,温室气体排放带来的环境问题已经引发全球的关注,《联合国气候变化框架公约》(UFCCC)、《京都议定书》、《哥本哈根协议》、《巴黎协议》等国际协议相继出台,制定减排目标,限制温室气体排放,缓解全球气候变暖的问题。中国是能源资源消耗大国,预计到2035年中国的能源消耗总量将达到全球的35%,必然会导致严重的环境污染和温室气体排放问题。政府正积极采取措施应对减排压力,2007年国务院成立应对气候变化领导小组,2008年国家发展和改革委员会成立应对气候变化司,这是国家政府成立的积极应对气候变化的专门机构。除此以外,国家在国际气候大会上也公开做出减排承诺。2016年中国在巴黎气候大会上承诺到2030年前后碳排放量达到峰值,并且单位GDP的二氧化碳排放比2005年下降60%~65%,这一减排目标的实现需要全社会共同努力。《中国制造2025》对我国制造业未来几年的发展提出了"质量效益"和"绿色发展"的双重要求,提出2025年我国单位工业增加值的二氧化碳排放要比2015年下降40%，2020年制造业增加值率比2015年提高两个百分点，2025年将比2015年提高四个百分点。

面对严峻的气候问题，各国开始从不同角度寻求减排的途径。发达国家为实现减排目标，通过转移生产环节或者用进口产品替代国内生产的方法降低其国内的温室气体排放。在这个过程中，转移到新兴经济体的生产环节的排放强度高、环境污染强，进口替代的产品多为碳排放密集型的产品。中国作为典型的新兴经济体，改革开放以来，出口贸易依赖传统的要素禀赋和比较优势获得利益，嵌入全球价值链低端的"加工""组装"等环节。这种粗放型的增长模式带来严重的环境污染问题，目前中国出口产品所产生的二氧化碳排放量已经将近二氧化碳排放总量的三分之一（Meng et al., 2018）。基于WIOD提供的多区域投入产出表，通过出口贸易隐含碳测度方法计算得到2000年中国制造业出口贸易隐含碳排放量为364109.26千吨，2014年增长至1813548.45千吨，[①] 15年间年均增长率高达26.54%，而2010年之后，中国制造业出口贸易隐含碳排放总量占工业的比重超过85%。因此，中国的国际贸易面临"污染避难所"的指责。

减排目标的实现对中国制造业出口贸易隐含碳的减排提出了更高的要求。目前和未来国际贸易发展的服务化趋势为制造业出口贸易隐含碳的减排提供了可选择的途径。20世纪60年代，Bela Balassa（1967）提出，产品的生产过程在全球范围内可以被分割成一条垂直的生产链和贸易链，各个国家根据其比较优势参与该产品生产过程的不同阶段，并且在参与的各个生产阶段创造附加价值，这个过程就是全球价值链分工。在现有的国际分工体系下，世界各国在扩展全球布局时按照嵌入价值链的形式进行生产活动，期望提升其在全球价值链上的地位和获取更多的分工利益。伴随全球价值链分工的不断深化发展，全球经济呈现由"工业型经济"向"服务型经济"转变的趋势，如"中国制造2025""德国工业4.0""美国工业互联网"等各大国战略方针的提出，全球制造业的发展也呈现出明显的向服务型制造转移的特征。

全球价值链背景下制造业服务化表现为，服务要素在制造业出口贸易的

---

① 目前世界投入产出数据库WIOD提供的投入产出表更新到2014年，因此本书中基于该投入产出表计算的所有相关数据和研究结果均截至2014年。

过程中作为产品的中间投入要素而被间接出口的过程（WTO，2015）。本质上是指制造业在国际分工中的参与环节从低级形态向高级形态转化的过程，更准确的表述为：制造业出口贸易增加值的来源从附加值低、碳排放高的"加工""组装"制造业向附加值高、碳排放低的服务业转化和演进的过程。因此，全球价值链背景下制造业出口贸易增加值的来源更多地转向服务行业，有可能降低制造业出口贸易中隐含的国内外能源消耗和隐含碳排放，在保证制造业整体增加值提升和企业利润提高的前提下，实现出口产品价值链的绿色低碳化。

所以，对于中国制造业，若有更多的高级服务要素嵌入全球价值链中，促进全球价值链背景下制造业的服务化升级，提升制造业竞争优势，引领制造业向价值链高端攀升，将成为中国制造业节约能源消耗，提高资源利用效率，促进减排目标实现的重要途径。基于以上研究背景，本书从制造业投入服务化的视角，对现有的贸易与环境问题做进一步的探索。拟研究的问题是全球价值链背景下制造业服务化的出口贸易隐含碳排放效应及中国制造业服务化的减排潜力模拟估算。

1.1.2 研究意义

（1）理论意义

全球价值链背景下制造业服务化的环境效应研究为贸易与环境问题的探索提供了新的视角。

早期，学界对贸易与环境关系的研究包括碳排放总量核算、碳排放变动规律、碳排放责任分担等方面（Grossman et al.，1992；Selden et al.，1994；Weber et al.，2008；Peters & Hertwich，2008；Nakano et al.，2009；闫云凤和杨来科，2009；Lin & Sun，2010；李小平和卢现祥，2010；Du et al.，2011，Peters et al.，2011；Fellows，2017；Liddle，2018；Wang et al.，2018）。随着全球价值链问题研究的普及，全球生产过程分散化，导致国际贸易的污染避难所效应更加复杂，开始有更多的学者关注单边、双边和全球不同贸易模式下的隐含碳排放，以此讨论全球生产分割对温室气体排放的影响（闫云凤和赵钟秀，2012；秦昌才，2012；Bergman，2013；Arce et al.，2016；Baker，

2018)。多数研究从规模效应、结构效应、技术效应等方面,运用SDA、LMDI分解方法对贸易开放的隐含碳排放影响因素进行研究(Shafik et al., 1992; Tucker, 1995; Sun, 2002; Duro et al., 2010; 郭朝先, 2010; 刘祥霞等, 2015), 也有学者从嵌入全球价值链分工的角度对贸易隐含碳排放效应进行研究(闫云凤和黄灿, 2015; 钱志权, 2016)。

对贸易与环境关系进行研究的最终目的是寻求减排途径,因此有众多学者分别从制造业服务化、制造业升级、全球价值链升级的途径寻求减排方法(Rothenberg, 2007; Agrawal et al., 2012; 饶畅, 2013; 彭星和李斌, 2013; Tang et al., 2015; 原嫄和李国平, 2016; 梁敬东等, 2017; 李斌等, 2017)。这三类研究本质均属于产业升级的减排研究,关于产业升级的衡量多集中于三次产业结构服务转型、产业内部结构复杂化和高级化等方面,而忽略了全球价值链产品内国际分工对产业升级的影响。全球价值链背景下制造业升级的实质是其在价值链中参与环节的升级,运用制造业出口贸易产品增加值来源分解方法可以对制造业服务化升级的概念进行重新审视。

制造业服务化的实质是制造业和服务业在全球价值链上对资源消耗和利润创造之间的重新选择分配。因此,随着全球生产分工日益碎片化,产业内贸易规模日益膨胀,在全球价值链体系内合理衡量产业升级成为推进产业绿色升级政策实施的关键。在前人研究的基础之上,本书从全球价值链的视角,对制造业服务化的出口贸易隐含碳排放效应进行进一步探索,为现有的贸易与环境问题提供了新的研究视角,具有重要的理论意义。

(2)现实经济意义

制造业出口中的服务要素投入对制造业出口贸易隐含碳排放的影响如何? 伴随着这个问题,本书展开研究,研究结果将对通过服务化实现减排目标的政策制定和实施有重要现实意义。

本书中的制造业服务化是指"强工业化",而非"去工业化"的过程,这符合近年来国家政策对制造业发展的要求。制造业在全球价值链上的服务化意味着制造业在参与全球生产分割时,生产过程从微笑曲线中间向两端过渡的过程。并且,生产性服务业作为制造业生产过程中的高级要素投入,既可以提高制造业的附加值和国际竞争力,提高产品的差异化程度,满足顾客的多样性、高端化需求，提高企业竞争力，又可以提高生产效率，降低制造业生产成本和交易成本等（Glasmeier & Howland，1993；蔺雷、吴贵生，2005；江静等，2008；Arnold et al.，2011；Nordas & Kim，2013；Low，2015；刘斌等，2016）。

首先，有研究认为制造业服务化有助于节能减排，制造业服务化是新的经济发展模式（梁敬东等，2017）。在传统的经济模式中，在获取利润和创造价值时，必然会带来资源消耗，而制造业服务化将这二者之间的矛盾分离，使行业在获取利润的同时减少直接或者间接的社会资源消耗（Manzini et al.，2002）。因此，全球价值链上制造业服务化可能带来制造业出口产品生产中能源消费率的降低，减少资源消耗，从而有助于降低制造业出口贸易隐含碳排放量以及排放强度。

其次，全球价值链上高增加值和技术密集的生产环节由发达国家主导，参与全球价值链的新兴国家借鉴其先进技术和学习经验，提高自身技术水平，增加研发的边际收益，推进中间产品生产的专业化，扩大制造业生产规模效应，从而促进国内资源配置和利用效率（刘仕国等，2015）。因此，全球价值链背景下制造业出口产品中服务要素的投入可能提高出口的总体技术水平，从而提高资源利用效率，最终降低出口贸易隐含碳排放量。

最后，全球价值链下游环节中金融行业的投入增加，有助于推动制造业价值链上游研发等活动成果的扩散，从而利用技术进步降低碳排放（申明浩和杨永聪，2012）；通信和信息等投入增加，有助于提高价值链上各个生产环节中价值创造活动的效率（李强，2015）；交通运输服务投入增加有助于保证水、陆、空等各交通通道的国际连接性，相互结合降低长距离贸易活动的生产成本、组织成本和运输成本，从而提高市场运行效率，降低出口产品价值链中的能源消耗率。

因此，在全球价值链背景下制造业服务化的环境效应研究结果对于政府从企业减排目标制定和任务分配、加大技术投入和信息化建设力度、为金融服务制造业提供制度性支持等方面制定针对性的制造业服务化政策，对实现制造业出口贸易隐含碳排放降低的目标具有重要的现实经济意义，不仅有助于提高中国制造业在全球价值链中的地位，促进制造业服务化升级，而且有助于中国减排目标的实现。从全球价值链分工的视角，为通过制造业内部服务化升级促进减排提供了新的政策途径。

1.2 研究思路与方法

1.2.1 研究思路

在全球价值链背景下，制造业参与国际分工过程需要围绕着研发、设计、物流、金融、售后等多个环节，越来越多地融入服务要素，服务化程度的加深是否能够有效降低制造业出口贸易隐含碳排放？其影响机制如何？服务投入的异质性、服务来源国的不同对出口贸易隐含碳排放的影响是否存在差异？中国各区域制造业服务化的出口贸易隐含碳排放效应是否有所不同？不同经济发展程度的国家整体不同类型制造业服务化的减排规律有何区别，对中国制造业服务化的减排政策制定有何启示？就中国的情况而言，全球价值链背景下制造业服务化的减排潜力如何？上述问题的解决将会对中国制造业服务化减排政策的制定、实施和减排目标的实现具有重要意义。因此，本书在全球价值链的背景下，基于出口贸易增加值分解的方法，从服务要素中间投入的视角，对制造业服务化的出口贸易隐含碳排放效应和减排潜力进行深入研究和探索。

1.2.2 研究方法

（1）投入产出分析法。投入产出模型反映了各部门产品之间供给和需求的平衡关系，国际上通常使用投入产出分析法对贸易的环境效应进行评估。本书使用了多区域投入产出分析法（Multi-Regional Input-Output，MRIO）和地区投入产出分析法，分别从中国行业视角、区域空间视角和国际比较视角，对出口贸易隐含碳和基于出口贸易增加值分解的制造业投入服务化程度进行测算。

（2）面板数据分析法。面板数据分析模型能够解决同时具有时间维度和截面维度的数据分析问题，并且可以有效解决遗漏变量的问题。考虑到数据结构的特点和分析需求，本书分别使用固定效应模型（Fixed effects，Fe）和全面可行广义最小二乘法模型(Feasible Generalized Least Squares,FGLS)对中国行业层面、发达国家和新兴经济体制造业服务化的出口贸易隐含碳排放效应进行实证分析。

(3)空间计量分析法。空间计量分析法是在面板数据分析的基础之上加入截面单位的空间位置,能够充分考虑截面单位之间的空间依赖性。考虑到传统的常参数的空间计量模型存在无法突出解释变量估计参数的空间异质性的弊端,本书使用了同时含有局部变量变参数和全局变量常参数特征的半参数地理加权回归模型(Semiparametric Geographic Weighted Regression,SGWR),对制造业服务化的出口贸易隐含碳排放效应的区域空间差异进行对比研究。

(4)环境经济核算法。环境经济核算法源于联合国的环境经济核算体系(System of Integrated Environmental and Economic Accounting,SEEA),国内多将环境经济核算法用于计算环境污染损失或者调查环境破坏核算指标。本书中利用环境经济核算的方法以虚拟减排的思路构建估算模型,从"服务化减排""技术减排"和"结构减排"共同决定的视角,对制造业出口贸易隐含碳的减排潜力进行模拟估算。

1.3 研究框架与内容安排

1.3.1 研究框架

根据研究思路和研究方法,本书的研究框架如图1-1所示:

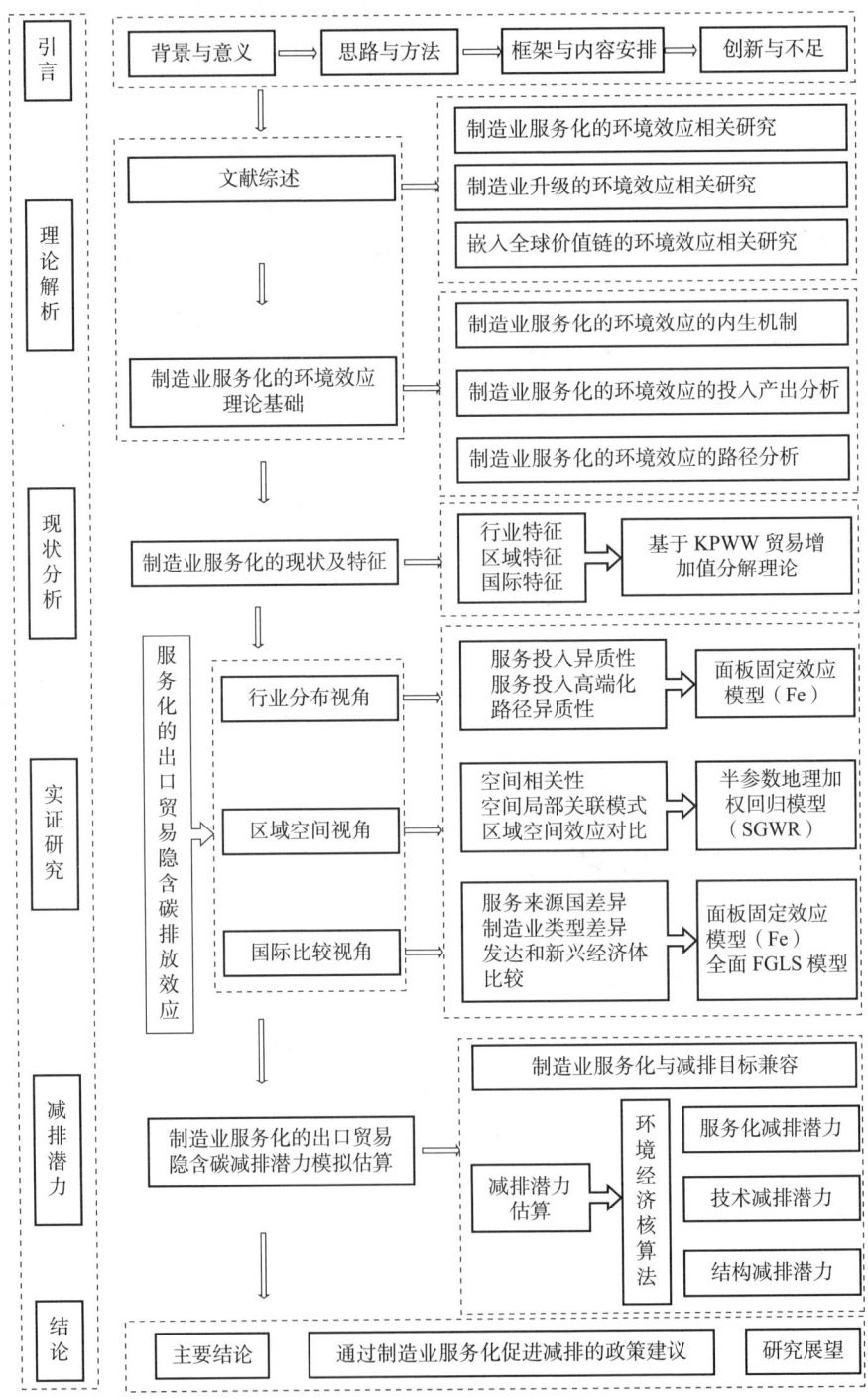

图1-1 本书结构框架

1.3.2 内容安排

第一章，引言。阐述全球价值链背景下制造业服务化的出口贸易隐含碳排放效应的研究背景和意义。从寻求减排途径的紧迫性和全球价值链背景下服务化减排的可行性两方面阐述制造业服务化环境效应的研究背景；从贸易与环境关系研究的新视角和服务化减排的政策指导两方面阐述本书的研究意义。此外，给出本书的研究思路、研究方法、研究框架、创新与不足。

第二章，文献综述。首先分别对制造业服务化的环境效应的相关研究进行综述，包括制造业服务化的环境效应理论研究、投入服务化和产出服务化的环境效应实证研究、产业结构服务转型的环境效应研究；其次对制造业内部结构升级和出口贸易结构升级的环境效应研究进行综述；最后从嵌入全球价值链的视角分别对贸易开放和全球价值链升级的隐含碳排放效应相关研究进行综述。

第三章，全球价值链背景下制造业服务化的环境效应理论基础。首先，基于增加值投入来源两部门的假设对制造业服务化的环境效应的内生机制静态模型进行构建，并且基于投入来源部门能源消费弹性的大小对模型进行动态分析，这是后文实证检验的重要基础。其次，基于投入产出关系，对制造业出口贸易增加值来源服务化与出口贸易隐含碳排放链之间的关系进行分析。最后，对制造业服务化与碳排放的阶段性关系和服务化的减排微观传导路径进行总结。

第四章，全球价值链背景下制造业服务化的现状及特征。从贸易利得分配的角度，基于 KPWW 贸易增加值（Trade in Value Added，TIVA）分解方法，对全球价值链背景下制造业服务化程度进行测度，并就中国细分行业、区域空间和发达国家及新兴经济体的制造业服务化总体情况、异质性服务化、高端服务化、国内外来源服务化和不同类型制造业服务化的现状和特征进行比较。

第五章，全球价值链背景下制造业服务化的环境效应：中国行业视角。根据制造业服务化的环境效应的内生机制，以引入服务化指标的环境污染与供给模型为基础，构建适合中国行业层面的制造业服务化的环境效应实证模型。基于 WIOD 提供的多区域投入产出表（MRIO），运用面板固定效应模型

(Fe)分别对中国制造业细分行业服务化、高端服务化和路径异质性服务化的出口贸易隐含碳排放效应的差异进行实证研究。

第六章，全球价值链背景下制造业服务化的环境效应：区域空间视角。利用 Moran's I 指数分析区域空间相关性和空间局部关联模式，研究制造业服务化和隐含碳排放的区域空间分布特征。考虑传统的常参数的空间计量模型无法突出解释变量估计参数的空间异质性，使用同时含有局部变量变参数和全局变量常参数特征的半参数地理加权回归模型（SGWR），对中国制造业细分区域服务化、异质性服务化和高端服务化的出口贸易隐含碳排放效应进行区域空间对比。

第七章，全球价值链背景下制造业服务化的环境效应：国际比较视角。参考 STIRPAT 模型，建立适用于全球价值链背景下不同国家或地区制造业服务化的出口贸易隐含碳排放效应的模型，在此基础上构建多国比较实证模型。利用面板固定效应模型（Fe）和全面可行广义最小二乘法模型（FGLS），对比检验不同经济发展阶段国家的异质性服务化、国内外来源服务化和不同类型制造业服务化的出口贸易隐含碳排放效应。

第八章，中国制造业服务化的出口贸易隐含碳减排潜力。在全球价值链背景下制造业服务化的出口贸易隐含碳排放效应研究结论的基础上，本书考虑中国制造业可以通过"服务化减排""技术减排"和"结构减排"三条轨道同时对出口贸易隐含碳的减排发挥作用，因此采用环境经济核算的方法构建估算模型，对中国制造业出口贸易隐含碳的减排潜力进行模拟估算。

第九章，结论、建议与展望。对第四章至第八章的研究结论进行总结，根据各研究视角的主要结论获得政策启示，提出相应的政策建议，并且对本书未来的研究方向进行展望。

1.4 本书的创新与不足

1.4.1 本书创新之处

1. 环境效应研究的全球价值链上产业升级视角

目前产业升级的环境效应研究多局限于宏观经济层面的三次产业结构调

整或产业内部结构变迁对碳排放的影响,尚未深层挖掘产业出口贸易中国际分工背景下的信息。本书提出的制造业服务化,即出口贸易增加值中服务来源占比的提高,反映了制造业在全球价值链上的内部结构升级,可以降低制造业出口产品中隐含的国内外能源消耗。故本书从全球价值链分工的视角,构建投入服务化对环境影响的内生机制模型,并对制造业服务化升级的出口贸易隐含碳排放效应进行实证研究。这是对现阶段学界关于贸易与环境关系及减排因素研究视角的创新和拓展。

2. 制造业服务化对隐含碳影响途径的深度挖掘

制造业在全球价值链上隐含的国内外能源消耗量不仅与投入来源行业贡献的增加值占比有关,也与投入行业的性质密切相关,即投入服务的性质和来源国差异等对制造业出口贸易隐含碳排放的影响可能存在显著差异。因此,本书需要考虑制造业多层次服务化的隐含碳排放效应的不同。本书基于贸易增加值(TIVA)分解的方法,不仅检验了制造业总体服务化的环境效应,而且按照不同技术水平将制造业分类,按照行业功能、性质和来源国差异等将服务投入分解,分别检验了异质性服务化、高端服务化、国内外来源服务化和不同类型制造业服务化的环境效应,对制造业服务化的出口贸易隐含碳影响途径进行了深度剖析和挖掘。

3. 研究范围和对象的全面拓展

本书不仅关注中国制造业行业层面服务化的环境效应,更扩展到中国区域空间和国际比较视角。这样做主要是考虑到中国区域空间参与的国内价值链属于全球价值链的一部分,以及不同经济发展阶段的国家制造业服务化的隐含碳排放效应的研究结论对中国服务化减排政策的制定具有重要启示意义,因此本书将研究范围从中国行业层面扩展到区域空间和国际比较,将研究对象从中国29个制造行业、30个服务行业扩展到中国30个省(自治区、直辖市)和39个主要国家和地区。全面的研究范围能够充分保证研究结论的说服力和政策建议的有效性。

1.4.2 本书不足之处

1. 制造业服务化的测度局限于外部投入角度

本书从要素投入的角度,运用贸易增加值分解方法对全球价值链背景下制造业服务化进行测度，该服务投入属于制造业以外的要素投入。在全球价值链上与制造业相关的服务化存在另外两种形式，即制造业内部提供的服务投入和制造业产品中捆绑的服务。从理论上讲，这两种服务化也是产业升级的表现，对环境亦存在减排效应。这两种服务化的衡量涉及国内外制造业企业层面的产出和商业层面的海量数据，但是限于数据获取难度和研究时间约束，本书未能将全球价值链上这三方面的服务化的环境效应均考虑在内。

2. 服务化的减排潜力研究缺乏行业贸易结构调整的针对性

本书对制造业服务化的环境效应进行了充分的实证研究，并且对中国制造业服务化的减排潜力进行了估算，此为本书的主要研究内容。对碳排放影响因素研究的最终目的是寻求减排路径，虽然本书根据中国行业层面、区域空间以及国际比较视角的研究结论对制造业服务化的减排提供了政策建议，但是服务化的减排潜力研究停留在制造业出口贸易的整体层面，缺乏行业贸易结构调整的针对性，未能根据减排目标对中国各制造行业提出具体且有针对性的贸易结构优化调整的策略和建议。

第二章
文献综述

国外比国内更早开展制造业服务化的环境效应理论研究,且目前学界已开始从实证的角度对制造业服务化的环境效应进行研究,因此本章首先对制造业服务化的环境效应的国内外现有相关研究进行综述;其次,考虑到服务化是促进制造业实现全球价值链升级的关键,反映了制造业内部结构升级,制造业服务化对出口贸易隐含碳排放的影响与制造业嵌入全球价值链的产品内分工密不可分。因此,本章也从制造业升级的环境效应和嵌入全球价值链的环境效应方面对国内外相关文献进行综述。

2.1 制造业服务化的环境效应相关研究

2.1.1 制造业服务化的环境效应理论研究

"服务化"(Servitization)这一概念最早由 Vandermerwe 等人于 1988 年提出,用来描述制造业企业中服务作为产品的替代或者补充而销量增加的趋势,后引申为广义的"服务化"概念,即"服务化"的过程不仅包括企业内服务的销售,还体现在企业产品的生产过程中(Cusumano et al., 2015; National Board of Trade, 2010, 2016; Miroudot & Cadestin, 2017)。

对服务化的环境效应进行研究的基础是制造业服务化概念的界定。学界对制造业服务化的定义主要围绕三个方面:投入服务化、产出服务化、内部服务化。早期 Vandermerwe 等(1988)提出制造业服务化的概念,认为制造业服务化涉及制造业产品销售之后"捆绑"的安装、维修等售后服务,即制造业产出服务化。之后有学者对制造业服务化的含义进行深度阐述(White et al., 1999; Reiskin et al., 2000),可以归纳总结为:通过服务要素的投入,实现价值链各环节的价值增值。近年来,有部分学者也认为制造业服务化是指制造业创造的增加值中来源于服务行业的比重,即制造业投入的服务化程度,可以用制造业参与全球价值链过程中服务业创造的价值比重来衡量(Baldwin et al. , 2015;Lanz & Maurer, 2015)。而 Lodefalk(2014)认为制造业服务化不仅包括投入服务化,而且包括制造业自身提供的服务,还包括制造业企业内部在生产过程中提供的研发、设计、销售等服务活动,即服务内部化。

与国内相比,国外开展服务化的环境效应的理论研究较早。早期国外学者认为制造业服务化通过提升企业生产率以及资源利用效率来实现环境效应(Fishbein, 2000;Rothenberg, 2007)。White 等(1999)从制造业产出服务化的角度,指出了制造业服务化可以提高产品的环境性能,从而减少资源消耗,降低环境污染。Kang(2009)认为基于产品和服务的综合解决方案能够减少资源耗材,产生较低的负的外部效应。Reiskin 等(2009)认为服务化有助于激励制造企业改变价值创造的模式,关注供应商的制造环节和客户的消费环节之间的物质资源的节约。Agrawal 等(2012)认为基于产品的租赁服务有利于"绿色"环境效益的形成,原因在于租赁公司有动力对产品进行再营销或者促进更耐用产品的生产,减小产品的淘汰概率,从而降低资源浪费。

随着制造业服务化国际趋势的深化发展,国内学者开始关注制造业服务化的环境效应。陈艳莹和叶良柱(2009)重点对基于产品的服务化和基于结果导向的服务化的环境效应进行理论分析,认为基于产品的服务化促使服务由专业的服务提供者提供,有利于提高资源利用效率,降低资源消耗率;基于结果导向的服务使制造业企业能够对消费者有针对性地提供专业化的服务,保证使用更少的资源达到预期的服务效果。与以上两种产出服务化相比,陈和叶认为投入服务化通过将金融、保险、信息、物流等服务投入产品的生产过程中,来提高生产效率,加强企业与外部联系,在改变制造业价值创造模式的同时提高资源的使用效率。闫连星和罗茜(2016)分别从生产导向型、服务增强型、销售支持型和综合解决方案型的服务化模式分析制造企业的生态效应,指出用服务要素替代其他物质要素有利于降低对环境的排放。

以上研究均从理论层面进行分析,认为服务化有助于降低制造业的环境负担。

2.1.2 制造业产出服务化的环境效应

学界对制造业服务化的定义主要围绕三个方面：投入服务化、产出服务化、内部服务化。针对衡量制造业服务化的概念的差异，众多学者分别从投入服务化和产出服务化的角度对制造业服务化的环境效应进行实证研究。其中关于制造业产出服务化及其环境效应的相关研究较少。黄群慧（2014）从制造业产出服务化的角度，基于投入产出表中的供给表，用制造业所有产出中服务产品所占的比重构建制造业服务化指数。

梁敬东等（2017）从制造业产出服务化的视角，在研究制造业服务化对经济转型影响的框架下，假设制造业拓展产出目标为服务和产品并存，服务化强度越高，则产品生产越少，服务提供越多，即服务化与污染排放强度呈负相关关系。需要注意的是，梁敬东等的研究虽然使用了WIOD数据库，但是仅从三次产业结构的角度，用服务业产出占总产出的比重作为服务化系数的衡量标准，并未考虑国际分工的因素，不免存在局限性。

2.1.3 制造业投入服务化的环境效应

近几年，国内外学者较多关注制造业投入服务化的环境效应。首先，相较于产出服务化，对于全球价值链上的相关研究，国内外学者更多从投入角度度量制造业的服务化。目前学界多采用投入产出法，计算直接消耗系数和完全消耗系数，测度制造业投入服务化程度（顾乃华和夏杰长，2010；刘斌，2016；Gunter，2010；Park，1994；杨玲，2015）。制造业的直接消耗系数用制造业某行业总产出中直接消耗的各服务行业的数量占比表示，完全消耗系数则采用制造业各行业中直接和间接消耗的服务投入之和占总投入的比重表示，充分利用投入产出表可以完全反映制造行业与服务行业之间相互依赖的优势。Koopman等（2014）提出了以多区域投入产出表为基础的出口总量分解，但是其研究仅局限于将出口内涵增加值按照国家来源进行分解，并未考虑到增加值行业来源的分解。随着贸易增加值（TIVA）研究方法的推广，学界开始考虑从增加值行业来源分解的新视角探索制造业投入服务化的测度新方法（Foster-McGreegor & Stehrer，2013；Los et al.，2016；吕云龙，2017；OECD，2013；戴翔，2016；程大中，2015）。制造业服务化的增加值分解测度方法更好地考虑了在国际劳动分工和经济深化发展的背景下，全球价值链上制造业增加值呈现出显著和差异的服务化特征，更加综合地阐释了制造业服务化动因的区域和行业来源。

在制造业投入服务化测度研究的基础之上，有学者对制造业投入服务化的环境效应进行实证研究。饶畅（2013）认为短期内制造业投入服务化会引起碳生产率的降低，但是从长期来看，服务化程度加深会促使碳生产率提高，从而带来积极的生态效益。方鸣（2015）基于投入产出表对在岸和离岸服务投入的环境技术效率进行研究，发现服务化能够显著提高环境技术效率，且离岸服务的效应更加显著。方鸣和饶畅的研究虽然兼顾了服务化的经济效益和环境效益，但是在测度制造业服务化程度时，一般运用2002年、2005年（延续表）、2007年的省或者国家层面的投入产出表，时间跨度并不连续，检验结果不免存在局限性。王向进和杨来科等（2018）从GVC的视角，借鉴贸易增加值（TIVA）的计算方法，测度制造业出口服务化水平，研究2000—2014年中国制造业服务化和高端化发展趋势，并检验了服务化对行业碳排放的影响，从投入服务化的角度探索制造业服务化进展及其环境效应，补充目前现有的国内外文献对此方面研究的不足，但是研究范围仅局限在国内行业层面，未能够将实证研究范围扩展到区域和国际层面。

由于研究视角不同，目前对制造业服务化研究的数据来源集中于两个方面：一方面是宏观产业角度，该角度的制造业服务化研究一般以Koopman等（2014）提出的贸易增加值（TIVA）分解法为基础，利用世界投入产出表（WIOT）和海关进出口贸易等宏观数据测度制造业服务化程度（Francois & Woerz，2007；刘斌等，2016；吕云龙等，2017）；另一方面是企业微观层面，该角度的制造业服务化研究一般利用全球上市公司数据库（OSI-RIS database）、Wind资讯等数据库的工业企业微观数据，构造制造业服务化指标（Neely，2008；黄群慧，2014；陈丽娴等，2017；李胜旗、毛其淋，2017；周艳春，2010；张杰，2013；Kee & Tang，2016）。使用投入产出表的研究存在数据年份的局限性，目前使用的世界投入产出表（WIOT）的时间跨度大多为1995—2009年。考虑到这个问题，也有部分研究直接使用OECD统计数据库提供的TIVA数据，但是该数据库提供的TIVA数据在时间跨度上并不连续。

2.1.4 产业结构服务转型的环境效应

在制造业服务化的环境效应研究进入研究视野之前，很多研究关注产业结构服务转型对碳排放的影响。早期在研究碳排放的影响因素时，国内外学者将研究焦点从经济发展规模转向产业结构（Friedl & Getzner, 2003; Auci & Becchetti, 2007; 林伯强等, 2009; 许广月等, 2010; 干春晖, 2011; 任建兰等, 2015），基本认为产业结构与碳排放之间存在相关关系，并且产业结构服务转型有减排作用，这种相关关系与能源强度和能源消费有关（Selden & Song, 1994; Galeottia & Lanza, 2006; Martin Wagner, 2008; Jalil & Mahmud, 2009; 林伯强等, 2009; 许广月等, 2010; 赵钟秀等 2013; 周睿, 2015; 李鹏, 2015; 李鹏, 2016; Friedl & Getzner, 2003; Auci & Becchetti, 2007; 林伯强等, 2009; 许广月等, 2010; 干春晖, 2011; 任建兰等, 2015; 李斌, 2017; 孙攀等, 2018）。

多数研究将产业结构服务转型或升级作为碳排放的影响因素进行实证研究（Paul et al., 2004; Ang et al., 2004; Ma et al., 2008; Al-Ghandoor et al., 2010），大部分研究结果表明第二产业份额占比增加会对区域碳排放产生负面影响，第三产业份额占比增加的区域碳排放强度降低，因此区域产业结构服务转型具有显著的减排潜力。国内学者对碳排放与产业结构之间相关关系的研究存在三个切入点（张宏艳等, 2016）：一是不同城市化和工业化发展阶段以及技术发展水平对碳排放的影响不同（林伯强, 孙传旺, 2011）；二是产业存在显著差异的碳排放强度（徐大丰, 2011）；三是产业结构的变动会影响能源消费和能源效率（张雷和黄园淅, 2010）。

在服务转型的测度方法上，Auci 和 Becchetti（2007）采用制造业增加值占总产出的比重，Friedl 和 Getzner（2003）采用第三产业增加值占总产出比重测度产业结构来研究服务化转型与碳排放的关系。另外，很多研究以资本劳动比表示产业结构变化，多数结果表明产业结构对碳排放影响方向不确定。

以上从产业结构服务转型的角度对产业升级的碳排放效应研究，均论证了产业升级减排路径选择的必然性。目前关于产业升级减排潜力的研究多集中于在减排压力下产业升级定量模拟优化的研究。在减排的目标下进行产结构优化的实质是将资源在产业之间进行重新分配（张捷等，2015），张云等（2012）在 David 和 Nissim（2002）的研究基础之上，以 2020 年的减排目标为主要约束，构建多目标规划数学模型，从国家层面估计产业结构调整的优化结果。张捷等（2015）突破以往研究的行业数量限制，构建多目标规划模型，从省域层面较多行业的角度讨论如何在总投入不变的情况下，同时实现碳排放降低和经济较快增长等多重目标。Tang 等（2015）假设在国际贸易进出口中存在隐含碳排放是正常现象，关键问题在于中国通过贸易结构调整减少隐含碳排放量，建立了一个结合投入产出分析和多目标规划的贸易结构调整优化模型，以分析可承受成本约束下的最大隐含碳减排量。

另外，有研究集中于产业结构调整的减排潜力估算（Fisher Vanden，2004）。研究方法主要集中于 LMDI 模型（顾阿伦等，2016）、结构分析法（Zhang Youguo，2009）和 IPAT 模型（Wang Di，2011）等，另有研究用 CGE 模型、面板协整等方法分析了产业结构调整的减排潜力。Zhong 等（2018）不仅用多区域投入产出模型揭示全球空间排放转移特征，还利用空间面板回归分析发现产业结构和能源等重要决定因素对贸易变化中的隐含碳排放有空间溢出效应。郭朝先（2014）基于经济核算的方法，从"结构减排"和"技术减排"的角度对我国 2010—2050 年工业碳减排潜力进行了估算。

2.2 制造业升级的环境效应相关研究

2.2.1 制造业内部结构升级的碳排放效应

本书关注的制造业服务化是指制造业在全球价值链上的产业升级，属于内部结构升级的范畴。产业结构服务转型只能从三次产业结构调整的角度对环境效应进行研究，而不能够深入制造业内部结构对制造业升级的环境效应做进一步探索。2.1 章节综述了学界在制造业服务化的环境效应方面的理论研究和实证研究，而国内外学者对制造业内部结构升级与碳排放之间的关系也做过诸多研究。

学界内在研究制造业内部结构升级的环境效应的同时，对产业内部结构升级的表现和内涵进行了界定。吴进红（2007）认为内部结构升级的表现之一为产业关联复杂化，即各部门之间中间产品的种类和数量增加。产业升级在投入方面的内涵表现为投入要素本身质量和数量升级，人力和知识资本、实物资本和劳动力质量由低到高，数量由少及多（European Communities et al.，2008）。产业升级也反映在技术升级和进步上，是指制造技能、生产的中间投入品和生产工艺的改进（WIPO，1977）。李斌等（2017）考虑到多数衡量产业升级的指标均采用增加值或产值比重的度量方法，并没有考虑到产业内部结构升级，难以全面准确衡量产业升级；因此在 TS 和 TL 指标的基础之上构造三维产业向量，结合向量夹角，重新定义产业结构高级化指标。

干春晖等（2011）在研究产业结构与经济增长之间相关关系时构建泰尔系数（TI）衡量产业结构合理化，采用第三产业与第二产业增加值之比（TS）衡量产业高级化。邓晓兰等（2014）、苏方林等（2015）、孙攀等（2018）基于干春晖等所构建的 TS 和 TL 两大指标拓展产业结构变化的碳排放效应的研究。还有学者将空间因素考虑到产业升级与碳排放相关关系的研究当中，李斌等（2017）考虑产业升级与碳减排之间的空间效应和交互效应，利用空间杜宾模型研究区域层面的产业升级对碳排放的影响。另外还有相关研究探讨了产业结构的高级化、高端化的减排绩效（王群伟等，2010；袁富华，2010）。

2.2.2　制造业出口贸易结构升级的碳排放效应

按照出口贸易增加值分解方法，全球价值链背景下制造业服务化是指制造业出口贸易中内涵服务增加值占比的增加，因此服务化也代表了制造业出口贸易结构的升级。

有学者对制造业出口贸易结构升级的环境效应进行了研究。王向进和杨来科等（2017）利用出口技术复杂度衡量制造业出口贸易结构转型，从嵌入全球产业价值链视角，深入制造业内部结构探究不同能耗行业和不同技术水平行业贸易结构的碳排放效应的差异性。原姆与李国平等（2016）考虑了产业内部结构升级，采用 OECD 数据库分别研究了制造业和服务业内部产业升级的碳排放效应。虽然原和李等人的研究强调了产业内部升级不是单一产业类型的更替，但只是按照产业类型和产业功能将制造业和服务业细分，仍然是基于增加值和就业人数的产业结构优化指标。

关于出口贸易结构升级的测度方法，早期有学者从出口产品技术含量提升的角度研究出口贸易结构升级。传统的测度方法有三种：第一种是基于要素密集度的高技术产品出口比重，这种测度方法存在极大的误差。中国是出口导向型大国，在参与国外高技术含量产品的生产时，处于低技术含量、低附加值的加工和组装环节。在传统的贸易统计口径下，中国看似出口了技术含量高的产品，实际上完全高估中国的出口产品技术含量(倪红福，2017)。第二种是技术复杂度指标，技术复杂度指标是由Hausmann(2005)在Michaely(1984)提出的贸易专业化指标的基础之上，对模型权重进行修正，将其运用到出口领域，是衡量出口结构变动趋势常用的指标。但是已有研究(Hausmann et al.，2007；Xu，2009；邱斌等，2012；李小平等，2015)忽略了出口复杂度这个指标的两个不足：利用人均收入加权平均的产品同质性的假设受到质疑；没有考虑到全球价值链分工下中间产品重复进出口带来的内涵技术含量的影响(倪红福，2017)。第三种是出口国内技术含量指数，倪红福(2017)将产品技术含量分为中间投入品技术含量和最终生产工序自身技术含量之和。

2.3 嵌入全球价值链的环境效应相关研究

2.3.1 贸易开放的隐含碳排放效应

中国是全球第一贸易大国以及温室气体排放国，中国的相当大的一部分二氧化碳排放来源于出口商品生产和能源消耗(Weber et al.，2008；闫云凤和杨来科，2009；Lin & Sun，2010；李小平和卢现祥，2010；Du et al.，2011；Peters et al.，2011；Wang et al.，2018)。早期对碳排放问题的研究主要为基于生命周期评估的碳排放数量的核算。

随着全球价值链问题研究的普及，全球生产过程分散化，导致国际贸易的污染避难所效应更加复杂，开始有更多的学者关注单边、双边和全球不同贸易模式下的隐含碳排放，以此讨论全球生产分割对全球温室气体排放的影响。出口贸易隐含碳排放是指出口贸易产品从生产到最终被消费的过程中直接和间接消耗所排放的二氧化碳之和。由贸易隐含碳排放责任分担问题引发一系列从"生产者责任""消费者责任"和"共同责任"的视角对国际贸易隐含碳排放的测度研究的争辩(Peters & Hertwich, 2008; Nakano et al., 2009; 闫云凤和赵钟秀, 2012; 秦昌才, 2012; Bergman, 2013; Arce et al., 2016; Baker, 2018; Fellows, 2017; Liddle, 2018)。

在国际贸易隐含碳排放的测度进入研究视野之后,学界开始对出口贸易隐含碳排放的影响因素进行研究。首次将出口贸易隐含碳排放作为"负产出"的概念提出的是Grossman和Krueger(1992),其将出口贸易隐含碳排放的影响因素分解为出口规模(规模效应)、出口产品结构(结构效应)、单位产值碳排放(技术效应)。最初,国内外学者对碳排放的研究聚焦到碳排放与经济增长的相关关系上,最早源于Grossman和Krueger(1995)提出的环境库兹涅茨曲线(Environment Kuzents Curves, EKC),奠定了碳排放与经济发展阶段和产业结构之间关系研究的理论基础,后有多数学者对这一理论进行实证检验(Selden & Song, 1994; Galeottia & Lanza, 2006; Martin Wagner, 2008; Jalil & Mahmud, 2009; 林伯强等, 2009; 许广月等, 2010; 赵钟秀等, 2013; 周睿, 2015; 李鹏, 2015, 2016)。多数研究利用SDA、LMDI分解方法对出口贸易隐含碳排放影响因素进行研究(郭朝先, 2010; 刘祥霞等, 2015)。从行业、国家或者区域间的视角对碳排放影响因素进行的研究多数从经济规模扩张、人口增长、技术进步和能源消耗等角度着手,并且根据这些影响因素找到抑制环境碳排放的路径和方法。

首先,有多数研究发现了环境库兹涅茨曲线,随着经济规模的扩张,碳排放的增长速度呈现降低趋势,即经济增长与碳排放之间存在"倒U型"的关系(Grossman et al., 1992; Selden et al., 1994; 方远平等, 2008; 林伯强等, 2009; 胡初枝等, 2008; 许广月等, 2010; 赵细康等, 2005; 曹光辉等, 2006; 李玉文等, 2005; 赵忠秀等, 2013)。潘安和魏龙(2015)在对中国地区和行业层面出口贸易隐含碳排放结构特征的研究中认为,规模效应是促进出口贸易隐含碳排放增长的主要因素。有诸多研究通过部分发达国家相关数据检验发现环境库兹涅茨曲线悖论,即部分国家经济增长过程中难以出现环境库兹涅茨曲线拐点(Shafik et al., 1992; Tucker, 1995; Moomaw et al., 1997; Arrow et al., 1995),但是以经济规模扩张和人均GDP为特征的经济发展水平对减排政策的提出和实施存在影响机制和动因解释的不确定性。

其次,有研究关注人口增长对环境碳排放的影响效应。Ehrlich 等(1969)的研究发现人口数量增长对环境产生多重负面压力,朱勤等(2010)认为居民消费水平和人口结构比人口规模增长对碳排放的影响更大。虽然多数研究均认为人口增长对碳排放影响的压力很大,但是由于区域甚至全球人口处于持续性增长阶段,导致人口增长对碳排放具有正向影响,因此抑制人口增长速度难以成为碳排放减少的有效途径。

相比其他因素,技术进步因素具有巨大的减排潜力是多数研究的共同结论,并且区域间技术水平的差异更能解释不同区域减排政策实施效果迥异的原因(Sun, 2002; Duro et al., 2010)。因而学界均认为通过促进技术进步在未来可以有效降低碳排放增长速度,缓解碳排放压力,但是技术进步和技术创新是长期积累和实验的过程,并且对环境的影响往往具有时间的滞后性。

2.3.2 全球价值链升级的隐含碳排放效应

无论投入产出模型还是生命周期评估,诸多关于贸易隐含碳的研究主要关注供需链中的排放问题,忽视了增值链背后的碳排放问题(Davis et al., 2011; Liu, Hongguang et al., 2015)。近年来,随着国际分工程度的深化,贸易增加值在给各国带来经济效益的同时,也带来了环境成本问题。全球生产分散化引起国内外学者对国际贸易污染避难所效应的重新审视,不再局限于关注国际贸易隐含碳排放的来源地和目的地以及影响因素分解(Meng et al., 2014)。

有学者在国际贸易隐含碳的框架下开始思考参与全球价值链的国际分工对碳排放是否会存在负向平衡(Dean & Lovely, 2010; Dietzenbacher et al., 2012; Su et al., 2013; López et al., 2013a; Pei et al., 2018; Jiang et al., 2015a; Jiang et al., 2015b; Liu et al., 2016)。Borin 和 Mancini(2015)认为最终产品贸易和最后一个生产阶段的中间品贸易属于传统李嘉图贸易模式。Wang 等(2017)认为除前两种贸易模式以外的其余国际生产阶段的中间品贸易属于与全球价值链相关的贸易模式。有学者从参与国际分工和嵌入全球价值链的角度对进出口贸易增加值隐含碳进行测度,如闫云凤和黄灿(2015)测度了最终消费中的贸易隐含碳,但并没有对参与全球价值链的碳排放效应进行分析；钱志权(2018)基于改进的 RAS 方法，编制和更新国家和地区可比价投入产出表，对全球价值链背景下出口增加值的隐含碳及影响因素进行了研究。

有学者对全球价值链地位与碳排放的相关关系进行研究。Zhang 等(2017)根据 Wang 等(2017)的方法分解 Leotief 逆矩阵，来区分由国内经济活动和三种不同贸易生产活动产生的碳排放，研究结果显示中间产品的传统贸易和最终产品贸易分别是隐含碳和国际碳转移的最大来源，而全球价值链引起的排放份额却在逐步减小，这表明国际生产分割和全球价值链的中间产品贸易有助于全球总体的碳排放水平的减少，具有积极的环境效益。

还有学者研究全球价值链升级对出口贸易隐含碳排放的影响。如潘安(2017)测算和观察中国进出口中间品和最终品中隐含碳的变化趋势，并结合全球价值链地位指数和参与度指数分析全球价值链分工地位和位置的提升对对外贸易隐含碳的影响。还有学者探究了嵌入全球价值链制造环节与碳排放的因果关系。如彭星和李斌(2013)探究了嵌入全球价值链制造环节与碳排放的因果关系，研究了中国嵌入全球价值链制造环节直接和间接作用于经济低碳化的相关机制，结果表明制造业嵌入价值链的程度越深，碳排放程度越严重，并且不同分解效应存在显著的空间差异性。张少华、陈浪南(2009)研究了参与全球生产网络对能源利用效率的影响，研究表明参与国际分工程度的深化有利于提高中国能源利用效率。钱志权(2016)认为中国在东亚国际分工体系中的重要性使产业结构和贸易结构发生变化，从而对贸易隐含碳排放产生重要影响，并结合多区域投入产出模型和 SDA 分解法对东亚垂直分工的贸易隐含碳排放效应进行研究。

2.4 小结

本章分别对制造业服务化、制造业升级、嵌入全球价值链的环境效应的相关研究进行综述。综述结果发现，目前关于制造业服务化的环境效应的研究多为理论研究，实证研究较少，且在相关实证研究中未能从增加值来源分解的角度对投入服务化的环境效应进行多角度深层次的研究。制造业升级及嵌入全球价值链的碳排放效应的相关研究虽然探究了嵌入全球价值链与碳排放之间的关系,考虑了价值链背后的环境问题,然而尚未对嵌入全球价值链的制造业出口贸易增加值来源服务化与出口贸易隐含碳排放的关系进行研究。因此,本书填补了现有的国内外文献对贸易与环境关系在该研究领域的空白。

第三章
全球价值链背景下制造业服务化的环境效应理论基础

全球价值链背景下制造业服务化推动节能减排的机制实质上是制造业企业和服务业企业在全球价值链上建立合作伙伴关系的价值创造网络，同时实现资源消耗和利润创造之间重新选择分配的结果。对制造业服务化的环境效应的内生机制分析，是后文实证检验制造业服务化的环境效应的重要依据。本章围绕内生机制模型的现实含义，结合服务化与隐含碳排放链之间的投入产出关系，对制造业服务化的环境效应的路径进行分析，为后文实证研究奠定理论基础。

3.1 制造业服务化的环境效应的内生机制

全球价值链上各环节能源消费量的增加会带来贸易隐含碳的增加，并且各生产投入过程的投入量和各个生产环节的能源消费技术水平，与行业在全球价值链上的能源消费总量有密切联系。因此，全球价值链上行业的增加值投入来源结构决定了行业的贸易隐含碳排放量。

3.1.1 基本假设

对于参与全球价值链的任何产业，经济活动过程产生的碳排放直接表现为生产环节能源消费量，能源消费量则由产业总产出和产业能源相关技术水平共同控制（原嫄等，2016）。通常认为，产业总产出与能源消费总量呈正相关关系，技术水平提升与能源消费总量呈负相关关系，且产业总产出中研发投入占比增加有利于提升能源相关技术水平和降低能源消费量。

本章参考原嫄等（2016）构建全球价值链背景下制造业服务化的环境效应的内生机制模型。构建模型的理论基础为新古典经济学理论的经济增长模型——索罗增长模型(Solow Growth Model)，假设区域内某产业的产出需要资本、劳动和技术等生产要素的投入，生产过程可以用下式表示：

$$Y(t) = F[K(t), A(t)L(t)]　　　　式3-1$$

其中，F 为生产函数，产业的产品生产过程服从规模报酬不变和每种投入的边际产出为正且递减的原则，表示资本、劳动、技术等生产要素共同对产业总产出产生影响，Y 为产业总产出，K 为资本投入，L 为劳动投入，A 为技术投入（AL 表示有效劳动）。为了保持经济路径不发散，生产函数 F 符合"稻田条件"：

$$\lim_{K \to 0} F_K = \lim_{L \to 0} F_L = \infty$$
$$\lim_{K \to \infty} F_K = \lim_{L \to \infty} F_L = 0　　　　式3-2$$

即，当投入存量极小时，投入的边际产出很大；反之，当投入存量极大时，投入的边际产出很小。

对于生产投入，假设资本、劳动和技术存量随时间变化。劳动存量的年增长率为 n，技术进步（知识存量）的年增长率为 g，n 和 g 随着时间变化保持不变，而产出用于消费和投资，资本投入等于储蓄，储蓄率 s 为资本投入年增长率，假设储蓄率 s 外生，且随着时间变化保持不变，资本的折旧率为 0，则有：

$$\begin{cases} \dot{L}(t)/L(t) = n \\ \dot{A}(t)/A(t) = g \\ \dot{K}(t)/Y(t) = s \end{cases}　　　　式3-3$$

其中，$\dot{K}(t)$、$\dot{L}(t)$、$\dot{A}(t)$ 分别为 $K(t)$、$L(t)$、$A(t)$ 关于时间的导数。

因此，该模型的基本假设是：全球价值链上产业的能源消费量满足新古典生产函数，即产业总产出和产业能源相关技术水平通过函数 F 对区域某产业能源消费量产生共同影响，F 为增函数，并且 F 函数亦符合"稻田条件"，即随着产出增长和产业能源相关技术水平的提升，产业能源消费量的增长速度递减。

3.1.2 基于投入来源两部门的静态模型

某区域中产业 N 参与全球价值链分工贸易，从全球价值链产品内分工的视角，按照增加值来源进行分解，其产出由多个行业投入组成，假设产业 N 的产出投入按增加值来源仅分为两个行业，即行业 1 和行业 2。根据 3.1.1 章节的基本假设，产业经济活动产生的碳排放是该产业中所有行业投入的能源消费的函数，由贡献投入的行业的产出和技术水平共同决定，因此，全球价值链上产业 N 的能源消费量可以表示为：

$$E(t) = E_1(t) + E_2(t) = G_1[Y_1(t), T_1(t)] + G_2[Y_2(t), T_2(t)] \quad \text{式 3-4}$$

其中，T 为各增加值来源行业的能源相关技术水平。

假设行业 1 投入来源的增加值占产业 N 总产出 Y 的比重为 $\varphi(t)$，行业 2 投入来源的增加值占产业 N 总产出 Y 的比重为 $1-\varphi(t)$。行业 1 总产出中用于研发投入的比重为 P_1，行业 2 总产出中用于研发投入的比重为 P_2。结合式 3-1 的生产函数，全球价值链上产业 N 投入来源行业的能源消费函数可以表示为：

$$\begin{cases} E_1(t) = Y_1(t)^{\alpha_1} \cdot [P_1 Y_1(t)]^{\beta_1} = [\varphi(t) Y(t)]^{\alpha_1} \cdot [P_1 \varphi(t) Y(t)]^{\beta_1} \\ E_2(t) = Y_2(t)^{\alpha_2} \cdot [P_2 Y_2(t)]^{\beta_2} = \{[1-\varphi(t)] Y(t)\}^{\alpha_2} \cdot \{P_2 [1-\varphi(t)] Y(t)\}^{\beta_2} \end{cases}$$

式 3-5

其中，P 为各行业研发投入占行业总产出的比重，表示各行业技术水平；α 表示各行业产出对行业能源消费量的正向影响，$0<\alpha<1$；β 表示各行业技术水平对行业能源消费量的负向影响，$-1<\beta<0$。

将式 3-4 与式 3-5 结合，则参与全球价值链的产业 N 的能源消费总量可以表示为：

$$E(t) = E_1(t) + E_2(t) = \left(\frac{1}{P_1}\right)^{\alpha_1+\beta_1} [\varphi(t) Y(t)]^{\alpha_1+\beta_1} + \left(\frac{1}{P_2}\right)^{\alpha_2+\beta_2} \{[1-\varphi(t)] Y(t)\}^{\alpha_2+\beta_2}$$

$$= \lambda_1 [\varphi(t) Y(t)]^{\mu_1} + \lambda_2 \{[1-\varphi(t)] Y(t)\}^{\mu_2}$$

式 3-6

其中，$\lambda_1 = \left(\frac{1}{P_1}\right)^{\alpha_1+\beta_1}$ 和 $\lambda_2 = \left(\frac{1}{P_2}\right)^{\alpha_2+\beta_2}$ 分别表示行业 1 和行业 2 对产业 N 能源消费总量的影响系数，$\mu_1 = \alpha_1+\beta_1$ 和 $\mu_2 = \alpha_2+\beta_2$ 分别表示产出和技术水平共同对该产业能源消费量的影响弹性，$0<\mu_1, \mu_2<1$。

将式 3-6 两侧取对数，并分别取其关于时间的导数，得到：

$$\begin{cases} \dfrac{\dot{E}_1(t)}{E_1(t)} = \mu_1 \left[\dfrac{\dot{\varphi}(t)}{\varphi(t)} + \dfrac{\dot{Y}(t)}{Y(t)} \right] \\ \dfrac{\dot{E}_2(t)}{E_2(t)} = \mu_2 \left[\dfrac{-\dot{\varphi}(t)}{1-\varphi(t)} + \dfrac{\dot{Y}(t)}{Y(t)} \right] \end{cases}$$

式 3-7

则全球价值链上产业 N 的能源消费量随时间的变化率由投入来源行业的能源消费变化率共同决定：

$$\dot{E}(t) = \dot{E}_1(t) + \dot{E}_2(t) = E_1(t)\mu_1\left[\dfrac{\dot{\varphi}(t)}{\varphi(t)} + \dfrac{\dot{Y}(t)}{Y(t)}\right] + E_2(t)\mu_2\left[\dfrac{-\dot{\varphi}(t)}{1-\varphi(t)} + \dfrac{\dot{Y}(t)}{Y(t)}\right]$$

$$= \left[\dfrac{E_1(t)\mu_1}{\varphi(t)} - \dfrac{E_2(t)\mu_2}{1-\varphi(t)}\right]\dot{\varphi}(t) + \left[E_1(t)\mu_1 + E_2(t)\mu_2\right]\dfrac{\dot{Y}(t)}{Y(t)}$$

式 3-8

根据式 3-8 可以发现，参与全球价值链的产业 N 的能源消费量的变化率与其投入来源行业的增加值占比 $\varphi(t)$ 及其随时间变化率 $\dot{\varphi}(t)$，以及产业 N 总产出的增长率 $\dfrac{\dot{Y}(t)}{Y(t)}$ 联系密切。

3.1.3 基于能源消费弹性的动态分析

接下来单独讨论投入来源行业的增加值占比随时间的变化率 $\dot{\varphi}(t)$ 对参与全球价值链的产业 N 的能源消费增长率的动态影响，可以通过 $\dot{\varphi}(t)$ 的系数分析此影响过程。结合式 3-5 将 $\dot{\varphi}(t)$ 的系数整理为：

$$\dfrac{E_1(t)\mu_1}{\varphi(t)} - \dfrac{E_2(t)\mu_2}{1-\varphi(t)} = \dfrac{\mu_1\lambda_1[\varphi(t)Y(t)]^{\mu_1}}{\varphi(t)} - \dfrac{\mu_2\lambda_2\{[1-\varphi(t)]Y(t)\}^{\mu_2}}{1-\varphi(t)}$$

$$= \mu_1\lambda_1\varphi(t)^{\mu_1-1}Y(t)^{\mu_1} - \mu_2\lambda_2[1-\varphi(t)]^{\mu_2-1}Y(t)^{\mu_2}$$

$$= \dfrac{\mu_1}{P_1}\left[\dfrac{\varphi(t)}{P_1}\right]^{\mu_1-1}Y(t)^{\mu_1} - \dfrac{\mu_2}{P_2}\left[\dfrac{1-\varphi(t)}{P_2}\right]^{\mu_2-1}Y(t)^{\mu_2}$$

式 3-9

在式 3-9 中，若假设参与全球价值链的产业 N 的投入来源行业总产出中用于研发投入的比重相等，即 $P_1 = P_2 = P$，则投入来源行业的增加值占比随时

间的变化率 $\varphi(t)$ 对参与全球价值链的产业 N 的能源消费增长率的动态影响方向，只取决于投入行业的产出和技术水平共同对该行业能源消费量的影响弹性 μ_1 和 μ_2。由于无法确定各投入行业产出对行业能源消费量的正向影响与行业技术水平对行业能源消费量的负向影响之差之间的相对大小，因此目前存在三种情况：

（1）当 $0<\mu_1<\mu_2<1$ 时，投入来源行业 1 的产出对行业能源消费量的正向影响与行业技术水平对行业能源消费量的负向影响之差小于行业 2，即行业 1 的产出和技术水平共同对该行业能源消费量的影响弹性更小，此时 $\frac{\mu_1}{P_1}Y(t)^{\mu_1}<\frac{\mu_2}{P_2}Y(t)^{\mu_2}$。则当 $\left[\frac{\varphi(t)}{P_1}\right]^{\mu_1-1}<\left[\frac{1-\varphi(t)}{P_2}\right]^{\mu_2-1}$ 时，$\varphi(t)>1-\varphi(t)\left[即 \varphi(t)>\frac{1}{2}\right]$ 时，此时 $\frac{E_1(t)\mu_1}{\varphi(t)}-\frac{E_2(t)\mu_2}{1-\varphi(t)}<0$。即当行业 1 来源的增加值占产业 N 总产出 Y 的比重超过 $\frac{1}{2}$ 时，行业 1 来源的增加值占比随时间增加将会引起全球价值链上产业 N 的能源消费量降低；当 $\left[\frac{\varphi(t)}{P_1}\right]^{\mu_1-1}>\left[\frac{1-\varphi(t)}{P_2}\right]^{\mu_2-1}$ 时，无法确定 $\frac{E_1(t)\mu_1}{\varphi(t)}-\frac{E_2(t)\mu_2}{1-\varphi(t)}$ 的正负。

（2）当 $0<\mu_1=\mu_2<1$ 时，各投入来源行业的产出对行业能源消费量的正向影响与行业技术水平对行业能源消费量的负向影响之差相等，此时 $\frac{\mu_1}{P_1}Y(t)^{\mu_1}=\frac{\mu_2}{P_2}Y(t)^{\mu_2}$。则当 $\varphi(t)>1-\varphi(t)\left[即 \varphi(t)>\frac{1}{2}\right]$ 时，此时 $\frac{E_1(t)\mu_1}{\varphi(t)}-\frac{E_2(t)\mu_2}{1-\varphi(t)}<0$。即当行业 1 来源的增加值占产业 N 总产出 Y 的比重超过 $\frac{1}{2}$ 时，行业 1 来源的增加值占比随时间增加将会引起全球价值链上产业 N 能源消费量降低；当 $\varphi(t)<1-\varphi(t)\left[即 \varphi(t)<\frac{1}{2}\right]$ 时，此时 $\frac{E_1(t)\mu_1}{\varphi(t)}-\frac{E_2(t)\mu_2}{1-\varphi(t)}>0$，即当行业 1 来源的增加值占产业 N 总产出 Y 的比重小于 $\frac{1}{2}$ 时，行业 1 来源的增加值占比随时间增加将

会引起全球价值链上产业 N 能源消耗量增加。当 $\varphi(t)=1-\varphi(t)$ $\left[即\varphi(t)=\dfrac{1}{2}\right]$ 时，此时 $\dfrac{E_1(t)\mu_1}{\varphi(t)}-\dfrac{E_2(t)\mu_2}{1-\varphi(t)}=0$，即当行业 1 和行业 2 来源的增加值占产业 N 总产出 Y 的比重相等时，任何行业来源的增加值占比调整将不会引起全球价值链上产业 N 能源消耗量的变化。

(3) 当 $0<\mu_2<\mu_1<1$ 时，投入来源行业 1 的产出对行业能源消费量的正向影响与行业技术水平对行业能源消费量的负向影响之差大于行业 2，即行业 2 的产出和技术水平共同对该行业能源消费量的影响弹性更小，此时 $\dfrac{\mu_1}{P_1}Y(t)^{\mu_1}>\dfrac{\mu_2}{P_2}Y(t)^{\mu_2}$。则当 $\left[\dfrac{\varphi(t)}{P_1}\right]^{\mu_1-1}>\left[\dfrac{1-\varphi(t)}{P_2}\right]^{\mu_2-1}$ 时，$\varphi(t)<1-\varphi(t)$ $\left[即\varphi(t)<\dfrac{1}{2}\right]$ 时，此时 $\dfrac{E_1(t)\mu_1}{\varphi(t)}-\dfrac{E_2(t)\mu_2}{1-\varphi(t)}>0$，即当行业 1 来源的增加值占产业 N 总产出 Y 的比重不足 $\dfrac{1}{2}$ 时，行业 1 来源的增加值占比随时间增加将会引起全球价值链上产业 N 能源消费量增加；当 $\left[\dfrac{\varphi(t)}{P_1}\right]^{\mu_1-1}<\left[\dfrac{1-\varphi(t)}{P_2}\right]^{\mu_2-1}$ 时，无法确定 $\dfrac{E_1(t)\mu_1}{\varphi(t)}-\dfrac{E_2(t)\mu_2}{1-\varphi(t)}$ 的正负。

对比以上三种情形，发现不同投入来源行业增加值占比调整对参与全球价值链的产业 N 的能源消费的影响不同，不同投入来源行业的产出和技术水平共同对该行业能源消费量的影响弹性和不同投入来源行业增加值占比产生影响。因此，从增加值来源分解的视角看，全球价值链上产业增加值投入来源结构调整可以为降低产业碳排放提供思路，减排方向由投入来源行业现有贡献的增加值占比和投入行业性质共同决定。

3.1.4 现实含义

结合现实经济情况，假设制造业参与全球价值链和国际分工合作，将制造业产出按照增加值来源进行分解，增加值来源行业包括行业 1 和行业 2。根据制造业和服务业产出的碳排放效应和能源消耗属性，可知制造业产出和技术水平共同对该行业能源消费量的影响弹性较高，服务业则较低。若行业 1 为制造业，行业 2 为服务业，则当制造业来源的增加值占比低于 1/2 时，提高制造业的增加值占比将提高区域中制造业的整体隐含碳排放；但是当制造业来源的增加值占比高于 1/2 时，其占比的调整对区域中制造业的整体隐含碳排放影响无法确定。反之，若行业 1 为服务业，行业 2 为制造业，则当服务业来源的增加值占比高于 1/2 时，提高服务业的增加值占比将降低区域中制造业的整体隐含碳排放，但是当服务业来源的增加值占比低于 1/2 时，其占比的调整对区域中制造业的整体隐含碳排放影响无法确定。

制造业在参与国际分工的过程中，参与全球价值链的阶段和参与位置不同。通过构建内生机制模型和情景动态对比，分析结果显示，起初制造业参与国际分工时更多参与价值链低端的生产环节，参与程度的加深导致高能耗、高排放行业的增加值投入份额增加，从而对制造业的隐含碳排放产生正向影响。随着制造业参与全球价值链程度的深化和在全球价值链参与位置的提升，制造业产出中更多的增加值来源于能源消耗强度较低的行业，其投入的增加值份额增加带来的负向影响将降低制造业的隐含碳排放。

3.2 制造业服务化的环境效应的投入产出分析

3.2.1 制造业出口增加值来源的服务化

1. 制造业服务化的测度

在新型国际分工体系下，出口贸易增加值已经成为衡量国际贸易真实利益得失的标准，传统贸易统计方法很难准确获取各国各行业的获益程度，基于贸易增加值分解方法的统计得到国内外学者的普遍关注，国内出口增加值已经成为一个国家通过出口获得经济利益的可靠衡量标准(Javorsek et al., 2015; Dedrick et al., 2010; Lamy, 2011; Johnson & Noguera, 2017; Foster-McGregor & Stehrer, 2013; Baldwin & Lopez-Gonzalaze, 2014)。本书中所指的制造业服务化是指全球价值链背景下制造业投入服务化，可以用制造业出口贸易中来源于服务行业的增加值占比衡量(Lanz & Maures, 2015; Baldwin et al., 2015)，对其进行测度和分析的理论基础即为制造业出口贸易增加值(TIVA)的分解。

关于贸易增加值最早的研究源于 Hummels(2001)使用 OECD 提供的单区

域竞争型投入产出表测算一国出口的垂直专业化率（Vertical Specialization Share），用一国出口中的国外增加值比重表示。文东伟等（2010）在贸易增加值分解分析框架的基础之上对 Hummels、Ishii 和 Yi（简称 HIY）的垂直专业化指标进行了深度扩展。Koopman、Powers、Wang 和 Wei（2015）（以下简称 KP-WW）提出将国民账户核算体系中的增加值统计法与传统通关统计（或称全值统计）进行整合，通过构建全球多部门投入产出的数据库，将国内增加值统计从单一国家拓展到区域乃至全球，全方位对一国贸易中国内与国外增加值进行估算（见表 3-1）。多区域非竞争型投入产出表公布之后，Antras 等（2013）、Wang 等（2013）深化了贸易增加值分解领域的研究。Wang 等（2013）、Koopman（2014）、程大中（2015）采用后向关联的方法从需求方的角度将一国总出口按照增加值来源不同进行分解，Francois 等（2015）、王直等（2015）、程大中（2017）采用前向关联的方法从供给方的角度将一国某行业的出口增加值分解到其他国家。

表 3-1　多区域非竞争型投入产出表结构

			中间使用				最终使用				总产出
			国家 1	国家 2	⋯	国家 P	国家 1	国家 2	⋯	国家 P	
			$1 \cdots N$	$1 \cdots N$	⋯	$1 \cdots N$					
中间投入	国家 1	$1 \cdots N$	a_{11}	a_{12}	⋯	a_{1P}	Y_{11}	Y_{12}	⋯	Y_{1P}	X_1
	国家 2	$1 \cdots N$	a_{21}	a_{22}	⋯	a_{2P}	Y_{21}	Y_{22}	⋯	Y_{2P}	X_2
	⋯	⋯									
	国家 P	$1 \cdots N$	A_{P1}	A_{P2}	⋯	a_{PP}	Y_{P1}	Y_{P2}	⋯	Y_{PP}	X_P
增加值			V_1	V_2	⋯	V_P	—				
总投入			X_1	X_2	⋯	X_P	—				

参考 KPWW 贸易增加值的测算方法，基于多区域非竞争型投入产出表，计算各国各行业出口贸易增加值（TIVA）。假设有 P 个国家，每个国家有 N 个行业，每个国家每个行业的产品皆可作为中间投入，亦可作为最终消费品。多区域投入产出模型可以表示为：

$$\begin{bmatrix} X_1 \\ X_2 \\ \vdots \\ X_P \end{bmatrix} = \begin{bmatrix} A_{11} & A_{12} & \cdots & A_{1P} \\ A_{21} & A_{22} & \cdots & A_{2P} \\ \vdots & \vdots & \ddots & \vdots \\ A_{P1} & A_{P2} & \cdots & A_{PP} \end{bmatrix} \begin{bmatrix} X_1 \\ X_2 \\ \vdots \\ X_P \end{bmatrix} + \begin{bmatrix} Y_1 \\ Y_2 \\ \vdots \\ Y_P \end{bmatrix} \quad \text{式 3-10}$$

其中，X_r、Y_r($r=1, 2, 3, \cdots, P$)都为 N 维列向量，分别表示国家 r 的 N 个行业的总产出和最终消费。A_{mr} 则表示国家 r 对国家 m 的直接消耗系数矩阵，即国家 m 对国家 r 的直接投入所占国家 r 总产出比重的矩阵。由于国家 r 的总产出一部分用作本国和其他国家的中间投入，另一部分用作本国和其他国家的最终消费，因此国家 r 的总产出可以用式 3-10 右侧第一项和第二项之和表示。将式 3-10 右侧第一项移到左边得到：

$$\left(\begin{bmatrix} 1 & 0 & \cdots & 0 \\ 0 & 1 & \cdots & 0 \\ \vdots & \vdots & \ddots & \vdots \\ 0 & 0 & \cdots & 1 \end{bmatrix} - \begin{bmatrix} A_{11} & A_{12} & \cdots & A_{1P} \\ A_{21} & A_{22} & \cdots & A_{2P} \\ \vdots & \vdots & \ddots & \vdots \\ A_{P1} & A_{P2} & \cdots & A_{PP} \end{bmatrix}\right) \begin{bmatrix} X_1 \\ X_2 \\ \vdots \\ X_P \end{bmatrix} = \begin{bmatrix} Y_1 \\ Y_2 \\ \vdots \\ Y_P \end{bmatrix} \quad 式\ 3\text{-}11$$

将式 3-11 进一步整理得到：

$$\begin{bmatrix} X_1 \\ X_2 \\ \vdots \\ X_P \end{bmatrix} = \begin{bmatrix} 1-A_{11} & -A_{12} & \cdots & -A_{1P} \\ -A_{21} & 1-A_{22} & \cdots & -A_{2P} \\ \vdots & \vdots & \ddots & \vdots \\ -A_{P1} & -A_{P2} & \cdots & 1-A_{PP} \end{bmatrix}^{-1} \begin{bmatrix} Y_1 \\ Y_2 \\ \vdots \\ Y_P \end{bmatrix} = \begin{bmatrix} B_{11} & B_{12} & \cdots & B_{1P} \\ B_{21} & B_{22} & \cdots & B_{2P} \\ \vdots & \vdots & \ddots & \vdots \\ B_{P1} & B_{P2} & \cdots & B_{PP} \end{bmatrix} \begin{bmatrix} Y_1 \\ Y_2 \\ \vdots \\ Y_P \end{bmatrix}$$

式 3-12

其中，B_{mr} 为完全消耗系数矩阵，即 Leonitief 逆矩阵，表示 r 国家每增加一单位最终使用时对 m 国家的完全消耗，既包括要素的直接消耗，也包括要素的间接消耗。结合 Leonitief 逆矩阵和增加值率，各国出口按增加值来源进行分解为：

$$TIVA = \begin{bmatrix} TIVA_{11} & TIVA_{12} & \cdots & TIVA_{1P} \\ TIVA_{21} & TIVA_{22} & \cdots & TIVA_{2P} \\ \vdots & \vdots & \ddots & \vdots \\ TIVA_{P1} & TIVA_{P2} & \cdots & TIVA_{PP} \end{bmatrix} = \hat{V} B \hat{E}$$

$$= \begin{bmatrix} \hat{V}_1 & 0 & \cdots & 0 \\ 0 & \hat{V}_2 & \cdots & 0 \\ \vdots & \vdots & \ddots & \vdots \\ 0 & 0 & \cdots & \hat{V}_P \end{bmatrix} \begin{bmatrix} B_{11} & B_{12} & \cdots & B_{1P} \\ B_{21} & B_{22} & \cdots & B_{2P} \\ \vdots & \vdots & \ddots & \vdots \\ B_{P1} & B_{P2} & \cdots & B_{PP} \end{bmatrix} \begin{bmatrix} \hat{E}_1 & 0 & \cdots & 0 \\ 0 & \hat{E}_2 & \cdots & 0 \\ \vdots & \vdots & \ddots & \vdots \\ 0 & 0 & \cdots & \hat{E}_P \end{bmatrix}$$

$$=\begin{bmatrix} \hat{V}_1 B_{11} \hat{E}_1 & \hat{V}_1 B_{12} \hat{E}_2 & \cdots & \hat{V}_1 B_{1P} \hat{E}_P \\ \hat{V}_2 B_{21} \hat{E}_1 & \hat{V}_2 B_{22} \hat{E}_2 & \cdots & \hat{V}_2 B_{2P} \hat{E}_P \\ \vdots & \vdots & \ddots & \vdots \\ \hat{V}_P B_{P1} \hat{E}_1 & \hat{V}_P B_{P2} \hat{E}_2 & \cdots & \hat{V}_P B_{PP} \hat{E}_P \end{bmatrix}$$ 式 3-13

其中，$\hat{V}_r$ 表示 r 国家增加值率方阵，对角线为向量 V_{r*}，V_{r*} 表示 r 国家各行业增加值率，该方阵分解了 P 个国家 N 个行业(包括制造业和服务业在内)的生产增加值率；$\hat{E}_r$ 表示 r 国家出口贸易矩阵。

式 3-13 中第三行的矩阵就是贸易增加值(TIVA)矩阵，描述了一国贸易增加值的来源和去向。其中，对角线元素表示各国出口增加值中来源于国内的部分，每列中的非对角线元素表示每一国出口增加值中由外国创造的部分，因此由每列元素即可看出一国出口内涵国内增加值和国外增加值部分。例如，第 r 列中的 P 个元素表示国家 r 出口贸易增加值来源分解，其中第 r 个元素位于该矩阵的对角线上，表示国家 r 的出口内涵增加值中来源于本国的部分，第 1 个元素表示国家 r 的出口内涵增加值中来源于国家 1 的部分，第 m 个元素表示国家 r 的出口内涵增加值中来源于国家 m 的部分。

服务投入创造的价值增值隐含在制造业总出口中。因此，从服务投入的角度将制造业服务化率定义为制造业出口内涵的增加值中来源于服务行业的比重，则 r 国家 i 制造业服务化率可以表示为：

$$Ser_{r,i} = \sum_m \sum_{j \in S} V_{m,j}(B_{mr})_{ji} E_{r,i} / E_{r,i}$$ 式 3-14

其中，i 为制造业，j 为服务业，S 为所有服务行业的集合。2016 年世界投入产出数据库(WIOD)公布的世界投入产出表中提供了 44 个国家所有农业、工业、服务业的中间产品和最终品的投入产出数据，根据《国际标准行业分类》(ISIC Rev. 4.0)进行分类，其中包括 19 个制造行业和 30 个服务行业。若式 3-14 表示 r 国家 i 制造业出口中所有服务投入增加值占比，则集合 S 中涵盖附表 1 中编号 20—49 的所有服务行业。$V_{m,j}$ 为 m 国家 j 服务业增加值率向量。B 为 Leonitief 逆矩阵，即完全消耗系数矩阵，$(B_{mr})_{ji}$ 为矩阵 B_{mr} 的第 j 行 i 列个元素，表示 r 国家 i 制造业对 m 国家 j 服务业的完全消耗。$E_{r,i}$ 表示 r 国家 i 制造业的总出口量。$V_{m,j}(B_{mr})_{ji} E_{r,i}$ 为 r 国家 i 制造业内涵服务增加值来源于 m

国家 j 服务业的部分。

2. 制造业服务化的分解(基于来源地差异和服务投入异质性)

(1) 来源地差异

基于贸易增加值分解的制造业服务化率(式 3-14)结合出口国、伙伴国、出口制造业和服务业,能够有效显示全球价值链背景下服务投入对制造业出口贸易的重要性。根据服务增加值的分布,可以追溯服务增加值的来源地差异和服务投入异质性。

一国制造业出口内涵的服务要素按照来源地的差异可以被分解为两部分:国内来源和国外来源。根据世界投入产出表,r 国家 i 制造业出口内涵服务增加值 $S_{r,i}$ 可以表示为 $\sum_{m=r}\sum_{j\in S}V_{m,j}(B_{mr})_{ji}E_{r,i}$ 与 $\sum_{m\neq r}\sum_{j\in S}V_{m,j}(B_{mr})_{ji}E_{r,i}$ 两项之和。因此,

r 国家 i 制造业出口内涵国内来源服务化率为:

$$Ser_{r,i\_D} = \sum_{m=r}\sum_{j\in S}V_{m,j}(B_{mr})_{ji}E_{r,i}/E_{r,i} \qquad 式\ 3\text{-}15$$

r 国家 i 制造业出口内涵国外来源服务化率为:

$$Ser_{r,i\_F} = \sum_{m\neq r}\sum_{j\in S}V_{m,j}(B_{mr})_{ji}E_{r,i}/E_{r,i} \qquad 式\ 3\text{-}16$$

(2) 服务投入异质性

在研究全球价值链背景下制造业服务化的减排效应时,除了总体效应以外,还应考虑服务投入异质性的碳排放效应。按服务活动的功能与性质,西方经济学者将辛格曼服务业四分法进行简化和完善,把服务业分为生产性服务业、分配性服务业、消费性服务业和社会性服务业(方远平,2008),与《国际标准行业分类》(ISIC Rev.4.0)进行匹配,具体分类见附表1。因此,将服务行业按照不同要素密集度分为四类集合:生产性服务行业集合 S_1、分配性服务行业集合 S_2、消费性服务行业集合 S_3、社会性服务行业集合 S_4(满足 $S = \{S_1, S_2, S_3, S_4\}$,且 S_1、S_2、S_3、S_4 相互之间的交集为空集)。则可以将制造业出口内涵服务来源增加值分解为:

$$S_{r,i} = \sum_{m}\sum_{j\in S_1}V_{m,j}(B_{mr})_{ji}E_{r,i} + \sum_{m}\sum_{j\in S_2}V_{m,j}(B_{mr})_{ji}E_{r,i}$$

$$+ \sum_{m}\sum_{j\in S_3}V_{m,j}(B_{mr})_{ji}E_{r,i} + \sum_{m}\sum_{j\in S_4}V_{m,j}(B_{mr})_{ji}E_{r,i}$$

$$式\ 3\text{-}17$$

进一步，可以分别考察国内来源生产性服务化率、国内来源分配性服务化率、国内来源消费性服务化率、国内来源社会性服务化率、国外来源生产性服务化率、国外来源分配性服务化率、国外来源消费性服务化率、国外来源社会性服务化率：

$$Ser_{r,i} = \left[\sum_{m=r} \sum_{j \in S_1} V_{m,j}(B_{mr})_{ji} E_{r,i} + \sum_{m=r} \sum_{j \in S_2} V_{m,j}(B_{mr})_{ji} E_{r,i} \right.$$
$$+ \sum_{m=r} \sum_{j \in S_3} V_{m,j}(B_{mr})_{ji} E_{r,i} + \sum_{m=r} \sum_{j \in S_4} V_{m,j}(B_{mr})_{ji} E_{r,i}$$
$$+ \sum_{m \neq r} \sum_{j \in S_1} V_{m,j}(B_{mr})_{ji} E_{r,i} + \sum_{m \neq r} \sum_{j \in S_2} V_{m,j}(B_{mr})_{ji} E_{r,i}$$
$$\left. + \sum_{m \neq r} \sum_{j \in S_3} V_{m,j}(B_{mr})_{ji} E_{r,i} + \sum_{m \neq r} \sum_{j \in S_4} V_{m,j}(B_{mr})_{ji} E_{r,i} \right] / E_{r,i}$$

式 3-18

式 3-18 右侧括号中第一项至第四项分别表示 r 国家 i 行业出口中来源于本国的生产性、分配性、消费性和社会性服务行业的增加值，第五项至第八项分别表示 r 国家 i 行业出口中来源于国外的生产性、分配性、消费性和社会性服务行业的增加值。

（3）服务投入高端化

本书认为全球价值链上高端服务行业的投入会带来制造业高端化升级。马鹏等（2014）提出只有更多地凝聚高端要素，才能实现产业向价值链的高端环节攀升。什么是高端服务行业呢？学术界对高端服务行业的界定为：知识和信息相对密集的，具有高附加值、高技术含量、高人力资本密度、高产业带动力的服务行业。参考联合国中央产品分类（CPC）第 2 版第 5—9 部分（United Nations，2013）将全球价值链中的制造业的服务投入进行分类。WIOD 提供的投入产出表中涉及的服务行业有 30 个，其中，研发、信息通信、现代物流等服务行业具有较高的专业化程度和知识密集度等特点，金融、保险等属于资本密集型服务行业，因此按照行业密集度和专业性等特点可以将这 30 个服务行业进行分类，并且根据全球价值链上的附加值占比，选择其中五类高附加值的行业为高端服务行业[1]，将这五类服务行业作为制造业的中间投入创造的增加值占制造业总出口的比重定义为制造业高端服务化率，即专业、

---

[1] 根据第四章全球价值链背景下制造业服务化的现状及特征分析中发现：专业、科学和技术类，金融和保险类，信息和通信类，批发和零售类，运输和仓储类，2000—2014 年这五类服务投入增加值占制造业所有投入的服务所创造的增加值的比重均超过 80%。

科学和技术类服务化率，金融和保险类服务化率，信息和通信类服务化率，批发和零售类服务化率，运输和仓储类服务化率。

3.2.2 制造业出口贸易流中的隐含碳

式 3-12 提供了 P 个国家 N 个行业的多区域投入产出模型（MRIO），透过这个模型可以更清晰地分析总出口贸易流中的隐含碳。

假设这 P 个国家每个国家有 N 个行业的直接碳排放系数（国内行业单位产出的 CO_2 排放量）矩阵为 C^d，c_{r*}^d 表示 r 国家各行业直接 CO_2 排放系数，c_r^d 表示 r 国家直接 CO_2 排放系数方阵，对角线为向量 c_{r*}^d。将直接碳排放系数矩阵与 Leonitief 逆矩阵 B_{mr}，即完全消耗系数矩阵相乘，可以得到各国家和各行业之间的完全碳排放系数矩阵，其中对角线元素表示国内投入来源国内生产的完全碳排放系数，非对角线元素表示国外投入来源国内生产的完全碳排放系数：

$$C^d B = \begin{bmatrix} c_1^d & 0 & \cdots & 0 \\ 0 & c_2^d & \cdots & 0 \\ \vdots & \vdots & \ddots & \vdots \\ 0 & 0 & \cdots & c_P^d \end{bmatrix} \begin{bmatrix} B_{11} & B_{12} & \cdots & B_{1P} \\ B_{21} & B_{22} & \cdots & B_{2P} \\ \vdots & \vdots & \ddots & \vdots \\ B_{P1} & B_{P2} & \cdots & B_{PP} \end{bmatrix}$$

式 3-19

$$= \begin{bmatrix} c_1^d B_{11} & c_1^d B_{12} & \cdots & c_1^d B_{1P} \\ c_2^d B_{21} & c_2^d B_{22} & \cdots & c_2^d B_{2P} \\ \vdots & \vdots & \ddots & \vdots \\ c_P^d B_{P1} & c_P^d B_{P2} & \cdots & c_P^d B_{PP} \end{bmatrix}$$

总出口贸易流中既包含最终产品出口，也包含中间产品出口，在多区域投入产出表中表示为 E_{r*}。将完全碳排放系数矩阵 $C^d B$ 与总出口贸易流矩阵 E_{r*} 相乘即可以得到各国家各行业出口贸易隐含碳矩阵：

$$C^d BE = \begin{bmatrix} c_1^d & 0 & \cdots & 0 \\ 0 & c_2^d & \cdots & 0 \\ \vdots & \vdots & \ddots & \vdots \\ 0 & 0 & \cdots & c_P^d \end{bmatrix} \begin{bmatrix} B_{11} & B_{12} & \cdots & B_{1P} \\ B_{21} & B_{22} & \cdots & B_{2P} \\ \vdots & \vdots & \ddots & \vdots \\ B_{P1} & B_{P2} & \cdots & B_{PP} \end{bmatrix} \begin{bmatrix} E_1 & 0 & \cdots & 0 \\ 0 & E_2 & \cdots & 0 \\ \vdots & \vdots & \ddots & \vdots \\ 0 & 0 & \cdots & E_P \end{bmatrix}$$

$$= \begin{bmatrix} c_1^d B_{11} E_1 & c_1^d B_{12} E_2 & \cdots & c_1^d B_{1P} E_P \\ c_2^d B_{21} E_1 & c_2^d B_{22} E_2 & \cdots & c_2^d B_{2P} E_P \\ \vdots & \vdots & \ddots & \vdots \\ c_P^d B_{P1} E_1 & c_P^d B_{P2} E_2 & \cdots & c_P^d B_{PP} E_P \end{bmatrix} \qquad 式 3\text{-}20$$

根据式 3-20 可以测算各个国家各个行业的出口贸易隐含碳，如式 3-21 表示 r 国家 i 制造业出口贸易隐含碳排放总量：

$$Carbon_{r,i} = \sum_m \sum_{j \in S} c_{m,k}^d (B_{mr})_{ki} E_{r,i} \qquad 式 3\text{-}21$$

其中，i 为制造业，k 为其他行业（k 可以等于 i）。$c_{m,k}^d$ 为 m 国家 k 行业增加值率向量，B 为 Leonitief 逆矩阵，即完全消耗系数矩阵，$(B_{mr})_{ki}$ 为矩阵 B_{mr} 的第 k 行 i 列个元素，表示 r 国家 i 制造业对 m 国家 k 行业的完全消耗。$E_{r,i}$ 为 r 国家 i 制造业的总出口量。$c_{m,k}^d (B_{mr})_{ki} E_{r,i}$ 为 r 国家 i 制造业出口所引起的 m 国家 k 行业隐含碳排放的部分。

3.2.3 制造业服务化与隐含碳排放链的关系

在全球价值链背景下，各国家各行业参与垂直专业分工，将某一产品的生产环节分割在不同国家不同行业，不仅带来增加值贸易流，而且形成了全球贸易的碳排放链，造成某一产品生产中带来的 CO_2 排放分布于不同国家和区域。式 3-21 从全球价值链的视角分解一个国家制造业出口贸易隐含碳，有利于更好地评估制造业出口贸易嵌入全球价值链环节的环境成本和出口增加值投入来源行业升级之间的相关关系，即隐含碳排放链与增加值来源服务化之间的相关关系。

观察式 3-21 的列向量，r 国家制造业出口消耗中涉及本国和国外的所有行业，既包含制造业也包含服务业。由于服务业的产业性质与制造业存在极大差异，其能源消耗强度远远低于制造业。并且，在传统企业的生产中，为了获取利润最大化，制造业企业只能多生产产品来获取利润。在全球价值链的服务化过程中，一方面，制造业企业可以通过跨国转移生产环节减少资源消耗，跨国公司将"加工""组装"等低附加值的生产环节转移到国外，则将"微笑曲线"两端的高附加值环节留在国内，例如研发、设计、营销、广告、物流等，这些环节相对生产、加工等能源消耗强度较低；另一方面新兴的服务行业与制造业相互合作和支持，如装备制造业等资本密集型的重机械制造业中加入融资租赁行业的支撑，服装、家具等制造业融入虚拟现实、仿真设计等软件行业支持，大数据、爬虫与数据挖掘等信息技术提高精密制造业的竞争力，新兴的服务种类与传统的金融、法律、租赁、研发等作为制造业的中间投入，提高服务业在全球价值链上制造业产出价值中的比重，服务化的模式使企业不以生产产品为唯一目的，使制造业能源和资源消耗减少，进而实现了节能减排的目标。

因此，全球价值链上制造业出口产品的增加值来源更多转向服务行业，既可以提升制造业产出中服务来源的增加值占比，促进制造业在全球价值链上的升级，也将降低制造业出口贸易中隐含的国内外能源消耗和隐含碳排放。

3.3 制造业服务化的环境效应的路径分析

3.3.1 制造业服务化的过程

服务活动在全球价值链中发挥着链接各国和各区域之间制造业活动的重要支撑作用。参与国际分工的国家和区域在地理位置上是分散的，在时间上是错位的。为了保证生产过程顺利进行，制造业企业需要通信、运输、后勤、金融、仓储等服务活动的参与（Jones and Kierzkowski，2001），生产活动的上游阶段、生产阶段和下游阶段分别有了服务活动的链接，产品内分工主导的制造业活动才形成了完整的全球价值链。

服务活动不仅作为制造业全球价值链的链接，还以不同的方式投入产品生产的生命周期中。图3-1显示了服务要素在全球价值链不同阶段的投入过程。全球价值链的上游阶段起始于研发、设计、采购和运输等服务投入；生产阶段涉及原材料的运输和处理、设备测试、维护和修理，环境安全的合规性检查等服务过程；下游阶段则涵盖大量的品牌、营销、零售、包装、运输、安装和售后维护、维修等。这些服务活动是以在关键的生产阶段的投入这种方式而存在的。在制造业生产产品时，金融、保险、信息和通信、会计、法律服务，教育、培训、咨询、餐饮、住宿等服务投入以不同的来源模式存在。全球价值链的上游阶段开始于设计、研发等环节，下游阶段主要涉及营销、分销等服务活动，这些服务活动一方面作为全球价值链的投入部分而存在，另一方面也是全球价值链上必不可少的生产阶段。根据服务在跨国制造业中所起到的作用，将服务分为水平服务和垂直服务。水平服务是指任何价值链中的任何制造业都需要的服务，比如市场营销、商业咨询、法律服务、会计、培训等服务活动。垂直服务是针对专门制造业中的某些价值链的服务活动，例如医药行业的临床测试、保险部门的风险管理、金融部门的投资分析均为垂直服务活动。

服务投入在全球价值链中存在不同的贸易模式。根据服务业贸易总协定（GATS）提供的四种服务贸易模式①，制造业生产过程中使用的服务可以分为国内来源和国外来源，图3-1显示了服务投入的来源国、采购方式和在制造业产品出口时价值增值的模式（Lanz et al.，2015）。国内来源包括国内采购和中间品投入中附加的服务，其中，国内采购服务可以直接外包给独立的供应商，或者制造业内部直接提供；也可以直接由外国公司的跨境子公司提供，以FATS方式统计；还可以来源于中间品投入中附加的服务被国内消费，以BOP方式统计。离岸外包服务全部来源于国外投入，既可以外包给离岸的独立供应商，也可以由外国子公司在境内通过外商直接投资（Foreign Direct Investment，FDI）直接提供。在出口中，国内和国外来源的服务内容分别表现为出口中内涵的国内和国外来源的服务增加值，需要参考3.2.1章节，利用贸易增加值（TIVA）分解方法进行详细测度。

---

① 服务贸易总协定（General Agreement of Trade and Service，GATS），将国际服务服务供应模式确定为四种：传统的跨境供应（模式1）；境外消费服务（模式2）；境外提供服务（模式4，以自然人形式存在）；国际资本迁移（模式3，以商业形式存在）。其中模式1、2、4依据国际收支服务贸易统计（Balance of Payment，BOP）方式统计，模式3依据外国附属机构服务贸易统计（Foreign Affiliates Trade in Services，FATS）方式统计。

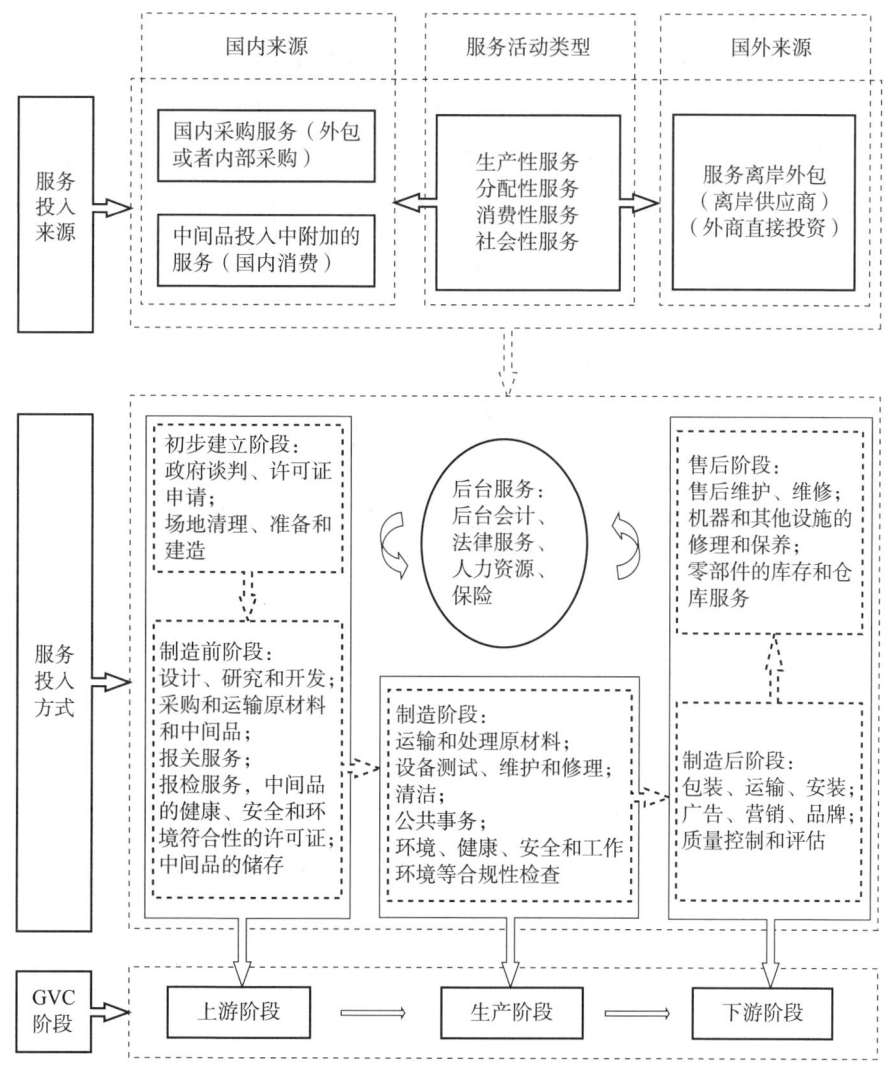

图 3-1 全球价值链不同阶段的服务投入来源和方式

3.3.2 制造业服务化与碳排放的阶段性关系

全球价值链背景下制造业服务化是表征制造业参与国际分工的方式，增加值的投入结构升级的指标，反映了不同行业来源的要素在制造业生产过程中分配—投入—使用过程的组合整体。这种投入组合方式受到区域经济发展水平、技术水平的制约，也受到参与全球价值链的程度、模式和地位变化的限制，同时受区域之间要素流动方式、生产组织方式、人才素质等因素的影响。全球价值链背景下制造业服务化的内在驱动力和表现不再是传统经济中规模扩张和三次产业结构调整，而是由全球价值链上产品内垂直专业化分工模式细化和深化所带来的产业之间互相作为投入要素，组合模式的差异化和多样化的过程。在国家产业发展的阶段性特征、全球价值链和产品分工细化的视角下，制造业价值链服务化和区域碳排放之间的阶段性动态关系逐渐明晰。

在制造业参与全球价值链的初期阶段，制造业产品垂直专业化分工，国际分工规模扩大和纵向扩张，此时制造业增加值的创造更多来源于制造、加工和组装的环节，必然会带来生产中能源消耗量和碳排放的增加。但是此时，由于技术水平的限制，制造业参与国际分工的规模增长速度不够快，因此总体碳排放的增长速度仍然较低。

依据"新-新"贸易理论，若一国企业参与出口贸易，则其生产效率和技术水平将高于不参与国际贸易的企业。随着一个国家制造业参与全球价值链程度的加深，技术革新和引进的突破性进步带来参与国际分工的产业规模进一步横向扩张，产业类型和产品投入生产的组合更加细化和复杂化。此时虽然有更多高附加值、低碳排放的服务作为制造业的投入，但是受本国经济技术水平和国际要素流动局限性的影响，投入行业附加值向价值链两端攀升的现象不能有效抑制制造业生产环节的碳排放增长速度。随着制造业服务化程度加深，碳排放增长速度由慢到快，在服务化成熟阶段，服务作为制造业投入倒逼制造业整体产业链的碳排放增长速度放缓，此时出口产品产业价值链上碳排放总量达到峰值。① 全球价值链上制造业服务化程度与碳排放水平阶段性关系如图 3-2 所示。

在制造业参与全球价值链的产品内分工过程中，低技术制造业多涉及资源和劳动密集型的初级产品生产阶段，因此首先进行服务化升级的是低技术制造业。低技术制造业的生产阶段能源消耗强度高，碳排放压力大，此时投入低技术制造业贸易增加值中的服务多为低端的消费性和社会

---

① 从后文第七章全球价值链背景下制造业服务化的环境效应：国际比较视角的研究中证实，全球整体制造业服务化水平与制造业贸易隐含碳之间存在先上升后下降的"倒 U 型"关系。

性服务。

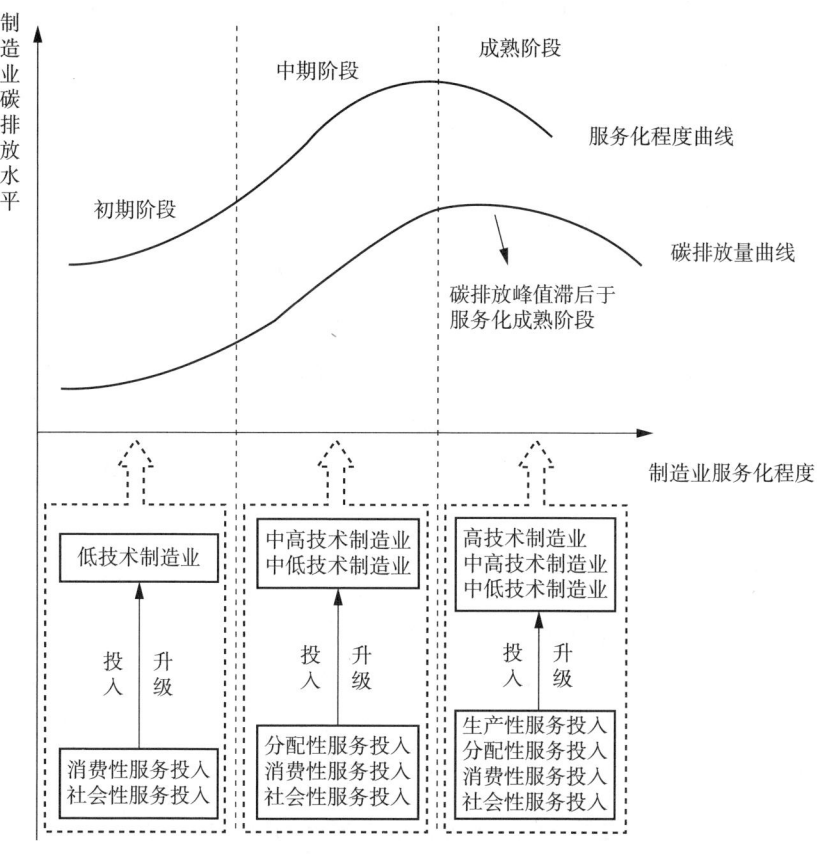

图 3-2　全球价值链上制造业服务化程度与碳排放水平阶段性关系

随着一国参与全球价值链程度的深化，更多的中低技术和中高技术制造业参与全球价值链分工，中低技术和中高技术制造业开始快速服务化升级。此时生产性和分配性服务作为高端的生产要素投入制造业生产过程中，作为出口贸易增加值的来源，不仅提高中高技术制造业在全球价值链中的地位，还有可能降低制造业整体出口贸易隐含碳排放。

在制造业参与全球价值链程度深化的阶段，最终进行服务化升级的是高技术制造业，高技术制造业本身就是资源和能源消耗强度较低的行业，高端的服务要素作为制造业增加值的投入来源，更能够促进制造业碳排放负效应的发挥。即在"低技术—中低技术—中高技术—高技术"制造业服务化升级的过程中，"低端—高端"的服务要素依次作为制造业增加值的投入来源融入全球价值链中,包括技术研发、金融保险、交通运输、信息通信和现代物流仓储等,当制造业达到高度的生产性和分配性服务化阶段时,碳排放增速减缓,至峰值后降低。

3.3.3 制造业服务化的减排微观传导路径

1. 制造业服务化的减排动力来源

全球价值链背景下制造业服务化的减排动力来源有以下三点:

(1)生产环节选择的主动性。全球价值链的本质特征是国际分工和生产的碎片化,参与全球价值链的国家可以根据自身情况发展比较优势,选择不同的生产环节。在减排压力下,全球价值链上的国家可以主动选择将排放密集型的生产环节转移到国外,而研发、营销、金融和保险等排放强度低的服务环节留在国内。

(2)企业自发行为。制造业服务化是新的经济发展模式,企业在生产过程中会自主选择全球价值链中附加值较高和排放较低的环节。在传统的经济模式中,制造业在获取利润和创造价值时,必然会带来资源消耗,而制造业服务化将这二者之间的矛盾分离,使企业在获取利润时减少直接或者间接的资源消耗。

(3)学习的边际效应。在全球价值链上高增加值和技术密集的生产环节由发达国家主导,参与全球价值链的新兴国家借鉴其先进技术和学习经验,提高自身技术水平,增加研发的边际收益,推进中间产品生产的专业化,扩大生产规模效应,从而促进国内资源配置和提高能源利用效率。

2. 制造业服务化的减排微观传导路径

全球价值链背景下制造业服务化的减排微观传导路径有以下三点:

(1)降低全球价值链上制造业的生产成本,提高能源利用效率。传统制造业的生产模式是不仅自己生产,而且将生产性服务留在企业内部,由企业内部提供服务支撑,势必带来制造业企业技术内部专业化提升的压力。企业内部所提供的服务的专业化程度较低,也负面抑制了企业生产效率的提高。在国际生产分工的背景下,制造业和服务业的分工不断细化,外部服务投入才有利于制造业专业化程度和效率的提高。制造业更加专注于提升核心生产环节的竞争力,而将金融服务、法律商务等非核心的服务环节独立或者直接从外部引进投入。服务环节的独立降低了制造业企业大量的投入成本压力,能够有效提高制造业企业生产的专业化程度,从而提高制造业企业能源利用效率。即全球价值链上服务业对制造业投入的增加及其增加值对制造业总产出占比的提高能够有效提高制造业能源利用效率,提高减排潜力。

(2) 全球价值链服务化的规模效应降低资源浪费。全球价值链上制造业与服务业专业分工,作为制造业的高端投入要素,需要生产性和分配性服务业标准化和专业化程度的提升,促使服务业引进更多高层次人才和高端设备,以实现为更多制造业生产提供更高效的服务投入。制造业在参与国际分工规模扩大的同时,给服务投入带来的规模效应,反过来促使服务投入规模扩大的成本分摊到更多制造业中,从而使制造业外部投入使用服务的成本降低。一方面减少制造业资源浪费,提高制造业生产效率;另一方面扩大服务业规模效应,其单位产出的能源利用率也相应提高,从而促使制造业价值链上碳排放增长速度放缓。

(3) 制造业企业交易成本降低,提高能源利用效率。在国际生产分工背景下,服务投入作为针对制造业生产的辅助活动,能够有效降低制造业生产的内部交易成本。例如技术研发、信息通信等高端生产性服务投入提高制造业企业及时有效获得信息的能力;金融保险和商务服务等能够为制造企业提供融资支持和帮助,降低企业融资成本;现代物流仓储和交通运输服务投入规模化、便捷化发展有效降低制造企业运输成本。高效的服务化投入促使自身能源利用效率提高,使投入制造业中相同的增加值增量带来碳排放降低。

3.4 小结

本章对全球价值链背景下制造业服务化的环境效应的理论基础进行了阐述。首先,基于增加值投入来源两部门的假设构建了制造业服务化的环境效应内生机制静态模型,并基于投入来源部门能源消费弹性的大小对模型进行动态分析;其次,对制造业增加值来源服务化与隐含碳排放链之间的投入产出关系进行分析;最后,分别对服务化与碳排放的阶段性关系和服务化的减排微观传导路径进行阐述。本章通过理论分析提出，全球价值链背景下行业的增加值投入来源结构决定了行业的贸易隐含碳排放量。因此，制造业出口贸易增加值来源结构的调整，即服务化水平的提升，可以降低出口贸易隐含碳排放。

第四章
全球价值链背景下制造业服务化的现状及特征

对制造业服务化的现状及特征进行多层次剖析是深度检验制造业服务化的环境效应的基础。根据实证检验结果，结合中国制造业服务化特征，提出针对性的服务化减排的政策建议是本书的最终目的。随着贸易增加值研究方法的深入和单区域、多区域投入产出表的公布，从数据方面对制造业服务化的测度更加便捷。本章从全球价值链和国内价值链的角度，分别对中国行业分布、区域空间和国际比较层面制造业的总体服务化、异质性服务化、高端服务化、来源国服务化和不同类型制造业服务化的情况进行分析。

4.1 全球价值链背景下中国制造业的服务化：行业特征

本章的研究以全球多区域投入产出表(WIOT)为基础，行业分类以《国际标准行业分类》(ISIC Rev.4.0)为参照。结合第五章实证检验中指标数据的需求，考虑到国际、国内行业分类标准的匹配性和行业数据可得性，将《国民经济标准行业分类》(GB/T 4754—2002)中 29 个制造业行业归类到《国际标准行业分类》(ISIC Rev.4.0)中的 17 个制造业行业中，具体对应关系见附表 3。从附表 3 中可以看出，将《国民经济标准行业分类》中的农副食品加工业、食品制造业、饮料制造业和烟草制品业归并到 ISIC Rev.4.0 中的 Food products, beverages and tobacco products 行业；将纺织业，纺织服装、鞋、帽制造业，皮革、毛皮、羽绒及其制品业归并到 ISIC Rev.4.0 中的 Textiles, wearing apparel and leather products 行业；将化学原料及化学品制造业、化学纤维制造业归并到 ISIC Rev.4.0 中的 Chemicals and chemical products 行业；将橡胶制品业、塑料制品业归并到 ISIC Rev.4.0 中的 Rubber and plastic products 行业；将黑色金属冶炼及压延加工业、有色金属冶炼及压延加工业归并到 ISIC Rev.4.0 中的 Basic metals 行业；将通信设备、计算机及其他电子设备制造业，仪器仪表、文化办公用机械制造业归并到 ISIC Rev.4.0 中的 Computer, electronic and optical products 行业；将通用设备制造业、专用设备制造业归并到 ISIC Rev.4.0 中的 Machinery and equipment n.e.c. 行业。并且，将 ISIC Rev.4.0 中的 Motor vehicles, trailers and semi-trailers, Other transport equipment 归并到《国民经济标准行业分类》中的交通运输设备制造业；将《国民经济标准行业分类》中的家具制造业、文教体育用品制造业、工艺品及其他制造业和 ISIC Rev.4.0 中的 Manufacture of furniture, other manufacturing, Repair and installation of machinery and equipment 均归并到 Other manufacturing 行业。

4.1.1 制造业服务化的行业细分差异

表 4-1 中列出了 2000—2014 年中国 17 个制造行业的服务化率，图 4-1 中提供了 2000 年与 2014 年各制造行业总体服务化率和国内外来源服务化率变化百分比。结合表 4-1 和图 4-1 可以看出，2000—2014 年中国制造业总体服务化率先降后升，多数行业的服务化率在 2006—2008 年降至最低，之后明显提高，总体呈现上升趋势。多数行业服务化率变化百分比为正，说明 2000—2014 年中国制造业出口贸易增加值来源具有服务化趋势。这些均反映了服务投入在制造业出口贸易增加值创造中的作用日益重要，而其他来源投入的价值创造能力趋向弱化。

对比制造业服务化的行业细分差异，2000—2014 年各制造行业服务化率均值相差较大。电子及通信设备制造业、电器机械及器材制造业、交通运输设备制造业的服务化程度相对较高，平均服务化率均超过 25%。其中，通信设备、计算机及其他电子设备制造业服务化率最高，为 28.56%；2014 年电子及通信设备制造业、电气机械及器材制造业服务化率最高，分别为 31.92%、30.07%；食品加工及饮料制造业、烟草加工业、木材加工及竹藤棕草制造业、石油加工及炼焦业、家具制造业、文教体育用品制造业、仪器仪表及文化办公用机械等制造业服务化率较低，平均服务化率均不超过 20%，最低为 17.39%；2014 年饮食和烟草制造业服务化率最低，为 20.12%。

表 4-1 2000—2014 年中国各制造行业总体服务化率

单位:%

行业	2000	2001	2002	2003	2004	2005	2006	2007	2008	2009	2010	2011	2012	2013	2014
C10—C12	16.83	17.48	17.87	17.15	15.67	15.83	16.27	16.77	16.97	17.43	17.55	17.81	18.08	19.51	20.12
C13—C15	20.91	22.19	23.21	22.08	20.67	20.38	20.41	20.64	20.58	21.05	21.75	21.99	22.27	24.18	24.94
C16	21.80	22.10	22.14	20.46	18.34	18.96	19.17	19.60	19.19	19.63	19.27	18.65	19.10	20.40	21.25
C17	24.72	24.82	24.38	22.98	21.89	22.46	22.02	22.36	22.13	22.92	22.70	22.69	23.57	24.94	25.84
C18	21.88	21.51	20.61	20.17	19.71	21.20	20.77	20.96	20.99	21.85	21.96	21.76	22.91	24.77	25.75
C19	18.54	20.73	22.25	20.37	19.33	18.31	18.47	19.31	17.90	20.25	19.20	19.79	21.12	21.60	22.34
C20	24.22	24.57	24.07	22.77	21.97	21.89	22.15	22.88	22.23	24.05	22.96	22.82	24.62	25.96	26.98
C21	21.05	21.01	20.38	20.61	20.75	22.46	22.75	23.29	23.00	23.74	23.35	23.75	23.98	25.32	26.28
C22	23.33	23.37	22.76	21.86	21.22	21.60	22.10	22.87	22.92	24.60	24.25	24.22	25.37	26.74	27.79
C23	25.09	25.46	25.26	23.25	22.15	22.04	21.81	22.44	21.45	23.15	22.46	21.70	23.33	24.55	25.53
C24	24.72	24.46	23.79	21.95	21.13	20.50	20.75	21.88	20.54	22.77	21.73	20.91	22.86	24.42	25.41
C25	25.69	25.55	25.21	23.39	22.23	21.42	21.61	22.50	22.16	24.43	24.15	23.70	25.20	26.68	27.88
C26	26.16	27.00	27.07	26.61	26.45	27.63	27.78	28.56	28.63	30.32	29.47	29.48	30.25	31.14	31.92
C27	26.16	26.05	25.56	24.23	23.72	23.35	24.12	25.51	24.89	27.03	26.48	26.19	27.38	28.84	30.07
C28	23.83	24.20	24.35	23.12	22.58	22.62	22.83	23.71	23.59	25.62	25.33	24.93	26.37	27.63	28.78
C29—C30	24.72	24.50	24.02	23.23	23.21	23.46	23.84	24.80	25.01	26.39	26.00	26.11	27.57	28.36	29.61
C31—C32	18.72	18.78	18.59	17.23	15.93	15.26	15.52	16.19	16.19	16.94	17.17	17.05	17.63	19.47	20.24

数据来源:根据 3.2.1 章节中服务化率指标测度方法计算而得;行业编号对应的行业名称见附表 3。

2000—2014年中国制造业服务化增长率也呈现显著的行业差异。与2000年相比，2014年石油加工、炼焦及核燃料加工业，医药制造业，通信设备、计算机及其他电子设备制造业，仪器仪表、文化办公用机械制造业，通用设备制造业，专用设备制造业的服务化增长率超过20%。其中医药制造业服务化程度增长最快，高达24.86%。另外，饮食和烟草制造业、服装制造业、橡胶和塑料制造业及交通运输制造业服务化增长率也接近20%。木材加工及竹藤棕草制造业、造纸及纸制品业、非金属矿物制品业、金属冶炼和加工业、金属制品业，服务化发展较慢，木材加工及竹藤棕草制造业服务化程度负增长，增长率为-2.5%。

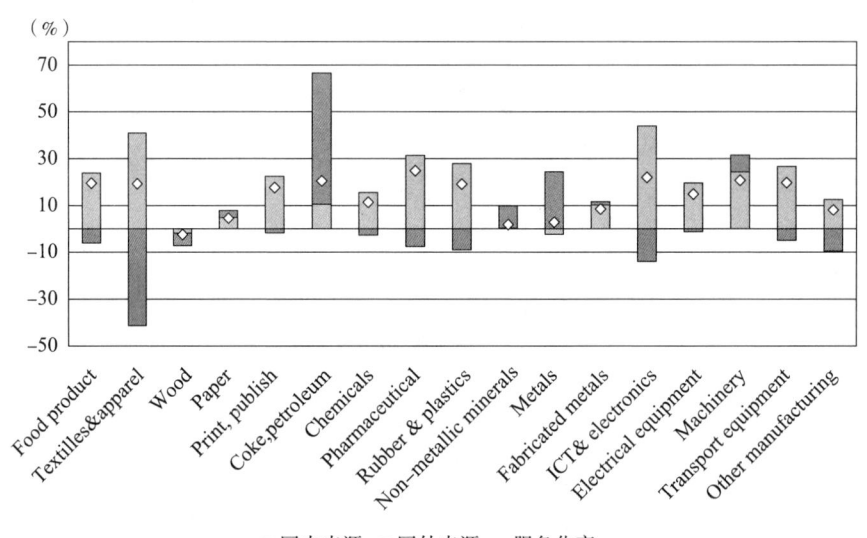

图4-1 2000年与2014年中国各制造行业总体服务化率及国内外来源服务化率变化百分比

4.1.2 制造业服务化的投入高端化

3.2.1章节中定义了制造业高端服务化率，即专业、科学和技术类，金融和保险类，信息和通信类，批发和零售类，运输和仓储类等服务投入创造的增加值占制造业总出口的比重。图4-2显示了2000—2014年中国制造业高端服务化趋势。现代物流业相关的批发和零售、运输和仓储行业所创造的增加值在所有服务投入增加值中所占份额最高。尤其批发和零售业服务化率将近8%，远远领先于其他行业。2005年以来，金融和保险业服务化率基本处于上升趋势，且上升趋势与批发和零售业趋同。与研发相关的专业、科学和技术服务化率从 2005 年开始维持在 3% 左右，基本不变。另外，2000—2014 年信息和通信服务投入比重总体下降。

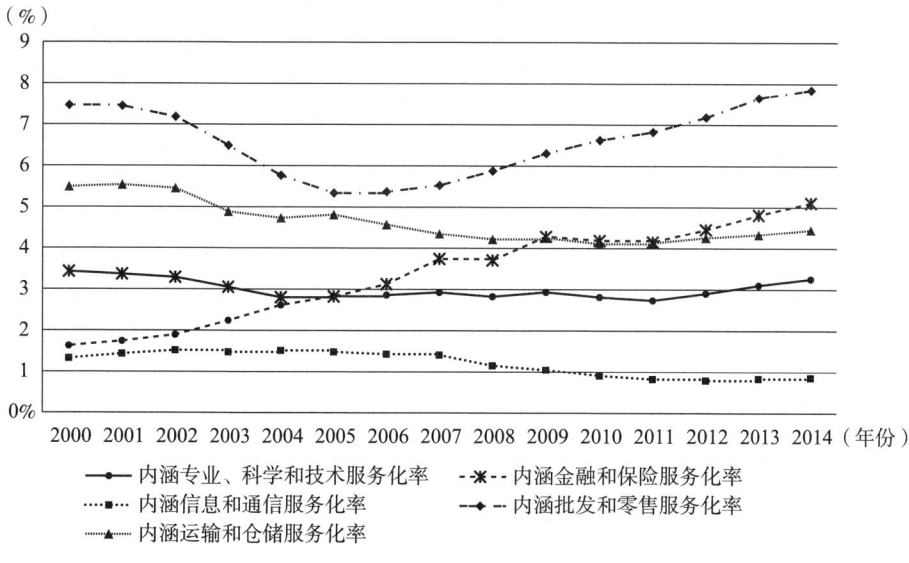

图 4-2　2000—2014 年中国制造业高端服务化趋势

图 4-3 提供了 2000 年、2007 年、2014 年中国各制造行业出口贸易中高端服务投入行业来源分解的变化情况对比。

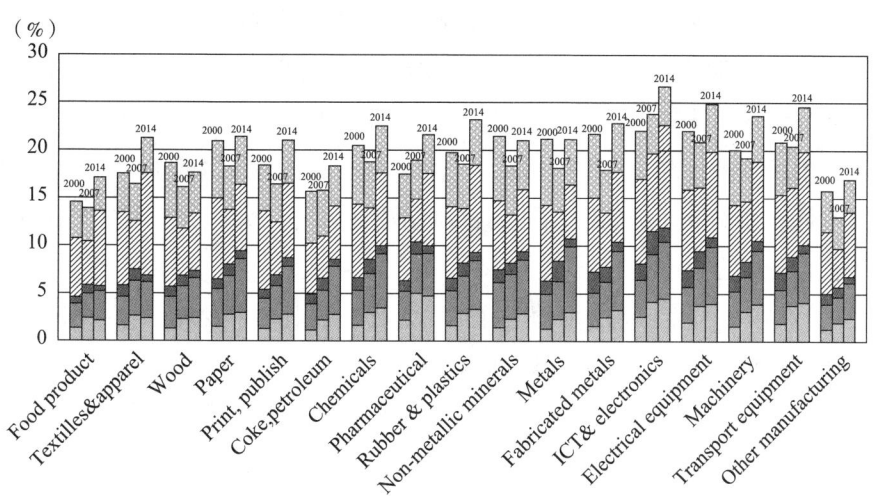

图 4-3　2000 年、2007 年、2014 年中国各制造高端服务化的行业来源分解

(1) 大部分行业的高端服务投入组合比例基本一致，高技术和中高技术制造业①的高端服务投入占比最高。2014年通信设备、计算机及其他电子设备制造业的高端服务化率最高，为26.67%；电气机械及器材制造业和交通运输制造业次之；食品、饮料和烟草加工制造业及其他制造业最低。

(2) 批发和零售为重要的服务投入，占各制造行业出口内涵服务增加值的比重接近1/3。尤其对于通信设备、计算机及其他电子设备制造业和交通运输制造业等高技术制造业而言，批发和零售服务投入占总体服务投入的比重超过1/3。

(3) 2007年前后，除医药制造业、通信设备等高技术制造业以外，其他类型制造业的高端服务化率均先降后增。对于大部分其他行业而言，批发和零售服务投入占比降低是高端服务化率降低的主要原因。2007年，医药制造业出口内涵的专业、科学和技术服务投入占比大幅度增加；通信设备、计算机及其他电子设备制造业出口内涵的信息和通信服务投入显著增加，解释了高技术行业的高端服务化率不降反增且逐年增加的主要原因。

4.1.3 制造业服务化的来源国分解

2014年中国制造业各行业国内外来源服务化对比如图4-4所示。图4-1提供了2000—2014年中国制造业各行业国内外来源服务化率变化百分比，从图4-1中可以明显看到中国制造业各行业服务投入从国外来源向国内来源转移的趋势。除了木材加工及竹藤棕草制造业和金属制造业以外，2014年其他制造业国内来源服务投入增加值占比相比2000年都有显著提高。医药制造业，通信设备、计算机及其他电子设备制造业和服装制造业国内来源服务投入占比增长百分比超过30%。除了石油加工及炼焦业、非金属矿物制品业、金属冶炼和加工业、金属制品业、机械制造业以外，大部分行业国外来源占比增长百分比为负值。

4.3.2小节中关于制造业服务化的国际比较的研究中发现，与中国等新兴经济体情况相反，发达国家和地区制造业服务化呈现国内来源向国外来源转移的趋势。这说明服务投入在全球价值链中的交易越来越多，发达国家的服务投入离岸外包给新兴国家和地区；说明新兴经济体更加注重在全球价值链

---

① OECD根据企业研发支出占总增加值的比重，将《国际标准行业分类》(ISIC Rev.4.0) 二位码行业分类下的18个制造业归类为高技术、中高技术、中低技术和低技术制造业，见附表2。

中参与的环节，注重提高本国全球价值链的地位；也说明新兴经济体正处于"国外服务来源"向"国内服务来源"转移的过程中，新兴经济体在全球价值链上的位置正由低端向两端逐渐攀升。

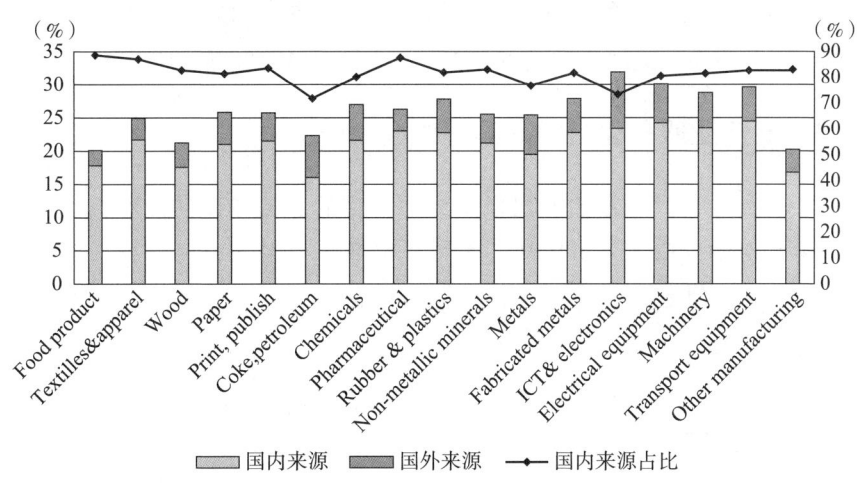

图4-4　2014年中国各制造行业国内外来源服务化对比

注：左轴代表国内来源和国外来源，右轴代表国内来源占比。

4.2 全球价值链背景下中国制造业的服务化：区域特征

从区域空间的角度分析制造业服务化的现状和特征，对于研究中国制造业服务化的出口贸易隐含碳排放效应的区域差异具有重要意义。本节基于2002年、2007年和2012年《中国地区投入产出表》提供的中国30个省（自治区、直辖市）[①]的竞争型投入产出表，对三个年份的区域细分制造业总体服务化、服务投入异质性，以及东、中、西和东北部地区服务化差异进行对比。

4.2.1 制造业服务化的区域细分差异

从2002年、2007年、2012年中国区域制造业服务化率三年的平均水平可以看出，制造业服务化水平较高的省（自治区、直辖市）包括北京、天津、上海、浙江、福建、贵州和新疆。其中，服务化水平最高的为北京，2002年、

---

① 其中西藏自治区只公布了2012年的投入产出表，考虑到研究的需要和数据的可获得性，本书不把西藏自治区考虑在研究的范围内。"省（自治区、直辖市）"在后文中简称"省份"。

2007年、2012年平均服务化水平高达32.8%；其次为上海和天津，三年来平均制造业服务化水平分别为30.71%和29.66%。制造业总体服务化水平较低的省（自治区、直辖市）包括内蒙古、吉林、江苏、山东、重庆、四川、山西和甘肃，其中制造业服务化水平最低的省份为山西和甘肃，平均水平分别为16.06%、16.24%，其次为内蒙古和吉林，分别为17.58%、16.29%。

4.2.2 制造业服务化的投入异质性

表4-2将中国区域制造业出口贸易中投入的服务按照功能和性质分为生产性服务和分配性服务，可以从服务投入异质性来分析区域制造业总体服务化差异的原因。从数据来看，生产性和分配性服务投入是中国区域制造业总体服务化差异的主要来源，具体表现为：

表4-2 2002年、2007年、2012年中国区域制造业整体和异质性服务化率 单位:%

地区	2002		2007		2012	
	生产性	分配性	生产性	分配性	生产性	分配性
北京	22.82	5.10	9.04	18.31	15.83	19.19
天津	11.41	13.84	11.97	19.97	8.69	13.84
河北	5.40	11.97	4.16	9.62	6.54	8.98
山西	3.84	11.97	4.62	13.47	11.10	6.73
内蒙古	8.61	4.34	5.34	16.41	7.75	3.12
辽宁	6.35	13.57	5.40	9.35	8.67	10.67
吉林	4.87	8.04	3.23	2.20	10.45	10.50
黑龙江	4.66	13.32	4.52	13.15	7.30	11.56
上海	13.62	13.47	21.39	13.67	14.48	10.82
江苏	5.78	12.36	8.29	8.80	6.99	8.39
浙江	9.20	14.78	8.59	12.64	13.58	10.70
安徽	6.03	12.03	3.64	19.55	7.71	14.34
福建	7.82	21.18	5.49	14.15	8.62	11.88
江西	7.15	14.16	4.90	14.37	4.17	11.66
山东	7.00	10.22	6.55	6.06	6.06	10.23
河南	2.26	10.99	3.31	11.21	4.62	17.38
湖北	8.31	12.17	10.24	9.42	6.42	6.09
湖南	9.89	14.73	4.06	8.37	4.81	15.89

续表

地区	2002 生产性	2002 分配性	2007 生产性	2007 分配性	2012 生产性	2012 分配性
广东	10.46	11.08	10.27	7.53	7.42	8.35
广西	16.97	12.06	4.19	11.40	5.54	8.54
海南	7.43	2.49	6.55	11.17	8.82	11.23
重庆	12.62	6.07	4.48	7.94	6.95	10.49
四川	12.47	11.15	6.49	11.18	8.63	6.44
贵州	9.48	13.66	11.14	15.68	9.76	16.28
云南	9.09	18.31	9.55	16.85	7.07	11.34
陕西	6.68	11.04	3.74	3.05	7.75	7.12
甘肃	6.15	8.66	4.31	3.05	8.22	11.56
青海	19.84	9.42	7.88	5.68	8.81	4.91
宁夏	14.94	10.93	6.44	8.23	10.79	9.63
新疆	12.78	14.08	7.26	10.47	9.02	16.91

数据来源：根据3.2.1章节中服务化率指标测度方法计算而得。

（1）对于平均服务化率水平最高的两个地区北京和上海而言，生产性服务化率水平高于分配性服务化率。从数据看来，大部分地区的分配性服务化率高于生产性服务化率，而北京三年来生产性服务化率水平平均为15.90%，分配性服务化率为14.20%；上海生产性服务化率水平平均为16.50%，分配性服务化率为12.65%，生产性服务化率水平高于分配性服务化率。从年份变迁过程来看，北京的平均生产性服务化率水平较高，主要由于2002年生产性服务化率远高于分配性服务化率，后面两年却低于分配性服务化率；而与北京情况不同，上海生产性服务化率在2002年虽然只是略高于分配性服务化率，但是2007年和2012年生产性服务化率水平远高于分配性服务化率。

（2）仅从2012年的数据看，生产性服务化率水平较高的地区包括北京、上海、浙江、山西、吉林和宁夏，大部分为东部地区；分配性服务化率水平较高的地区包括北京、天津、安徽、河南、湖南、贵州和新疆，大部分为中西部地区；生产性服务化率水平高于分配性服务化率的地区包括上海、浙江、江西、内蒙古、青海和宁夏。

表4-3将中国区域制造业参与全球价值链时出口贸易中的高端服务投入按照行业来源分解，细分类型包括交通运输，信息传输、计算机和软件服务，

表4-3 2002年、2007年、2012年中国区域制造业高端服务化的行业来源分解

单位:%

地区	2002						2007						2012					
	Trans	Tech	Trade	Fiance	Business	R&D	Trans	Tech	Trade	Fiance	Business	R&D	Trans	Tech	Trade	Fiance	Business	R&D
北京	3.57	2.78	1.54	6.10	6.65	5.57	5.71	0.59	12.60	3.54	2.59	1.32	3.81	1.14	15.38	5.93	5.94	1.23
天津	8.48	1.03	5.37	4.31	3.75	1.09	9.10	0.76	10.86	6.14	2.69	0.52	2.80	0.27	11.04	4.96	2.58	0.16
河北	6.24	0.91	5.73	1.39	1.82	0.52	5.92	0.31	3.71	2.17	0.93	0.26	5.42	0.66	3.56	4.40	0.73	0.16
山西	8.81	0.53	3.15	1.73	0.44	0.33	6.95	0.55	6.52	3.22	0.51	0.05	2.99	1.68	3.74	7.22	1.19	0.06
内蒙古	3.40	0.86	0.95	4.10	2.66	0.70	8.25	0.20	8.15	3.44	0.69	0.21	1.82	0.27	1.30	6.31	0.58	0.25
辽宁	5.21	1.67	8.36	2.85	0.67	0.16	4.04	0.43	5.31	2.39	1.44	0.41	5.01	0.69	5.66	3.42	2.05	0.72
吉林	2.29	0.68	5.74	1.03	1.34	0.90	2.12	0.20	0.09	1.94	0.67	0.18	4.64	0.44	5.86	5.48	3.63	0.13
黑龙江	5.14	1.36	8.17	0.81	1.25	0.11	4.67	0.74	8.48	1.79	0.73	0.20	4.07	1.11	7.49	3.16	1.20	0.34
上海	3.20	1.38	10.27	7.15	1.69	0.95	3.39	9.26	10.28	6.31	3.77	0.64	2.44	2.32	8.38	6.56	3.34	0.20
江苏	3.52	1.16	8.85	3.58	0.42	0.26	3.67	1.03	5.13	4.59	0.87	0.88	3.67	0.53	4.72	3.34	2.33	0.18
浙江	4.33	1.36	10.45	3.98	2.82	0.53	3.53	0.87	9.11	4.59	1.33	0.70	3.75	2.01	6.94	9.04	1.43	0.27
安徽	4.84	1.01	7.20	3.41	1.00	0.37	4.76	0.41	14.79	0.98	1.31	0.37	3.53	0.38	10.81	3.82	2.33	0.16
福建	11.55	1.28	9.62	3.38	0.16	0.13	7.50	0.72	6.66	2.62	1.07	0.57	5.89	0.92	5.99	4.75	1.55	0.21
江西	5.89	0.79	8.27	3.46	1.44	0.46	7.81	0.61	6.56	1.82	0.25	0.27	6.26	0.59	5.39	2.25	0.65	0.19
山东	5.03	0.83	5.19	2.49	2.03	0.47	3.49	0.59	2.57	2.66	1.17	0.89	5.19	0.34	5.04	2.92	1.55	0.24
河南	5.28	0.51	5.71	0.88	0.31	0.01	5.82	0.35	5.39	1.62	0.29	0.38	3.42	0.50	13.95	2.22	0.98	0.22
湖北	4.23	1.35	7.93	4.53	0.98	0.23	4.24	0.94	5.18	2.40	0.74	1.24	1.85	0.44	4.24	3.37	1.52	0.18
湖南	6.06	1.58	8.67	4.36	1.03	0.27	4.21	1.04	4.16	1.61	0.76	0.31	4.57	0.70	11.32	1.85	1.45	0.22
广东	4.70	1.62	6.38	2.59	4.33	0.17	3.34	0.71	4.19	4.27	2.58	0.35	3.29	0.51	5.07	2.87	2.64	0.19

续表

地区	2002						2007						2012					
	Trans	Tech	Trade	Fiance	Business	R&D	Trans	Tech	Trade	Finance	Business	R&D	Trans	Tech	Trade	Fiance	Business	R&D
广西	6.51	8.72	5.55	3.46	3.28	0.34	3.81	0.46	7.60	2.18	0.80	0.35	2.96	0.47	5.57	2.98	1.56	0.07
海南	2.36	0.55	0.13	2.10	2.97	1.33	5.80	0.85	5.37	2.53	0.94	0.33	2.52	0.81	8.71	4.31	2.05	0.13
重庆	5.64	0.62	0.42	7.99	2.38	1.18	3.87	0.34	4.07	2.78	0.62	0.32	2.82	0.76	7.67	3.92	1.13	0.18
四川	6.21	2.42	4.94	5.52	1.39	1.68	5.01	0.89	6.17	3.80	0.64	0.82	1.86	1.05	4.58	5.75	0.71	0.43
贵州	9.25	0.69	4.40	4.59	2.00	0.67	8.21	0.52	7.47	7.90	1.37	0.51	8.67	0.72	7.62	6.12	1.81	0.19
云南	6.12	0.71	12.19	4.64	0.36	0.20	7.24	2.19	9.62	4.02	1.67	0.83	3.61	0.64	7.73	3.73	0.98	0.93
陕西	7.89	0.65	3.15	3.31	0.86	0.84	2.77	0.28	0.28	1.79	0.66	0.44	3.23	0.51	3.89	4.22	1.72	0.14
甘肃	4.68	0.55	3.98	3.38	0.91	0.73	2.68	0.38	0.38	1.88	1.08	0.68	5.76	0.70	5.80	2.89	3.80	0.10
青海	8.13	0.54	1.29	16.89	0.95	0.20	4.31	1.79	1.37	3.30	0.86	0.21	2.52	1.17	2.39	5.40	1.79	0.07
宁夏	7.48	0.76	3.44	11.90	0.94	0.93	6.06	0.89	2.17	4.02	0.80	0.50	6.87	0.32	2.77	9.39	0.60	0.10
新疆	8.31	0.64	5.77	4.69	5.46	1.31	4.72	0.41	5.75	4.13	1.79	0.39	4.80	0.64	12.11	5.64	1.20	0.22

数据来源：根据 3.2.1 章节中服务化率指标测度方法，作者计算而得。Trans/Tech/Trade/Fiance/Business/R&D 分别表示交通运输/信息传输、计算机服务和软件/批发和零售贸易/金融保险/租赁和商务服务/科学研究和技术服务。

批发和零售贸易，金融保险，租赁和商务服务，科学研究和技术服务。交通运输、批发和零售贸易、金融保险是大部分地区制造业服务化的主要行业来源。2002年、2007年和2012年各地区平均交通运输服务化率较高的地区分别为天津、福建、江西、贵州、宁夏，较低的地区分别为上海、江苏、浙江、湖北、海南、吉林；平均批发和零售贸易服务化率较高的地区包括北京、天津、上海、浙江、安徽、云南，较低的地区包括内蒙古、吉林、陕西、甘肃、青海、宁夏；平均金融保险服务化率较高的地区包括上海、浙江、北京、天津、贵州和宁夏，较低的地区包括黑龙江、河南。

4.2.3 制造业服务化的地区对比

为了研究中国制造业地区差异性，将30个省（自治区、直辖市）按照东部、中部、西部和东北部进行划分。①

从图4-5中可以看出生产性和分配性服务投入仍然是各地区各年份制造业服务化的主要来源。但是从占比来看，各地区的服务投入性质存在明显差异。

（1）东部地区生产性服务投入占比最高，但是近年来东部地区生产性服务投入占比所有下降，不过幅度并不大；中部地区生产性服务投入占比最低。从数据看来，2002年东部地区生产性服务投入占比为9.87%，西部地区生产性服务投入占比超过东部地区，为11.60%，这说明2002年西部地区生产性服务对制造业参与全球价值链分工极其重要。但是情况在2007年有所改变，2007年东部地区生产性服务投入占本地区服务投入的比重提升至10.45%，而西部地区该比重降低，说明在2007年前后生产性服务投入有明显的向东部地区制造业集聚的趋势。2012年后情况有所改善，东部、西部和东北部地区生产性服务投入占本地区服务投入占比分别为8.98%、7.86%和8.63%；尤其对于西部和东北部地区，生产性服务投入占比均有大幅度提升，说明2012年前后西部地区和东北部地区制造业参与全球价值链生产中更加注重高端的生产性服务的投入。同时也注意到，2002、2007和2012年中部地区生产性服务

---

① 东部地区包括北京、天津、河北、上海、江苏、浙江、福建、山东、广东、海南10个省（市）；中部地区包括山西、安徽、江西、河南、湖北、湖南6个省；西部地区包括内蒙古、广西、重庆、四川、贵州、云南、陕西、甘肃、青海、宁夏、新疆11个省（自治区、直辖市）；东北部地区包括辽宁、吉林、黑龙江3省。

投入占本地区服务投入的比重均很低,说明中部地区全球价值链上制造业服务化的主要动力来源并不是生产性服务投入。

(2)中部地区制造业出口中分配性服务是最重要的投入来源。根据上述分析,2002年、2007年和2012年中部地区的生产性服务投入占本地区服务投入的比重均很低,服务化的主要动力来源并不是生产性服务投入。2002年、2007年和2012年中部地区分配性服务投入占本地区服务投入的比重分别为12.40%、12.79%、12.93%,占比均高于其他地区,这主要是由中部地区区位特征所决定。中部地区包括山西、安徽、江西、河南、湖北、湖南6个省,区位优势明显,交通便捷,更能发挥批发零售和交通运输等服务对制造业全球价值链生产的投入优势。

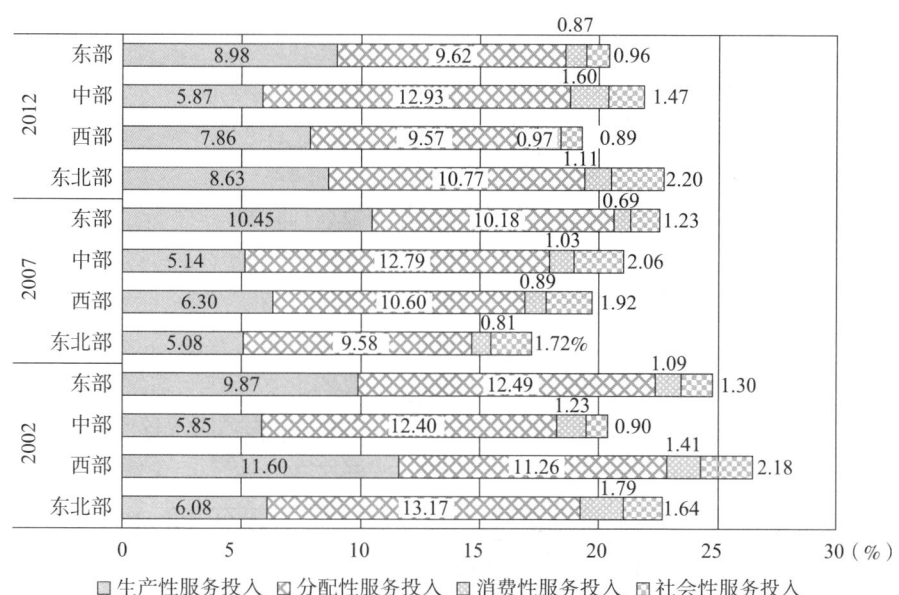

图4-5 2002年、2007年、2012年中国区域制造业异质性服务化的地区差异

图4-6将中国各地区制造业的高端服务投入进行细分,从数据来看:

(1)中部地区分配性服务投入中批发和零售业的投入占比更高。中部地区分配性服务化主要来源于批发和零售贸易的投入,2002年、2007年和2012年批发和零售贸易投入占比均超过交通运输服务投入,并且这一趋势在2012年呈现最大化,批发和零售贸易服务化率超过交通运输服务化率5.36%。

(2)对于东部、西部和东北部地区,分配性服务投入中来源于交通运输的服务投入占比有所下降。这正好可以解释图 4-5 中这些地区分配性服务投入占比下降的主要原因。

(3) 纵向对比各地区信息传输、计算机和软件服务投入及金融保险业服务投入占比情况，发现 2012 年各地区信息传输、计算机和软件服务投入占比均有所下降，尤其东部地区该服务化程度由 2007 年的 1.83% 降至 2012 年的 0.91%，西部和东北部地区该服务化程度由 2002 年 2.14% 和 1.57% 降至 2012 年的 0.76% 和 0.73%。

(4) 东部和东北部地区租赁和商务服务投入占比相对较高，2002 年、2007 年、2012 年东部地区和 2012 年东北部地区租赁和商务服务投入占比均超过 2%；东部、中部和西部地区科学研究和技术服务投入占比均所有下降，而东北部地区有所提升。

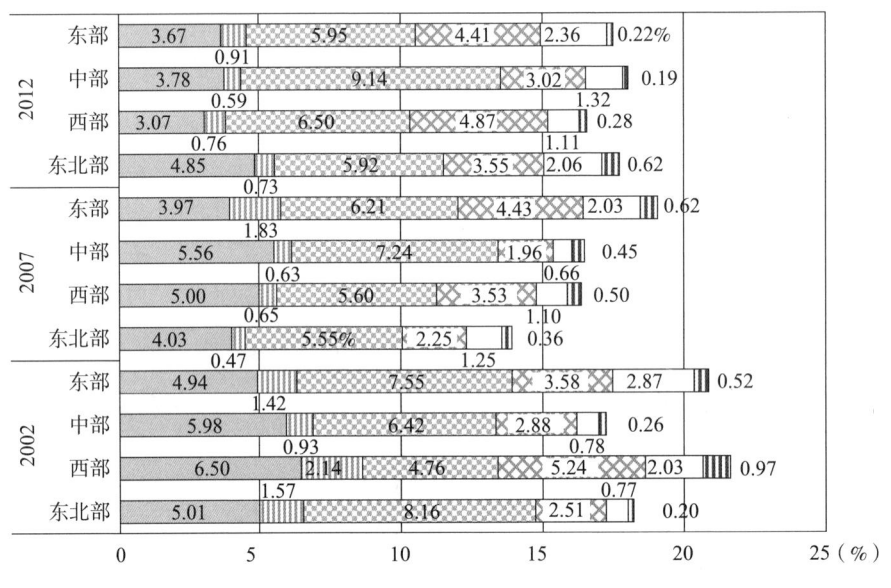

图 4-6　2002 年、2007 年、2012 年中国区域制造业高端服务化的地区差异

4.3 全球价值链背景下制造业的服务化：国际特征

根据测算数据显示，2014年世界44个国家和地区制造业中内涵服务增加值占比达到30.94%，这说明服务化对于全球价值链上的制造业产品出口的重要性越来越高。服务投入占比增加意味着制造业在全球价值链上更多地参与高附加值、低能耗的"微笑曲线"两端的环节，成为产业竞争力的关键因素。本节对比发达国家和新兴经济体制造业的总体服务化、异质性服务化、国内外来源服务化，及不同技术水平制造服务化的差异。

世界投入产出数据库（WIOD）公布了44个国家和地区中间产品和最终产品的投入产出数据。从经济规模、区域服务业发展水平和减排政策实施力度的角度综合考量，首先，经济发展到相对成熟的阶段时产业服务化水平才会较高，例如，欧盟；其次，美国本身就是服务业相对发达的国家，而欧盟从2005年开始实施碳排放交易体系，积极实施减排计划，整体碳排放水平和能源消耗强度都比其他区域低；最后，中国、美国和欧盟是目前世界上经济体量最大的三大经济体，区域经济体量和产业规模是影响区域碳排放的重要因素。因此，第七章中以OECD国家为代表的发达国家和以金砖国家为代表的新兴经济体的制造业服务化的碳排放效应的对比研究具有重要意义。本章结合后文中实证需求和数据来源限制，选取35个OECD国家和4个新兴经济体国家作为研究对象，[①] 将制造业归并为17个行业，归并方式如4.1章节中所述。同时选取以美国、欧盟整体、德国、韩国和日本为代表的发达国家和经济体，及以中国、印度为代表的新兴经济体为重点考察对象。

4.3.1 发达国家和新兴经济体制造业服务化的趋势对比

从附表4和图4-7的测算结果中可以看出，发达国家制造业总体服务化率比新兴经济体偏高。欧盟整体和德国等发达国家服务化率远远高于其他国家，2014年分别高达34.30%、33.93%；欧盟和德国制造业服务化率在2008

---

① 35个OECD国家：爱尔兰、爱沙尼亚、奥地利、澳大利亚、保加利亚、比利时、波兰、丹麦、德国、法国、芬兰、韩国、荷兰、加拿大、捷克共和国、克罗地亚、拉脱维亚、立陶宛、卢森堡、罗马尼亚、美国、墨西哥、挪威、葡萄牙、日本、瑞士、塞浦路斯、斯洛伐克、斯洛文尼亚、土耳其、西班牙、希腊、匈牙利、意大利、英国；4个新兴经济体国家：巴西、俄罗斯、印度、中国。

年呈下降趋势后趋稳；日本和韩国近年来则呈持续下降的趋势。2000—2014年以来中国制造业服务化率平均水平较低，但是近几年呈现迅速上升态势，2011年之后快速上升，2012年超过韩国，2014年达到28.04%，将近赶上美国和日本的服务化水平。2000—2002年，印度制造业服务化水平很高，与欧盟持平，但是2004年之后开始下降，多次调整后于2012年开始快速上升，与中国的服务化上升趋势相近。

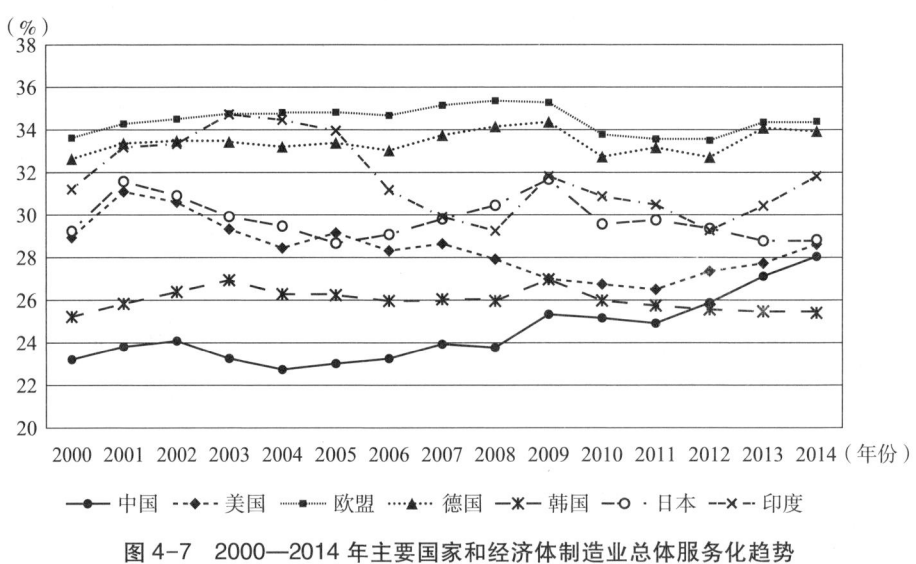

图4-7 2000—2014年主要国家和经济体制造业总体服务化趋势

4.3.2 发达国家和新兴经济体制造业服务化的来源国分解

如表4-4所示，2007年之后中国国内来源服务投入占比明显增加，2014年比2007年提高6.57%，国外来源服务投入占比在减小，2014年比2007年降低2.47%。与中国相反，美国、德国、日本、欧盟和韩国的国内来源服务投入占比均在减小，而国外来源增加。可以注意到，印度作为新兴国家，其国内来源的服务投入占比也在减小。

表4-4 2000—2014年主要国家和经济体制造业国内外来源服务化　　单位%

年份	中国		美国		欧盟		德国		韩国		日本		印度	
	国内	国外	国内	国外	国内	国外	国内	国外	国内	国外	国内	国外	国内	国外
2000	17.03	6.17	24.58	4.36	22.03	11.59	22.69	9.94	15.08	10.15	25.70	3.53	25.26	5.95
2001	17.57	6.24	26.86	4.23	22.54	11.74	23.30	10.07	15.86	9.97	27.63	3.95	26.57	6.61

续表

年份	中国 国内	中国 国外	美国 国内	美国 国外	欧盟 国内	欧盟 国外	德国 国内	德国 国外	韩国 国内	韩国 国外	日本 国内	日本 国外	印度 国内	印度 国外
2002	17.33	6.75	26.43	4.17	22.95	11.55	24.12	9.36	16.89	9.50	26.91	4.00	26.49	6.85
2003	15.67	7.59	25.14	4.19	23.07	11.69	23.98	9.45	17.14	9.80	26.00	3.92	27.90	6.82
2004	14.64	8.09	23.90	4.54	22.74	12.07	23.43	9.77	16.33	9.95	25.28	4.20	26.75	7.72
2005	14.97	8.04	24.37	4.78	22.41	12.42	23.21	10.18	16.19	10.04	24.11	4.56	25.60	8.36
2006	15.29	7.96	23.26	5.06	21.84	12.84	22.39	10.65	15.69	10.27	23.85	5.22	22.65	8.53
2007	15.73	8.21	23.46	5.18	21.94	13.21	22.57	11.18	15.69	10.72	24.00	5.81	21.44	8.47
2008	16.22	7.54	22.45	5.47	21.73	13.64	22.71	11.44	13.91	12.05	24.11	6.35	20.61	8.64
2009	18.68	6.65	22.42	4.58	21.47	13.81	23.22	11.15	15.60	11.37	26.12	5.56	23.31	8.52
2010	18.14	7.03	21.84	4.90	18.81	14.97	20.90	11.83	14.63	11.34	23.75	5.82	22.23	8.65
2011	18.20	6.71	21.19	5.30	18.27	15.29	20.90	12.26	13.52	12.22	23.46	6.30	22.13	8.35
2012	19.50	6.38	22.03	5.32	18.09	15.41	20.35	12.36	13.45	12.11	22.83	6.53	21.03	8.24
2013	20.81	6.31	22.20	5.53	18.15	15.83	20.75	13.34	13.75	11.72	21.60	7.18	22.27	8.16
2014	22.30	5.74	22.98	5.63	18.44	15.96	20.60	13.34	14.01	11.39	20.83	8.00	23.86	7.96

数据来源：根据 3.2.1 小节中服务化率指标测度方法，计算而得。

近年来，发达国家与新兴经济体的制造业服务化水平呈现相反的发展趋势，必然有经济发展阶段差异的深层次原因，需要考虑国内外来源服务投入的异质性，通过服务化的内部结构分解做进一步分析，才能够找出各国制造业服务投入国内外来源和变化趋势差异的原因。

图 4-8 中提供了 2000 年、2007 年、2014 年中国、美国、欧盟、德国、韩国、日本、印度的国内和国外来源的生产性、分配性、消费性和社会性服务投入占比变化情况。

首先，美国、德国、欧盟、日本等发达国家和经济体国内来源的生产性和分配性服务投入占比均很高，但是有逐年下降的趋势；相反，国外来源的生产性和分配性服务投入占比逐年提高。具体而言，2014 年与 2007 年相比，美国国内来源的生产性和分配性服务投入都有些许降低；美国和欧盟相似，国外来源的生产和分配性服务投入也均有提升；但是欧盟国外来源的生产和分配性服务投入增加幅度较大。

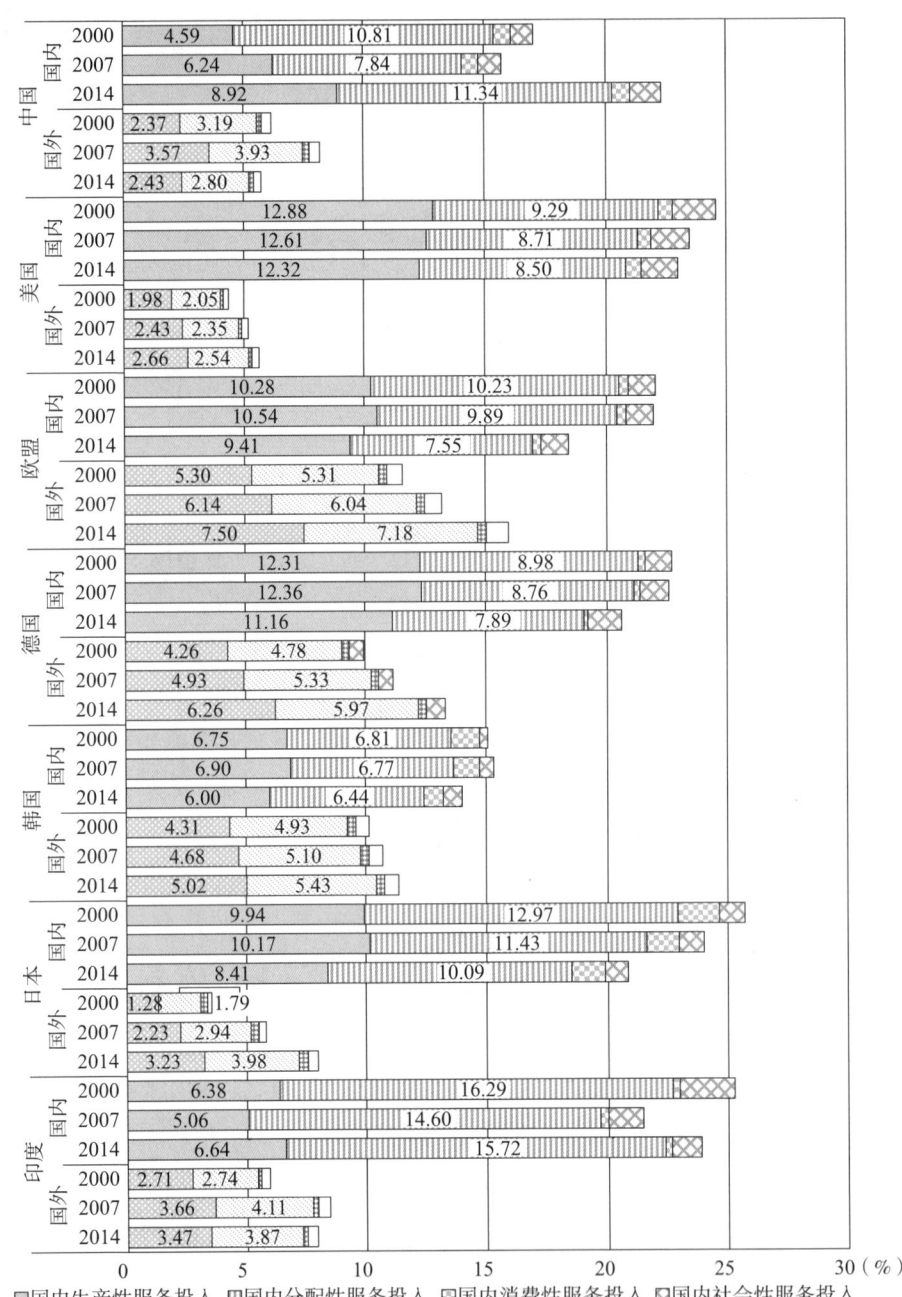

图 4-8 2000 年、2007 年和 2014 年主要国家和经济体国内外来源的异质性服务化对比

总体看来，对于新兴国家，中国与印度相似，国外来源的生产性服务投入占比均先增后减；而中国与印度的国内来源生产性服务投入占比也相似，与 2000 年相比，2014 年的有所增加，其中，印度在 2007 年先减少而后增加。与 2000 年相比，2014 年中国国内来源生产性服务投入占比逐年增加，提高 4.33%；与 2007 年相比，2014 年国内来源生产性和分配性服务投入占比大幅度增加，分别提高 2.68% 和 3.50%，提升程度分别为 42.95% 和 44.64%，这是中国 2007 年之后国内来源服务投入占比增加的主要原因。但是 2014 年中国国外来源的生产性和分配性服务投入占比相比 2007 年均有所下降，只不过下降幅度不如国内来源提升的幅度大，这是中国制造业总体服务化水平逐年提升的原因。

4.3.3 发达国家和新兴经济体不同类型制造业服务化的差异

1. 不同类型制造业国内外来源服务化对比

OECD 根据企业研发支出占总增加值的比重，将《国际标准行业分类》（ISIC Rev. 4.0）二位码行业分类下的 19 个制造业归类为高技术、中高技术、中低技术和低技术制造业，见附表 2。附表 5 列示了 2000—2014 年中国、美国、欧盟、韩国、德国、日本、印度的高技术、中高技术、中低技术和低技术制造业出口贸易增加值中服务投入的来源国对比。

（1）在高技术制造业中，主要发达国家和经济体内涵服务增加值占比均呈现降低的趋势。其中，美国服务化降低幅度和程度最大，2014 年比 2000 年降低 9.1%，降低程度高达 37.30%；其次为欧盟和日本，服务化降低幅度分别为 5.5% 和 5.2%，降低程度分别为 25.82% 和 20.39%。相反，新兴经济体内涵服务增加值占比均呈现提高的趋势，中国 2014 年比 2000 年服务化率提高 7.1%，服务化程度提升 43.56%；印度服务化程度提升稍弱，为 8.98%。但是可以看到，对于通信设备、计算机及其他的电子设备制造业和医药制造业等高技术制造业，印度国内来源的服务投入占比最高，为 27.9%，远远高于其他发达国家，且 2000 年以来仍然保持增长趋势，这说明印度的高技术制造业在全球价值链中更多地参与高附加值的环节，这对于印度整体国际竞争力的提升有重要作用。

（2）与其他国家相比，中国所有类型制造业的国内来源服务投入占比均增加。2014年中国高技术、中高技术、中低技术和低技术制造业服务化率比2000年的增加幅度分别为7.1%、4.1%、2.2%和5.0%，而国外来源服务化率并没有相应幅度的下降。根据第三章制造业服务化的环境效应理论分析，对于高能耗的中低技术和低技术制造业，例如造纸制造业、纺织和服装制造业、金属冶炼和加工业、金属制品业等，国内来源服务投入增加，有利于降低制造业的出口贸易隐含碳和区域整体碳排放量。

欧盟各类制造业的情况与中国相反。与2000年相比，2014年高技术、中高技术、中低技术和低技术的国内来源服务化率分别降低5.5%、3.6%、2.6%和3.4%。各类型制造业的服务投入均由国内来源转移到国外吸收，国外来源占比分别提高了4.3%、4.0%、4.2%和5.5%。日本与欧盟情况相同，国内来源服务化率均降低，国外来源服务化率均提升。其他发达国家也存在相似的情况。发达国家国内来源服务投入的下降多数由国外来源服务投入提高所取代，而新兴经济体国内来源服务投入大幅度提高，国外来源服务投入也并无大幅度下降，可能的原因是在全球价值链的背景下，发达国家将越来越多的服务外包给发展中国家的趋势。

2. 不同类型制造业异质性服务化对比

图4-9对2014年中国、美国、欧盟、德国、韩国、日本、印度的高技术、中高技术、中低技术和低技术制造业的生产性、分配性、消费性和社会性服务投入进行对比。与前面关于国内外来源的服务投入异质性的对比分析中的结果相似，对于任何技术水平的制造行业，生产性和分配性服务投入仍是最主要的，但是占比不尽相同。

(1) 美欧等发达国家高技术、中高技术、中低技术和低技术制造业的生产性和分配性服务投入占比均较高，且生产性服务投入的重要性超过分配性服务投入。欧盟高技术制造业的生产性服务化率平均最高，高达18.01%；美国高技术制造业的生产性服务化率则相对较低，仅为10.70%。相比于高技术制造业，美国中高技术和中低技术制造业出口中生产性服务投入占比更高，超过16.00%。与生产性服务投入相似，美国中高技术和中低技术制造业出口中分配性服务投入占比更高。德国制造业出口中生产性和分配性服务化率则随着制造业技术的提高而降低，即高技术制造业仅为15.58%和12.10%，中低技术制造业高达17.73%和14.01%。韩国和日本为东亚的发达国家，作为东亚地区的代表，总体服务化水平较欧美等发达国家较低，且生产性服务化率也较低，水平与中国和印度相近。

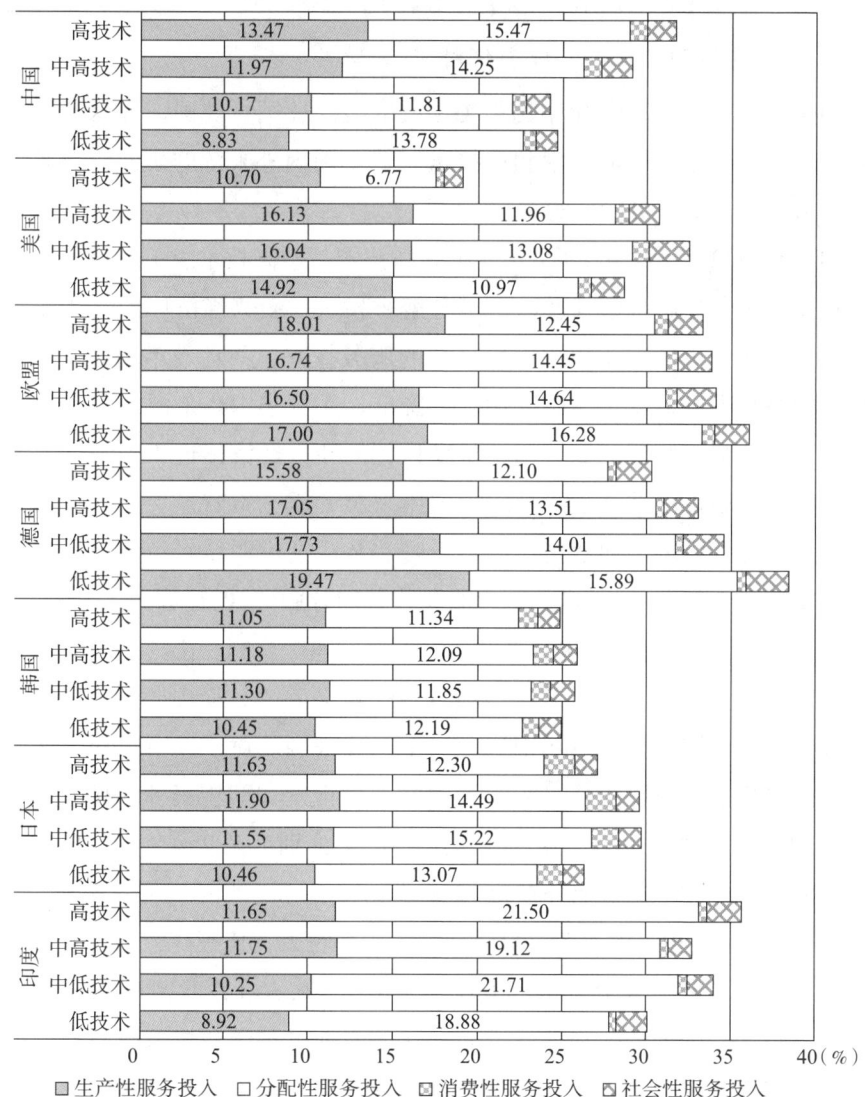

图4-9　2014年主要国家和经济体不同类型制造业的异质性服务化对比

（2）与发达国家相比，新兴国家的分配性服务投入水平更高，尤其表现在印度和中国的高技术制造业中。并且，中国、印度等新兴国家制造业分配性服务投入的重要性超过生产性服务投入。与德国和美国情况相反，技术水平越高，制造业出口中生产性服务投入占比越高，即高技术制造业的生产性服务投入占比最高，中高技术次之，中低技术最低；高技术制造业仍然占用最高比例的分配性服务。可以看出，对于新兴经济体，生产性服务投入和分配性服务投入均优先进入技术水平相对较高的制造业的全球价值链生产过程中。

3. 不同类型制造业高端服务化对比

图4-10提供了2014年中国、美国、欧盟、德国、韩国、日本、印度的高技术、中高技术、中低技术和低技术制造业国内外来源的研发、交通、金融、物流等高端的服务投入对比。

(1) 从2000—2014年39个主要国家高技术、中高技术、中低技术和低技术制造业的服务化趋势数据及来源国分解中发现：新兴经济体的制造业在参与全球价值链中更倾向于使用国内来源的服务投入，并且逐年增加，大部分发达国家高技术制造业总体服务化水平降低，尤其是国内来源的服务化率有明显的下降趋势；相反，以中国、印度为例的新兴经济体近年来高技术制造业服务化水平整体上升，主要是因为国内来源的服务贡献了大部分投入增长率，国外来源的服务增加值占比则呈下降趋势。这说明新兴经济体的高技术制造业全球价值链服务化呈现"国内服务代替国外服务"的趋势。

从图4-10中也可以得出相同结论，对于欧盟、韩国和德国，2014年任何技术水平制造业国内外来源的服务投入占比相差不大，而中国、美国、日本和印度国内来源服务投入占比则远远高于国外来源。对于以中国和印度为主的新兴经济体，主要原因是来源于国内的大量批发和零售服务的投入，中国高技术和低技术制造业的批发和零售服务化率分别为7.95%，8.25%，印度中高技术和中低技术制造业分别为12.14%，11.31%。

(2) 美国国内来源的专业、科学和技术服务投入占比很高，高技术、中高技术和中低技术制造业分别为4.64%、6.82%、6.36%；欧盟和德国的高技术、中高技术、中低技术和低技术制造业的专业、科学和技术服务投入占比均高于新兴经济体，且国内外来源占比差异较小；印度国外来源的专业、科学和技术服务投入占比高于国内来源；中国与美国相同，高技术、中高技术制造业出口内涵专业、科学和技术服务投入国内来源占比高于国外来源，分别为3.32%和3.07%。

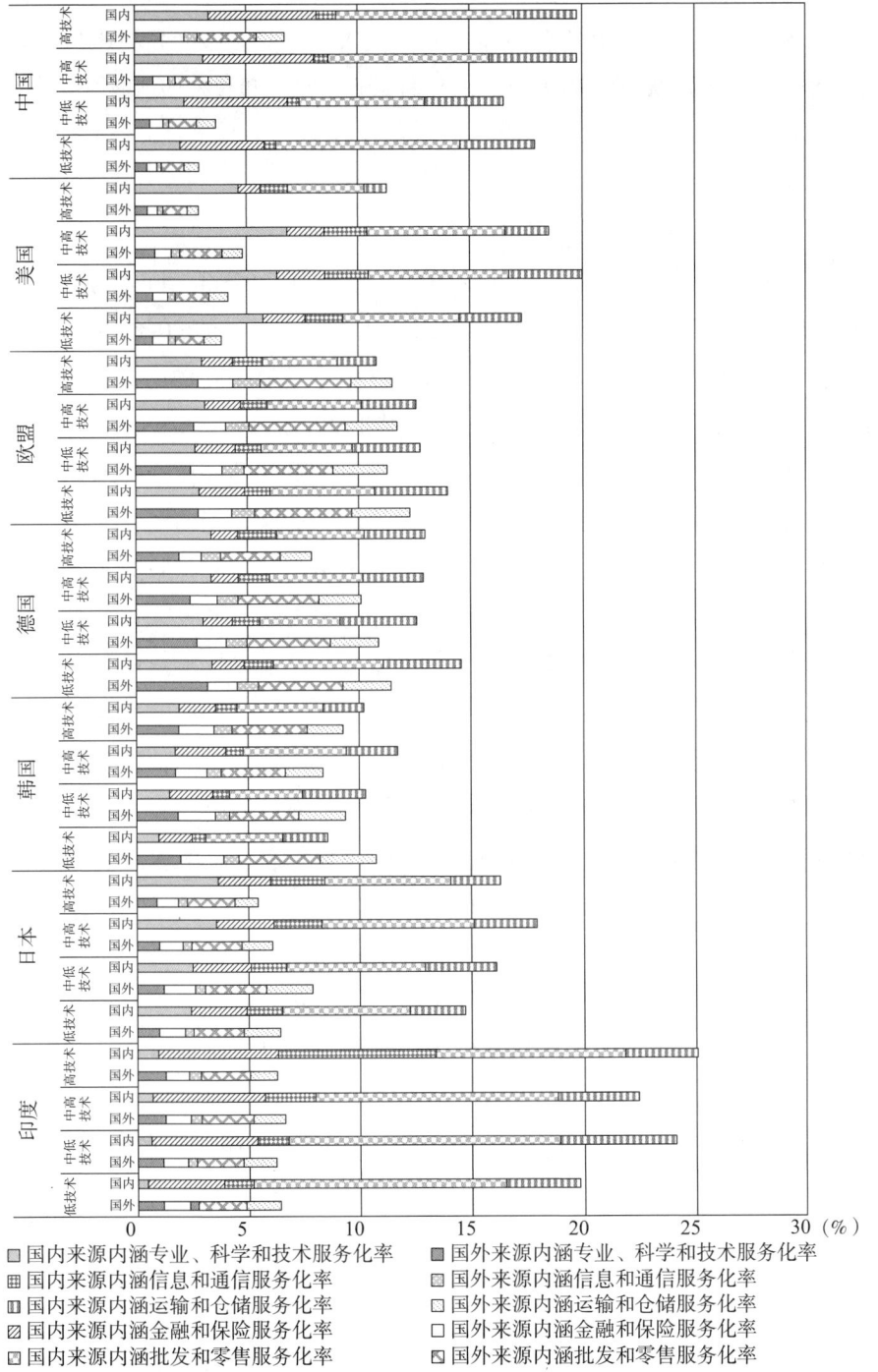

图 4-10 2014 年主要国家和经济体不同类型制造业国内外来源的高端服务化对比

另外值得注意的是，美国、日本、印度和欧盟的高技术和中高技术制造业均内涵较高的国内来源信息与通信服务投入。尤其，印度高技术制造业的这一占比高达7.09%，远高于国外来源的专业、科学和技术服务投入。

4.4 小结

本章基于2000—2014年WIOD提供的多区域非竞争型投入产出表及2002年、2007年和2012年《中国地区投入产出表》提供的30个省（自治区、直辖市）的地区竞争型投入产出表，分别分析制造业服务化的中国行业分布特征、区域空间特征和国际比较特征，主要结论如下：

全球价值链背景下，中国制造业行业层面的服务投入在增加值创造中的作用日益重要，制造业及其他行业投入的价值创造能力趋向弱化。生产性和分配性服务投入是制造业服务化的主要动力来源，国内来源服务投入的比重远远高于国外来源。高技术和中高技术制造业的高端服务投入占比最高，批发和零售、运输和仓储等高端服务化率比专业、科学和技术及信息和通信类服务化率更高。

中国东部地区制造业服务化水平相比于中西部地区更高；大部分中西部省份和地区的分配性服务化率高于生产性服务化率；生产性服务化水平较高的省份集聚在东部地区。交通运输、批发和零售贸易、金融保险是全球价值链上大部分地区制造业服务化的主要行业来源。

发达国家制造业的服务化水平比新兴经济体高。中国所有类型制造业的国内来源服务投入占比均有增加趋势。与中国等新兴经济体相反，发达国家和地区的服务化呈现国内来源向国外来源转移的趋势。发达国家高技术制造业服务化水平有降低趋势。无论对于发达国家还是新兴经济体，技术水平较高的制造行业服务化水平更高；高技术制造业中生产性服务化水平更高。

第五章
全球价值链背景下制造业服务化的环境效应：中国行业视角

第三章中制造业服务化的环境效应理论分析表明，全球价值链上制造业内部结构服务化升级有助于促进制造业出口贸易隐含碳的减排。从中国行业视角，对制造业服务化的出口贸易隐含碳排放效应进行实证分析，检验总体服务化、高端服务化和路径异质性服务化的减排差异，对于通过全球价值链背景下的制造业服务化促进出口贸易隐含碳减排有重要的政策启示意义。

5.1 模型设计

5.1.1 模型构建

1. 碳排放影响因素解析模型

根据第三章中制造业服务化的环境效应的内生机制，本书需要对碳排放的影响因素进行解析，并在此基础上构建实证检验模型。借鉴 Antweiler 等 (2001) 构建的环境污染与供给模型和彭星等 (2013) 融入国际分工模式的碳排放效应分解模型，引入制造业服务化指标，从生产要素投入的视角构造模型。假设：

（1）只生产两种最终产品 X 和 Y，其中 X 产品为碳排放密集型，Y 产品为低碳型；

（2）只使用资本 K 和劳动 L 两种生产要素；

（3）市场完全竞争且规模报酬不变；

（4）开放经济体，X 产品的生产参与全球价值链分工，δ 代表 X 产品生产中的服务化程度，δ 越大，则表明服务化程度越高。

产品 X 生产过程中的碳排放量用下列函数表示:

$$C = \varphi(s) \cdot f(K_X, L_X) = (1/t)(1-s)^{1/\beta} f(K_X, L_X) \quad \text{式 5-1}$$

其中,$f(K_X, L_X)$ 为 X 产品的潜在产量。K_X 表示 X 产品生产所需的资本,L_X 表示 X 产品生产所需的劳动。$\varphi(s)$ 为产品 X 生产的碳排放水平,考虑政府进行环境规制,则 s 表示潜在产出中用于碳减排的比重。一般情况下,随着环境规制强度增加,单位产量的碳排放量会降低,因此 $\varphi(s)$ 为关于 s 的减函数,其中 t 为产品 X 的生产技术水平,$0<\beta<1$,且 $\varphi'(s)<0$,$\varphi''(s)>0$。

产品 X 的实际生产函数用 $x=(1-s)f(K_X, L_X)$ 表示,将式 5-1 代入该函数中,则产品 X 的实际生产函数可以表示为:

$$x = (1-s) f(K_X, L_X) = (tC)^{\beta} f(K_X, L_X)^{1-\beta} \quad \text{式 5-2}$$

其中,tC 为考虑技术条件后的有效碳排放水平。该模型假设产品 X 处于开放经济体,X 产品的生产参与全球价值链分工,若 X 产品的价值创造更多来源于服务投入,如价值链上游环节的研发、设计等环节,或者营销、品牌管理等价值链下游的活动,则意味着 X 产品的生产处于全球价值链的高端环节,密集使用知识或者先进的技术,从而可能造成碳排放强度的差异性。用 $\xi(\delta)$ 表示由 X 产品全球价值链生产投入服务化所带来的碳排放强度差异,若 $\xi'(\delta)<0$,表明 X 产品服务化水平越高,碳排放水平越低。因此,将 $\xi(\delta)$ 纳入 X 产品生产的碳排放决定函数中:

$$C = \varphi(s) \cdot f(K_X, L_X) \cdot \xi(\delta) = (1/t)(1-s)^{1/\beta} f(K_X, L_X) \xi(\delta) \quad \text{式 5-3}$$

在考虑 X 产品生产参与全球价值链分工的情况下,X 产品实际产量的表达函数扩展为:

$$x = (tC)^{\beta} \cdot f(K_X, L_X)^{1-\beta} \xi(\delta)^{-\beta} \quad \text{式 5-4}$$

一般情况下,企业会选择最优的潜在产出和碳排放水平,以实现单位产品生产成本最低的目的,这就是企业成本最小化原则。因此构造函数:

$$\underset{C}{\text{MIN}} [C^f(w, r) \cdot f(K_X, L_X) + tC]$$
$$s.t. \ (tC)^{\beta} \cdot f(K_X, L_X)^{1-\beta} \xi(\delta)^{-\beta} = 1 \quad \text{式 5-5}$$

其中,$C^f(w, r)$ 为 X 产品潜在产出的单位生产成本,w 和 r 分别为资本 K 和劳动 L 的单位成本。对 C 求解一阶条件,整理之后得到企业生产 X 产品的成本最小化条件:

$$[(1-\beta) \cdot t \cdot C]/\beta f = C^f \quad \text{式 5-6}$$

由于假设市场完全竞争，则 X 产品生产的净利润 $\pi = P^X x - C^f f - tC$ 必为 0，则：

$$P^X x = C^f \cdot f - tC \qquad 式5\text{-}7$$

式5-6与式5-7结合，得到 $x = tC/\beta P^X$，则实际单位产出的碳排放量，即碳排放水平为：

$$\varphi(s) = C/x = \beta P^X / t \qquad 式5\text{-}8$$

将潜在产量 $f(K_X, L_X)$ 分解，式5-3中的碳排放函数可以改写为：$C = S \cdot G_X \cdot \varphi(s) \cdot \xi(\delta)$，其中 S 为产品 X 和 Y 总产量，G_X 为产品 X 的产量占经济总规模的比重，$G_X = S_X/S$。将式5-8带入上式得：

$$C = S \cdot G_X \cdot (\beta \cdot P^X / t) \cdot \xi(\delta) \qquad 式5\text{-}9$$

式5-9即为 X 产品生产的碳排放效应分解模型，两边取对数之后得到：

$$\ln C = \ln \gamma + \ln S + \ln G - \ln t + \ln \xi \qquad 式5\text{-}10$$

其中，$\ln \gamma = \ln(\beta P^X)$ 为常数项，从式5-10可以看出经济规模效应 $\ln S$、结构效应 $\ln G = \ln S_x/S$、技术效应 $\ln t$ 和服务化效应 $\ln \xi$ 共同决定经济体碳排放水平。

2. 实证模型

本章研究中国行业视角的制造业服务化对出口贸易隐含碳排放的影响，根据前面的引入服务化指标的碳排放影响因素解析模型，设定实证模型：

假设：全球价值链上中国制造业服务化与出口贸易隐含碳排放之间呈负相关关系，即随着制造业服务化水平的提升，行业出口贸易隐含碳排放量将降低。

$$C_{it} = \beta_0 + \beta_1 Ser_{it} + \beta_2 Cont_{it} + \beta_3 Ser_{it} \cdot Cont_{it} + U_i + \varepsilon_{it} \qquad 式5\text{-}11$$

其中：i 和 t 分别表示行业和年份。C_{it} 为行业 i 第 t 年的碳排放水平，用制造业行业出口贸易隐含碳表示。Ser_{it} 为解释变量，表示中国行业 i 第 t 年服务化程度，用制造业投入服务化率表示，具体测算方法在第3.2.1小节有详细解释。为了更进一步研究制造业行业全球价值链上服务投入的高端化对出口贸易隐含碳排放的影响，模型中引进专业、科学和技术服务化率，金融和保险服务化率，信息和通信服务化率，批发和零售服务化率，运输和仓储服务化率，分别考察制造业高端服务化的碳排放效应。$Cont_{it}$ 表示控制变量，主要为式5-10碳排放影响因素解析中包含的与制造业碳排放水平相关的一系列变量。

5.1.2 指标说明

根据碳排放影响因素解析模型式 5-10 可知，碳排放水平由经济规模效应 $\ln S$、结构效应 $\ln G = \ln S_x/S$、技术效应 $\ln t$ 和服务化效应 $\ln \xi$ 共同决定，因而式 5-11 的模型分别从规模效应、结构效应、技术效应和服务化效应考察对碳排放的影响。但是制造业碳排放还存在其他影响因素。近年来，关于外商直接投资（FDI）对行业碳排放影响的观点一般包括两方面：一是 FDI 的"污染避难所"效应；二是 FDI 存在"碳光环效应"。理论界的研究众多，但是结论不一，对制造业细分行业而言，FDI 带来的究竟是避难所还是碳光环，这是需要考虑到的碳排放效应的影响因素之一（林基，2013）。另外还要考虑环境治理对碳排放的影响，环境治理的目的是减少碳排放，预期中环境治理对碳排放的效应为正向，但是由于各行业废气治理成本不同，环境治理对制造业碳排放的影响可能存在行业差异性。

因此该模型中的控制变量包括：

(1) 行业工业总产值，用来控制行业 i 的规模效应；

(2) 资本劳动比，用来控制结构效应，以行业固定资产总值与全部就业人数之比表示；

(3) R&D 人员占从业人员比重，用来表示行业 i 的技术效应；

(4) 外商资本占实收资本的比重，用来表示行业 i 的外商直接投资的参与程度对行业碳排放的影响；

(5) 用治理污染设施人均运行费用构建正式环境规制指标，用来表示行业环境规制效应。

(6) 制造业服务化程度与控制变量的交互项 $Ser_{it} \cdot Cont_{it}$，以表示制造业服务化效应与其他五大效应相互作用对制造业碳排放水平的影响。

U_i 表示行业异质效应，ε_{it} 为随机扰动项，β_0、β_1、β_2、β_3、β_4 为待估计系数。

5.1.3 数据来源和处理

(1) 各制造行业服务化率：各制造行业出口内涵服务投入增加值率的测算原始数据来源于世界投入产出数据库（WIOD），该数据库提供了 2000—2014

年世界44个主要国家以及56个行业的国家间投入产出数据,行业分类标准是《国际标准行业分类》(ISIC Rev.4),由于本书研究对象是ISIC Rev.4.0中的17个制造行业,所以将《国民经济行业分类》(GB/T 4754—2002)中28个制造业大类①归类到ISIC Rev.4.0的17个制造业中②。

(2)出口贸易隐含碳:出口贸易隐含碳排放量测算需要的数据包括碳排放系数、完全消耗系数、出口总量,原始数据来源于2000—2014年《中国能源统计年鉴》、世界投入产出数据库(WIOD)。碳排放的计算方法一般采用国际上比较通用的IPCC提供的测算方法,但实际上IPCC给出的碳排放系数α_j不能直接使用,其表示的是与某种能源热值等当量的标准煤的碳排放系数,需要先将此排放系数乘以某能源折标准煤系数,然后与能源消费量相乘计算碳排放量,但此种做法并不能真实地反映我国能源消耗产生的真实的碳排放量。因此本书采用另外一套更为实用的计算方法(张明志,2015),基本测算公式为:

$$C_{it} = \sum (E_{ijt} \cdot ef_j \cdot T_j) \qquad 式 5\text{-}12$$

其中,C_{it}为i行业第t年的二氧化碳排放量(万吨),E_{ijt}为i行业第t年第j种能源消费量(万吨标准煤),ef_j为第j种能源能量值的二氧化碳排放系数($kgCO_2/TJ$),T_j为第j种能源的转换因子,即根据发热值计算的转换为能源单位的转换因子。

根据上述方法计算制造业i行业碳排放量,i行业第t年第j种能源消费量的数据来自2006—2015年《中国能源统计年鉴》中工业分行业终端能源消费量(实物量)。其中2005—2009年化石能源种类为16种,2010—2014年化石能源种类增加至25种。各化石能源发热值和碳排放系数来自《中国能源统计年鉴》和2006年《IPCC国家温室气体排放清单指南》。根据上述公式计算的25种化石能源标准碳排放系数如表5-1所示。

虽然电力消耗并不直接产生二氧化碳,但是通过增加电力行业化石能源消耗间接增加了制造行业的碳排放,因此有必要将电力消耗计入制造业碳排放的计算中。参考钱志权(2018),从热力和电力转化的角度计算生产热力和

---

① 将农副食品加工工业和食品制造业数据合并处理为食品加工制造业,将废弃资源和废旧材料回收加工业和工艺品及其他制造业合并处理为其他制造业。

② 行业归类方法见第4.1节。

电力的过程产生的二氧化碳排放量。电力生产方式包括热电、水电、风电和核电,假设只有热电的生产排放二氧化碳。2000—2014年《中国能源统计年鉴》的中国能源平衡表中提供了生产热力和电力所消耗的各种能源,利用表5-1和式5-12提供的各种能源标准碳排放系数和二氧化碳排放计算方法,可以得到历年电力和热力的生产过程中的二氧化碳排放量。然后分别除以历年电力和热力的生产量,即得到电力和热力的二氧化碳排放系数,见表5-2。

表5-1 25种化石能源标准碳排放系数

化石能源	标准排放系数	化石能源	标准排放系数	化石能源	标准排放系数
原煤	1.98367	原油	3.06533	溶剂油	2.47023
洗精煤	2.49223	汽油	2.9997	石油沥青	2.47023
其他洗煤	1.0406	煤油	3.09687	石油焦	3.2857
焦炭	3.0426	柴油	3.16067	液化石油气	3.1636
焦炉煤气	1.72847	燃料油	3.22667	炼厂干气	2.61873
高炉煤气	0.7513	石脑油	3.32347	其他石油制品	2.94507
转炉煤气	0.39013	润滑油	2.47023	天然气	2.58049
其他煤气	0.83197	石蜡	2.47023	液化天然气	1.49123
其他焦化产品	4.0271				

注:数据根据《IPCC国家温室气体排放清单指南》提供的数据和《中国能源统计年鉴》工业分行业终端能源消费量数据计算而得。单位为:固体和液体(kg碳/kg能源);气体为(kg碳/m^{3}能源)。

表5-2 电力、热力的二氧化碳排放系数

年份	2000	2001	2002	2003	2004	2005	2006	2007
电力	8.04306	7.8823	8.14287	8.4043	8.20712	8.06544	8.02473	7.6760
热力	0.12782	0.12476	0.11560	0.1268	0.12575	0.12224	0.12169	0.11995
年份	2008	2009	2010	2011	2012	2013	2014	
电力	7.50619	7.46621	7.31366	7.44832	7.17070	7.22104	6.64522	
热力	0.11863	0.11735	0.11907	0.12279	0.13616	0.14098	0.14054	

注:电力和热力二氧化碳排放系数单位分别为:吨/万千瓦时、吨/万GJ。

(3)其他变量:工业总产值、固定资产总值、全部就业人数、R&D人员全时当量、外商资本、工业废气治理设施本年运行费用等原始数据来源于《中国统计年鉴》《中国工业统计年鉴》《中国科技统计年鉴》《中国环境统计年鉴》,在查找数据的过程中发现1998年之后《中国工业统计年鉴》公布的行业数据是规模以上企业工业指标,为防止实证检验时与实际情况出现偏差,相关指标如规模以上企业工业总产值、固定资产、全部职工人数、外商资本均不能直接使用,本书参考陈诗一(2011)的做法进行口径调查。假设1998年工业行业增长率与1997年相同,根据1997年行业全部企业工业总产值,估计1998年行业全部企业工业总产值,计算1998年分行业规模以上企业与全部企业工业总产值之间的调整比例。同时由于2004年规模以上企业和全部企业工业分行业数据均可查到(2004年《中国经济普查年鉴》和2006年《中国统计年鉴》),因此可构建2004年细分行业规模以上企业与全部企业工业总产值之间的调整比例。构建1998年和2004年两组调整比例关系之后,以调整比例线性增长为假设,估计其他年份分行业调整比例,然后对所有企业的规模以上企业工业总产值统一调整口径。职工人数口径调整方法同工业总产值。固定资产和外商资本则采用工业总产值的调整比例进行口径调整。另外,2012—2014年《中国工业统计年鉴》公布的产值数据是工业销售总产值,参考规模以上企业与全部企业工业总产值之间的口径调查方法,按照2009—2011年工业销售总产值与工业总产值之间的比例关系,将工业总产值口径进行统一调整。

所有与工业总产值、固定资产等货币相关的数据均采用以2010年为基期的生产者出厂价格指数及固定资产投资价格指数进行平减,得到不变价数据。所有数据均做对数处理,以减轻异方差。各变量统计性描述见表5-3。

表5-3 变量统计性描述

变量	变量含义	样本数	平均值	标准差	最小值	最大值
C	各行业出口贸易隐含碳(万吨)	255	8.038	1.445	4.677	11.377
Ser	各行业内涵服务增加值率(%)	255	22.729	3.208	15.311	31.924
Ser_m	各行业内涵专业、科学和技术增加值(%)	255	2.622	0.831	1.166	5.022
Ser_k	各行业内涵金融和保险增加值率(%)	255	3.756	0.957	1.912	6.875
Ser_j	各行业内涵信息和通信增加值率(%)	255	1.201	0.428	0.462	2.492
Ser_g	各行业内涵批发和零售增加值率(%)	255	6.592	1.409	3.899	10.734
Ser_h	各行业内涵运输和仓储增加值率(%)	255	4.640	0.786	3.102	6.942
Y	各行业总产出(亿元)	255	9.595	1.139	6.672	11.607
S	各行业人均固定资产(万元/人)	255	19.042	15.533	2.718	94.629
T	各行业R&D人员占从业人员比重(%)	255	1.553	1.296	0.134	6.021

续表

变量	变量含义	样本数	平均值	标准差	最小值	最大值
FDI	各行业外商资本占实收资本的比重(%)	255	17.829	8.742	2.143	47.420
R	各行业治理污染设施人均运行费用(元/人)	255	701.162	1382.86	10.245	7119.9

5.2 实证检验

利用 STATA 12.0 对前文所建立的实证模型进行参数估计之前，需要对各模型各变量之间的关系进行协整检验，检验结果认为相关变量组合之间存在协整关系，因此可以进行回归分析。首先，只考虑规模效应、结构效应和技术效应，采用 OLS 方法估计模型参数。OLS 假设模型不存在个体效应和时间效应，未考虑服务化效应的模型检验结果显示用 OLS 方法估计结果的可决系数 R^2 仅为 0.06602（见表 5-4 第一列），并且模型参数显著性很差，这意味着在该模型中，产出总量、产业结构、技术等对碳排放水平变化的解释能力有限。所以该模型中很有可能存在个体效应和时间效应。

在上述未考虑服务化效应的模型中进一步加入 16 个反映行业个体效应的虚拟变量，此时大多数个体虚拟变量均很显著（p 值为 0.000），固定效应模型的可决系数 R^2 提升为 0.7655，这意味着碳排放水平的变化中 69.95% 是由不随时间变化的个体因素差异引起的。接下来分别加入反映时间特征的 13 个年度虚拟变量，所有虚拟变量均显著（p 值为 0.000），可决系数 R^2 提升 6.57%（见表 5-4 第二列），表明不随行业变化而随时间变化的遗漏变量可以进一步解释 6.57% 的制造业碳排放水平的变动。前两个模型中的复合扰动项（$u_i+\varepsilon_{it}$）表示方差主要来自个体效应的差异，小部分来自时间效应的变动。

因此，接下来分别采用固定效应模型和随机效应模型检验模型个体效应和时间效应是否存在。通常的做法是使用 Hausman(1978) 检验，原假设" H_0：u_i 与 x_{it}，z_i 不相关"，即随机效应为正确模型，构造检验统计量：

$$(\hat{\beta}_{FE}-\hat{\beta}_{RE})'[\text{Var}(\hat{\beta}_{FE})-\text{Var}(\hat{\beta}_{RE})]^{-1}(\hat{\beta}_{FE}-\hat{\beta}_{RE}) \xrightarrow{d} \chi^2(K) \quad \text{式 5-13}$$

其中，K 为 $\hat{\beta}_{FE}$ 的维度，$\hat{\beta}_{FE}$ 和 $\hat{\beta}_{RE}$ 分别为固定效应和随机效应回归系数估计结果，若该统计量大于自由度为 k 的卡方分布的临界值，则拒绝原假设，认为固定效应为正确模型，否则接受原假设。

根据模型固定效应和随机效应 Hausman 检验结果来看，固定效应模型对参数具有更好的预估效果。

5.2.1 制造业总体服务化的碳排放效应

由于制造业服务化程度既能反映制造业行业个体差异，又随时间变化，因此在上述模型设定的基础之上加入反映制造业服务化程度的变量 Ser 以及服务化与规模效应、结构效应、技术效应的交互项，检验制造业服务化及其与规模效应、结构效应、技术效应相互作用对行业碳排放水平的影响。检验结果见表 5-4 中模型一至模型六。

（1）全球价值链背景下中国行业层面制造业服务化对出口贸易隐含碳排放有显著的负效应，即制造业出口中内涵服务投入增加值占比的增加会显著降低出口贸易隐含碳排放。从模型一的检验结果看，中国行业层面制造业服务化水平每提升一个百分点，将引起出口贸易隐含碳排放显著降低 0.690%。[①]

（2）制造业服务化引起的结构效应、技术效应和外商投资效应的减排效果显著。从模型三、模型四和模型六的实证检验结果可以看出，$Ser \cdot S$、$Ser \cdot T$ 和 $Ser \cdot R$ 的系数分别为 -0.109、-0.0672 和 -0.0019，表明制造业在全球价值链上的服务化升级对出口贸易隐含碳排放的结构效应、技术效应和环境规制效应均显著为负，这说明中国制造业参与全球价值链分工带来的产业结构升级、技术进步和环境规制措施的实施有助于降低出口贸易隐含碳排放。并且服务化带来的结构升级的减排效应最大，说明全球价值链上制造业内部结构升级与三次产业结构升级之间可以通过相互影响，直接和间接降低出口贸易隐含碳排放。

[①] 在考虑了个体效应和时间效应之后的分析中，加入经济规模效应 $\ln S$ 验证环境库兹涅茨曲线 EKC 是否存在，结果发现制造业经济规模的扩大会带来碳排放的加剧，并且在本书选取的时间范围内，制造业经济规模扩张与碳排放水平之间并不存在"倒 U 型"的关系。

表 5-4 制造业服务化及其交互项的出口贸易隐含碳排放效应

出口贸易隐含碳 C

指标	OLS	FE	模型一	模型二	模型三	模型四	模型五	模型六
Y	0.878*** (4.77)	0.770*** (25.63)	0.745*** (24.71)		0.740*** (24.55)	0.746*** (24.39)	0.742*** (24.55)	0.743*** (24.60)
S	0.313 (0.66)	-0.431*** (-4.45)	-0.372*** (-3.88)	-0.406*** (-4.37)		-0.380*** (-3.94)	-0.369*** (-3.84)	-0.377*** (-3.92)
T	-0.544* (-2.25)	-0.276*** (-6.34)	-0.215*** (-4.71)	-0.184*** (-4.21)	-0.224*** (-4.93)		-0.215*** (-4.71)	-0.213*** (-4.65)
FDI	0.236 (0.66)	0.318*** (6.18)	0.280*** (5.46)	0.278*** (5.62)	0.281*** (5.47)	0.284*** (5.53)		0.277*** (5.40)
R	0.0039 (1.60)	-0.0006*** (-3.60)	-0.0064*** (-3.81)	-0.0059*** (-3.66)	-0.0065*** (-3.84)	-0.0064*** (-3.78)	-0.0063*** (-3.73)	
Ser			-0.690*** (-3.63)	-3.085*** (-16.66)	-0.386 (-1.74)	-0.683*** (-3.53)	-0.930*** (-4.99)	-0.677*** (-3.55)
$Ser \cdot Y$				0.236*** (25.93)				
$Ser \cdot S$					-0.109*** (-3.64)			
$Ser \cdot T$						-0.0672*** (-4.42)		
$Ser \cdot FDI$							0.0887*** (5.42)	

续表

指标	OLS	FE	出口贸易隐含碳C					
			模型一	模型二	模型三	模型四	模型五	模型六
$Ser \cdot R$								-0.0019***
								(-3.60)
_cons	-2.120	1.011***	3.348***	10.96***	2.359**	3.323***	4.117***	3.335***
	(-0.78)	(3.94)	(4.85)	(17.58)	(3.13)	(4.68)	(6.26)	(-4.81)
R^2	0.06602	0.8312	0.8727	0.8815	0.8718	0.8714	0.8725	0.8719
个体效应	No	Yes	Yes	Yes	Yes	Yes	Yes	Yes
时间效应	No	Yes	Yes	Yes	Yes	Yes	Yes	Yes
Hausman		27.18/	31.29/	32.81/	31.26/	31.65/	30.67/	31.30/
		0.0001	0.0000	0.0000	0.0000	0.0000	0.0000	0.0000
N	255	255	255	255	255	255	255	255

注：括号内数值为相应的 t 统计量。 *，**，***分别表示在1%，5%，10%的水平上显著。"/"前后分别代表统计量和对应的 p 值。

(3)制造业服务化引起的规模效应和外商直接投资效应没有减排效果。表5-4中模型二和模型五中 $Ser \cdot Y$ 和 $Ser \cdot FDI$ 的系数表明制造业在全球价值链上的服务化升级引起的规模效应和外商直接投资效应对出口贸易隐含碳排放的影响均为正，分别为0.236和0.0887。由于制造业参与全球价值链分工，制造业的服务投入程度增强带来经济规模扩张和大规模的外商直接投资，从而造成出口贸易隐含碳排放的增加。

5.2.2 制造业高端服务化的碳排放效应

在表5-5和表5-6中的模型七至模型十三中分别加入五类制造业高端服务化①指标，考察中国行业视角的制造业高端服务投入的出口贸易隐含碳排放效应。检验结果见表5-5和表5-6。

(1)制造业生产性和分配性服务化的减排效果显著相反。根据服务投入的性质将服务分为生产性服务投入和分配性服务投入，其中专业、科学和技术类，金融和保险类，信息和通信类服务为生产性服务投入；批发和零售类、运输和仓储类为分配性服务投入。表5-5和表5-6中 Ser_mkj 和 Ser_gh 的系数分别表示生产性和分配性服务化对制造业出口贸易隐含碳排放的影响，其中 Ser_mkj 的系数为0.352，表示制造业生产性服务投入增加会导致出口贸易隐含碳排放的显著增加；Ser_gh 的系数为-0.785，表示制造业分配性服务化程度每提升一个百分点将会促使出口贸易隐含碳排放显著降低0.785%。分配性服务化系数的数值比生产性服务化大，说明分配性服务投入的减排效果超过生产性服务化提升造成的出口贸易隐含碳排放增加的程度，这是表5-4中制造业总体服务化的减排效应显著为负的主要原因。

---

① 参考联合国中央产品分类(CPC)标准，将全球价值链中的制造业的服务投入进行分类，按照行业密集度和专业性等特点选择五类高附加值的行业为高端服务行业，根据全球价值链上的附加值占比，将五类制造业高端服务化率分为专业、科学和技术类服务化率，金融和保险类服务化率，信息和通信类服务化率，批发和零售类服务化率，运输和仓储类服务化率。

表 5-5　制造业生产性服务化的出口贸易隐含碳排放效应

指标	出口贸易隐含碳 C			
	模型七	模型八	模型九	模型十
Y	0.742***	0.526***	0.779***	0.822***
	(23.00)	(14.17)	(26.87)	(28.03)
S	−0.452***	−0.538***	−0.405***	−0.355***
	(−4.68)	(−6.39)	(−4.33)	(−3.89)
T	−0.292***	−0.134**	−0.166***	−0.199***
	(−6.67)	(−3.31)	(−3.39)	(−4.68)
FDI	0.292***	0.129**	0.288***	0.209***
	(5.58)	(2.65)	(5.77)	(4.09)
R	−0.00706***	−0.00517***	−0.00326	−0.00401*
	(−4.02)	(−3.46)	(−1.81)	(−2.42)
Ser_mkj	0.352*			
	(2.24)			
Ser_m		0.852***		
		(9.14)		
Ser_k			−0.437***	
			(−4.43)	
Ser_j				0.442***
				(5.99)
_cons	0.706*	3.360***	1.477***	0.525*
	(2.45)	(9.92)	(5.50)	(2.08)
R^2	0.8683	0.9011	0.8760	0.8835
个体效应	Yes	Yes	Yes	Yes
时间效应	Yes	Yes	Yes	Yes
Hausman	32.81/	38.62/	29.94/	34.85/
	0.0000	0.0000	0.0000	0.0000
N	255	255	255	255

注：括号内数值为相应的 t 统计量。*，**，***分别表示在1%，5%，10%的水平上显著。"/"前后分别代表统计量和对应的 p 值。

（2）生产性服务化对制造业出口贸易隐含碳没有形成减排效应的原因在于专业、科学和技术类与信息和通信类服务化的正效应。Ser_m、Ser_k、Ser_j 的系数分别表示制造业的专业、科学和技术类服务化，金融和保险类服务化，信息和通信类服务化对出口贸易隐含碳排放的影响。从表5-5的估计系数来看,Ser_m 和 Ser_j 的系数均显著为正,分别为 0.852 和 0.442。在生产性服务投入中,仅有金融和保险类服务化对制造业出口贸易隐含碳贡献减排效应,金融和保险类服务化每提升一个百分点,出口贸易隐含碳排放将显著降低 0.437%。虽然金融和保险类服务投入有显著的减排效果,但是另外两类生产性服务投入的正效应过大,导致制造业整体生产性服务化对出口贸易隐含碳没有形成减排效应。

一般认为专业、科学和技术类活动,信息和通信类活动属于代表技术进步的专业性较强的服务活动,按照预期这类技术活动投入强度增加,可降低制造业产品生产对资源的消耗,提高能源利用效率,从而降低行业碳排放水平。制造业在全球价值链上的服务化升级有助于学习的边际效应的发挥,参与全球价值链的新兴国家借鉴发达国家先进的技术和学习经验,参与全球价值链的位置向高增加值和技术密集的生产环节转移,提高自身技术水平,增加研发的边际收益,推进中间产品生产的专业化,从而优化国内资源配置和提高能源利用效率,实现制造业出口贸易隐含碳排放降低的目标。同时,企业在生产过程中会自主选择全球价值链中附加值较高和排放较低的环节,对高能耗的生产过程采取环境规制措施,使企业在获取利润的同时减少直接或者间接的资源消耗。专业、科学和技术类服务化与信息和通信类服务化没有减排效应的主要原因是中国制造业出口中内涵这两类服务化的程度不足。

表 5-6 制造业分配性服务化的出口贸易隐含碳排放效应

指标	出口贸易隐含碳 C		
	模型十一	模型十二	模型十三
Y	0.662***	0.690***	0.694***
	(20.53)	(23.74)	(15.29)
S	-0.350***	-0.361***	-0.381***
	(-3.89)	(-4.12)	(-3.86)
T	-0.163***	-0.144***	-0.258***
	(-3.72)	(-3.36)	(-5.87)
FDI	0.190***	0.175***	0.286***
	(3.71)	(3.50)	(5.40)
R	-0.00783***	-0.00670***	-0.00754***
	(-4.85)	(-4.30)	(-4.15)

续表

指标	出口贸易隐含碳 C		
	模型十一	模型十二	模型十三
Ser_gh	−0.785*** (−6.54)		
Ser_g		−0.610*** (−7.51)	
Ser_h			−0.481* (−2.24)
_cons	4.072*** (7.76)	3.115*** (8.58)	2.436*** (3.55)
R^2	0.8864	0.8918	0.8683
个体效应 时间效应	Yes Yes	Yes Yes	Yes Yes
Hausman	31.75/ 0.0000	20.76/ 0.0000	46.92/ 0.0000
N	255	255	255

注：括号内数值为相应的 t 统计量。*，***分别表示在1%，10%的水平上显著。"/"前后分别代表统计量和对应的 p 值。

(3) 批发和零售类、运输和仓储类服务化均能够显著降低制造业出口贸易隐含碳排放。Ser_g、Ser_h 的系数分别表示批发和零售类服务化、运输和仓储类服务化对制造业出口贸易隐含碳排放的影响。从表5-6的检验结果来看，批发和零售类服务投入每增加一个百分点，将会促使制造业出口贸易隐含碳排放降低0.610%；运输和仓储类服务投入每增加一个百分点，将会促使制造业出口贸易隐含碳排放降低0.481%，说明任何分配性服务投入增加均会对制造业出口贸易隐含碳排放产生显著负效应。

5.2.3 制造业路径异质性服务化的碳排放效应

本书将制造业服务化定义为全球价值链上制造业出口内涵的服务投入程度，服务投入贯穿制造业上游、生产和下游阶段。参考联合国中央产品分类（CPC）第2版第5-9部分（United Nations，2013）将全球价值链中制造业的服务投入进行分类，这对服务投入路径异质化的碳排放效应差异性的研究至关重要。

因此，本章除了检验制造业总体服务化、高端化的出口贸易隐含碳排放效应，也检验了制造业路径异质性服务化对碳排放水平的影响。简兆权（2011）将制造业服务化路径分为四类：上游化、下游化、上下游化、去制造化。上游价值链服务化是指制造业参与全球价值链的生产过程中，价值链上游阶段涉及的服务投入，主要指专业、科学和技术类活动，即投入服务化，检验结果见表5-5的模型八；下游价值链服务化是指制造业参与全球价值链的生产过程中，价值链下游阶段涉及的服务投入，主要指介入营销、品牌管理、物流等服务活动，即产出服务化；而制造业参与全球价值链的生产过程中，价值链上下游阶段均有涉及的服务投入，主要包括金融、保险、信息和通信等服务活动，即上下游服务化。上游、下游和上下游服务化路径异质性的出口贸易隐含碳排放效应检验结果见表5-5和表5-6。

（1）制造业上游服务化不存在减排效果。表5-5中Ser_m的系数显著为正，说明专业、科学和技术类活动等相关上游服务投入并没有减排效果。产生这种情况的可能原因是目前中国制造业正在摆脱低端的加工组装地位和正处于技术的攻坚以及技术转化生产的关键阶段，通过价值链上游的研发、设计等活动提高产品使用寿命、促进技术更新、降低单位产品能源消耗等能力还不足。

（2）下游服务化的减排效果显著。表5-6中Ser_g和Ser_h的系数均显著为负值，说明批发和零售类活动、运输和仓储类活动等下游服务投入的减排效果显著。这可能是由于下游价值链的服务活动加快产品流通和消费，提高产品使用效率，减少资源消耗，另外，产品的售后服务等将产品重新修理和升级改造，提高了产品回收利用率和资源使用效率。

（3）上下游服务化减排效应不确定。综合表5-5的模型九和模型十检验结果来看，金融和保险、信息和通信等上下游路径均可来源的服务化对制造业出口贸易隐含碳排放的效应并不确定。若金融和保险服务化的显著负效应高于信息和通信类服务化的显著正效应，则上下游服务化程度提升将会显著降低制造业出口贸易隐含碳排放；若金融和保险服务化的显著负效应低于信息和通信类服务化的显著正效应，则上下游服务化程度提升将会导致制造业出口贸易隐含碳排放增加。

5.3 小结

本章实证检验了制造业服务化对出口贸易隐含碳排放的影响,以及制造业高端服务化和路径异质性服务化的碳排放效应的差异。主要结论为:①制造业服务化趋势显著降低行业出口贸易隐含碳排放水平;②制造业服务化引起的结构效应、技术效应和外商投资效应的减排效果显著;③制造业生产性和分配性服务化的减排效果显著相反,生产性服务化对制造业出口贸易隐含碳没有形成减排效应的原因在于专业、科学和技术类,信息和通信类服务投入不足;④制造业下游价值链服务化比上游服务化具有更显著的减排效果,如批发和零售类、运输和仓储类服务投入。

第六章
全球价值链背景下制造业服务化的环境效应：区域空间视角

考虑到中国各区域参与的价值链属于全球价值链的一部分，并且区域之间生产和管理成本、环境规制力度、区位优势等方面不同，导致东部、中部、西部和东北部地区制造业服务化的减排效应必然存在明显差异。因此，本章从区域空间视角进行研究，利用 Moran's I 指数分析服务化和隐含碳的空间相关性以及空间局部关联模式，运用半参数地理加权回归模型（SGWR）对制造业服务化的出口贸易隐含碳排放效应进行区域空间对比。

6.1 区域空间分布特征

在处理空间问题时常用的空间计量模型包括地理加权回归模型（Geographic Weighted Regression，GWR）、空间杜宾模型（Spatial Dubin Model，SDM）及空间误差模型（Spatial Error Model，SEM）等。在选择适合的模型之前，需要对主要相关变量的数据进行检验，以确定指标之间是否存在空间自相关性，这是空间计量分析的基础。若指标数据之间存在显著的空间相关性，那么就可以使用空间计量模型；若指标数据之间不存在空间相关性，那么只能采取面板或者横截面等标准的计量方法进行估计。

6.1.1 空间自相关指数

"空间自相关"是指空间序列在多个方向上相关且相互影响，即地理位置相邻的区域相关变量之间取值相似，亦即变量数据存在空间依赖性。空间自相关有两种表现形式：若高值和高值之间区域相邻，低值和低值之间区域相邻，则称为"空间正相关"；若高值和低值之间区域相邻，则称为"空间负相关"；若高值和低值之间区域随机分布，则该变量数据不存在空间自相关。考虑到空间自相关的复杂性，Moran(1950)提出"莫兰指数 I"(Moran's I)，用于度量变量数据之间的空间自相关性，该统计量计算公式为：

$$I = \frac{\sum_{i=1}^{n}\sum_{j=1}^{n}w_{ij}(x_i - \bar{x})(x_j - \bar{x})}{S^2 \sum_{i=1}^{n}\sum_{j=1}^{n}w_{ij}} \quad \text{式 6-1}$$

其中，x_i 表示 i 区域的变量数据值，$S^2 = \frac{\sum_{i=1}^{n}(x_i - \bar{x})^2}{n}$ 表示样本方差，$\bar{x} = \frac{\sum_{i=1}^{n}x_i}{n}$；$w_{ij}$ 表示空间权重矩阵的 (i,j) 元素，该元素用于衡量区域 i 和区域 j 之间的空间距离，$\sum_{i=1}^{n}\sum_{j=1}^{n}w_{ij}$ 表示用空间权重衡量的所有区域之间距离之和。空间权重矩阵包括地理邻接权重矩阵、地理距离权重矩阵、经济距离权重矩阵和经济地理权重矩阵，最常用的空间权重矩阵为二进制表示的地理邻接权重矩阵。

一般情况下，"莫兰指数 I"取值范围为−1 到 1。当 0<Moran's I<1 时，表示变量数据空间正相关，即高值和高值之间区域相邻或者低值和低值之间区域相邻；当−1<Moran's I<0 时，表示变量数据空间负相关，即高值和低值之间区域相邻。"莫兰指数 I"也可以理解为空间变量数据值与其空间滞后变量(spatial lag)之间的相关系数，这二者之间的散点图称为"莫兰散点图"，通常"莫兰散点图"被用来观测变量在局部空间的集聚能力。

除了式 6-1 给出的"莫兰指数 I"用于检验指标的空间自相关性以外，"吉尔里指数 C"(Geary's C)也常被用作衡量变量数据的空间自相关关系：

$$C = \frac{(n-1)\sum_{i=1}^{n}\sum_{j=1}^{n}w_{ij}(x_i - x_j)^2}{2(\sum_{i=1}^{n}\sum_{j=1}^{n}w_{ij})[\sum_{i=1}^{n}(x_i - \bar{x})^2]} \quad \text{式 6-2}$$

"吉尔里指数 C"的核心观测变量为 $(x_i - x_j)^2$。与"莫兰指数 I"不同，"吉尔里指数 C"的取值范围一般为 0 到 2，若"吉尔里指数 C"小于 1，表示变量数据空间正相关，即高值和高值之间区域相邻或者低值和低值之间区域相邻；若"吉尔里指数 C"大于 1，表示变量数据空间负相关，即高值和低值之间区域相邻。

6.1.2 空间自相关检验

在利用 GWR 进行空间建模之前,需要对变量进行空间自相关检验,即空间显著自相关是 GWR 模型的前提条件。利用 STATA 12.0 软件分别计算了 2002 年、2007 年和 2012 年中国 30 个省(自治区、直辖市)制造业服务化变量 S 和出口贸易隐含碳变量 C 的全局"莫兰指数 I"(Moran's I)和"吉尔里指数 C" (Geary's C)及其相关特征统计量,同时进行双边检验,并且给出"莫兰散点图",结果如表 6-1 及图 6-1 至图 6-3 所示。

表6-1 2002年、2007年和2012年 S 和 C 的 Moran's I 和 Geray's C

	Variables	自相关指标	I/c	E(I)/E(c)	sd(I)/sd(c)	z	p-value *
2000	C	Moran's I	0.066	-0.034	0.035	2.868	0.004
		Geary's C	0.876	1	0.044	-2.853	0.004
	S	Moran's I	0.268	-0.034	0.124	2.432	0.015
		Geary's C	0.637	1	0.13	-2.791	0.005
2007	C	Moran's I	0.08	-0.034	0.035	3.255	0.001
		Geary's C	0.876	1	0.043	-2.895	0.004
	S	Moran's I	-0.261	-0.034	0.104	-2.182	0.029
		Geary's C	1.246	1	0.114	2.147	0.032
2012	C	Moran's I	0.083	-0.034	0.035	3.329	0.001
		Geary's C	0.879	1	0.041	-2.935	0.003
	S	Moran's I	-0.173	-0.034	0.207	-3.056	0.002
		Geary's C	2.546	1	0.376	4.115	0.000

数据来源:根据"莫兰指数 I"和"吉尔里指数 C"计算方法,计算而得。

明显可以看出,①2002 年、2007 年和 2012 年中国各省(自治区、直辖市)制造业出口贸易隐含碳变量 C 和服务化变量 S 的两个全局自相关指标均在 5%的显著性水平下拒绝"无空间自相关"的原假设,认为显著存在空间自相关特征,及中国区域制造业出口贸易隐含碳和服务化存在显著的空间集聚特征;②2007 年和 2012 年中国各省(自治区、直辖市)制造业服务化变量 S 的"莫兰指数 I"为负,结合图 6-2 和图 6-3 中 S 的莫兰散点图斜率为负,多数省份的服务化变量 S 位于第二和第四象限,呈现高—低集聚的空间特征。③2002 年中国各省(自治区、直辖市)制造业服务化变量 S 的"莫兰指数 I"和"吉尔里指数 C",以及 2007 年和 2012 年的"吉尔里指数 C"均为正,说明这些年份的多数省份的制造业服务化变量 S 位于第一和第三象限，呈现高—高和低—低集聚的空间特征。

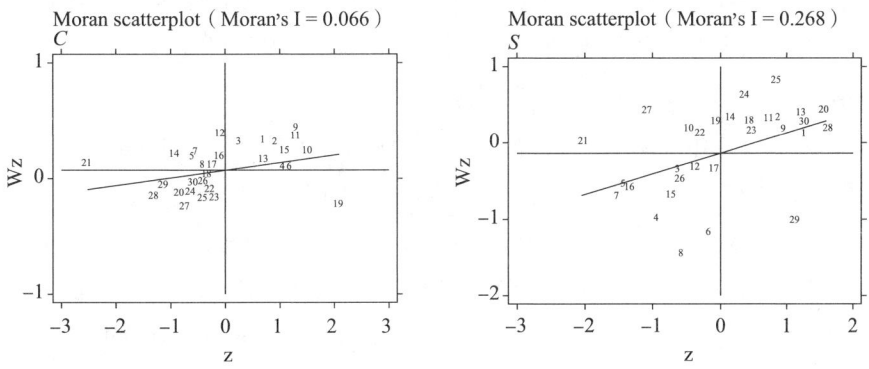

图 6-1　2002 年 C 和 S 的莫兰散点图

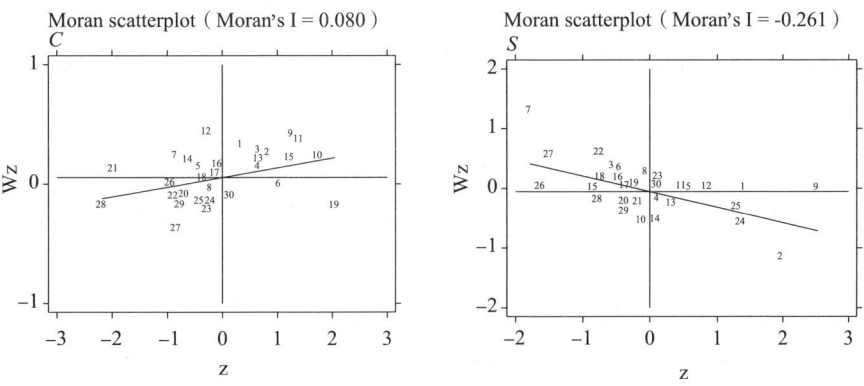

图 6-2　2007 年 C 和 S 的莫兰散点图

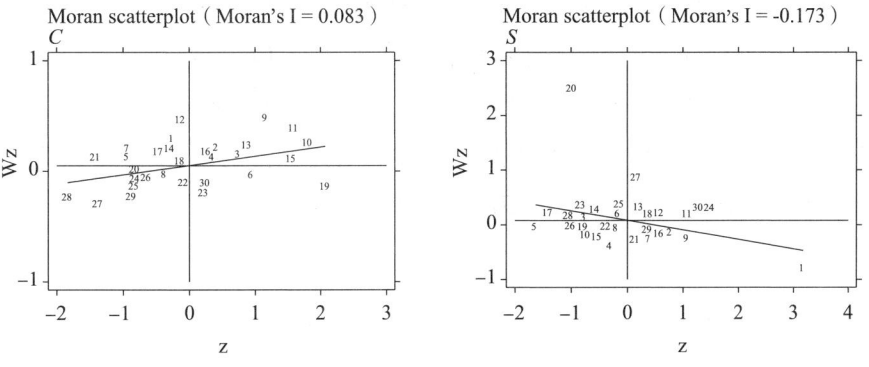

图 6-3　2012 年 C 和 S 的莫兰散点图

6.1.3 空间局部关联模式

为了更加深入解析2002年、2007年和2012年区域制造业服务化和出口贸易隐含碳数据的空间集聚特征,对莫兰散点图提供的局部空间关联模式进行归类分析,结果见表6-2,可以得到以下结论:

从区域整体角度来看,制造业出口贸易隐含碳排放数据的莫兰散点图在局部以H-H和L-L关联模式为主,2002年、2007年和2012年这两种类型的省份比重之和均超过60%,其中L-L关联模式的省份占比稍高;2002年制造业服务化数据的莫兰散点图在局部也以H-H和L-L关联模式为主,这两种模式的省份占比高达80%;2007年和2012年情况发生了转变,该变量数据的莫兰散点图在局部开始以H-L和L-H关联模式为主,这两年该模式的省份数量占比在60%左右。

分区域角度的局部空间关联模式呈现三个主要特征:①制造业出口贸易隐含碳排放数据局部空间关联表现为H-H关联模式的主要是东部地区,比如天津、河北、上海、江苏、浙江、福建和山东,在三个年份均表现为H-H模式;北京在2002年和2007年也表现为H-H关联模式;除此以外,H-H关联模式也包括中西部地区,例如山西等。制造业出口贸易隐含碳排放数据局部空间关联表现为L-L关联模式的主要为西部地区,包括广西、重庆、四川、贵州、云南、陕西、甘肃、青海、宁夏;其次还包括湖南、黑龙江等中部和东北部地区。②2002年制造业服务化数据局部空间关联表现为H-H关联模式的以东部和西部地区为主,如东部的北京、天津、上海、浙江和福建,以及西部的广西、四川、贵州、云南、青海、新疆;表现为L-L关联模式的主要为中部和东北部地区,如山西、内蒙古、辽宁、吉林等。③2007年制造业服务化数据局部空间关联表现为L-H和H-L关联模式的以东部和中部地区为主,如北京、天津、上海、福建、河北、山东、重庆、陕西和贵州等;2012年表现为L-H和H-L关联模式的以东部和西部地区为主,如北京、天津、上海、浙江、河北、广西、重庆、四川、云南、青海等。

表6-2 2002年、2007年和2012年 C 和 S 莫兰散点图的局部空间关联模式

象限	关联模式	2002年 贸易隐含碳(C)	2002年 服务化率(S)	2007年 贸易隐含碳(C)	2007年 服务化率(S)	2012年 贸易隐含碳(C)	2012年 服务化率(S)
第一象限	H-H 高—高(正相关)	北京 天津 河北 山西 辽宁 上海 江苏 浙江 福建 山东	北京 天津 上海 浙江 福建 江西 湖南 广西 四川 贵州 云南 青海 新疆	北京 天津 河北 山西 上海 江苏 浙江 福建 山东	内蒙古 浙江 安徽 四川 新疆	天津 山西 江苏 浙江 福建 河北 上海 山东 河南	安徽 湖南 甘肃 福建 贵州 新疆
	比例(%)	33.33%	43.33%	30.00%	16.67%	30.00%	20.00%
第二象限	L-H 低—高(负相关)	内蒙古 吉林 安徽 黑龙江 江西 湖北 河南 海南	江苏 广东 海南 重庆 甘肃	内蒙古 吉林 安徽 江西 河南 湖北 湖南 海南	河北 辽宁 吉林 山东 黑龙江 河南 湖北 广东 湖南 陕西 重庆 甘肃	北京 内蒙古 吉林 安徽 江西 湖北 湖南 海南	河北 江西 广西 四川 青海 辽宁 湖北 重庆 云南
	比例(%)	26.67%	16.67%	26.67%	40.00%	26.67%	30.00%

续表

象限	关联模式	2002年 贸易隐含碳(C)	2002年 服务化率(S)	2007年 贸易隐含碳(C)	2007年 服务化率(S)	2012年 贸易隐含碳(C)	2012年 服务化率(S)
第三象限	L-L 低-低 (正相关)	湖南 广西 重庆 四川 贵州 云南 甘肃 陕西 青海 宁夏 新疆	河北 山西 内蒙古 辽宁 吉林 黑龙江 安徽 山东 河南 湖北 陕西	黑龙江 广西 四川 重庆 贵州 云南 陕西 甘肃 青海 宁夏	江苏 广西 海南 青海 宁夏	黑龙江 广西 重庆 贵州 云南 甘肃 陕西 青海 宁夏	山西 内蒙古 江苏 黑龙江 山东 广东 陕西
	比例(%)	36.67%	36.67%	33.33%	16.67%	30.00%	23.33%
第四象限	H-L 高-低 (负相关)	广东	宁夏	辽宁 广东 新疆	北京 天津 上海 山西 江西 福建 贵州 云南	辽宁 广东 四川 新疆	北京 天津 吉林 上海 浙江 河南 海南 宁夏
	比例(%)	3.33%	3.33%	10.00%	26.67%	13.33%	26.67%

根据以上分析得出结论：①制造业出口贸易隐含碳排放整体上呈现高值被高值地区包围、低值被低值地区包围的空间集聚特征，而制造业服务化则呈现高值被低值地区包围的空间集聚特征。②东部地区涉及两类集聚：一是制造业出口贸易隐含碳排放的高值—高值集聚，如北京、天津、浙江和江苏等；二是制造业服务化的高值—低值集聚，如北京、上海和天津等。③西部地区主要涉及制造业出口贸易隐含碳排放的低值—低值集聚模式，以及制造业服务化的低值—高值集聚模式。④中部地区主要涉及制造业出口贸易隐含碳排放的低值—高值集聚，东北部地区主要涉及制造业服务化的高值—低值集聚模式。

6.2 模型设计

6.2.1 模型构建

1. 半参数地理加权回归模型（SGWR）

在对现有相关研究综述中发现，多数研究主要采用 VAR 模型、协整、空间横截面和空间面板等方法对产业结构转型和产业升级的碳排放效应进行研究。区域的产业升级和贸易隐含碳之间的差异性往往受区域不同经济发展情况、要素禀赋、资源差异以及区域位置等因素的影响，使用简单的协整和 VAR 时间序列模型不能够充分考虑地理空间的差异性。为了克服传统时间序列和面板模型对空间因素忽略的缺陷，有学者开始考虑区位空间因素，通过加入因变量的误差项或者空间滞后项的空间误差模型（SEM）或者空间自回归模型（SLM）来研究产业升级的碳排放效应。这些经典的空间计量模型均属于传统常参数回归模型，基本形式如式 6-3 所示：

$$y_i = \sum_k \beta_k x_k + \beta_0 + \varepsilon_i \qquad 式6\text{-}3$$

其中，y_i，x_k 分别表示被解释变量和解释变量，β_k 表示第 k 个解释变量对被解释变量影响的待估参数，一般采用最小二乘法（OLS）进行估计。β_0 和 ε_i 分别为常数项和随机扰动项。

陶爱萍等（2016）经过研究发现金融发展层次的差异对产业升级影响的非线性关系，这说明若将空间异质性因素考虑进来，那么传统的仅基于固定参数，即常参数的空间计量模型的估计结果会出现偏误，无法突出解释变量估计参数的空间异质性。即基于全局的传统常参数回归模型假设参数 β_0 和 β_k 不随地理空间位置的变化而变化,并没有将地理的空间相关性和异质性考虑在内,因而有学者考虑采用空间变系数回归模型,即地理加权回归模型(Geographic Weighted Regression,GWR)来研究产业结构的空间差异。GWR 模型放宽传统常参数回归模型的假设,考虑不同空间位置的解释变量对被解释变量影响的参数估计值不同,模型形式如下:

$$y_i = \sum_k \beta_k(u_i, v_i)x_k + \beta_0(u_i, v_i) + \varepsilon_i \qquad 式6-4$$

其中,(u_i, v_i) 表示地理位置 i 的空间经纬度坐标,$\beta_k(u_i, v_i)$ 表示第 k 个解释变量对被解释变量影响的待估参数。根据 GWR 模型的假设,$\beta_k(u_i, v_i)$ 随着地理位置 i 的空间经纬度坐标 (u_i, v_i) 的移动而变化。ε_i 表示第 i 个地理区域的随机误差项,满足同方差、零均值和相互独立的球形扰动假定。GWR 模型假设不同地理区域对应的估计函数不同,充分利用地理区域邻近位置的观测值的子样本数据,对参数进行局部估计。Tibshirani 等(1987)采用局域求解法和对数似然函数对 $\beta_k(u_i, v_i)$ 进行估计,$\beta_k(u_i, v_i)$ 受空间经纬度坐标 (u_i, v_i) 影响,因而随空间权重矩阵 W_{ij} 而变化。

但是 GWR 模型假设所有解释变量的参数估计均存在空间异质性,过多的待估参数很有可能会引起样本自由度损失,最终导致参数估计失效。为了克服传统模型常参数和 GWR 模型全变参数的缺陷,半参数地理加权回归模型(Semiparametric Geographic Weighted Regression,SGWR)同时含有局部变量变参数和全局变量常参数的特征,SGWR 模型基本形式如下:

$$y_i = \sum_k \beta_k(u_i, v_i)x_{k,i} + \sum_l \gamma_l z_{l,i} + \beta_0(u_i, v_i) + \varepsilon_i \qquad 式6-5$$

其中,$z_{l,i}$ 表示具有常参数特征 γ_l 的第 l 个解释变量,$x_{k,i}$ 表示具有变参数特征 $\beta_k(u_i, v_i)$ 的第 k 个解释变量。SGWR 模型采用高斯距离权值(Gaussian Distance)对空间权重矩阵 W_{ij} 进行计算。

2. 实证模型

全局空间自相关指标和局部空间关联模式初步检验了2000年、2007年和2012年中国30个省(自治区、直辖市)制造业出口贸易隐含碳变量 C 和服务化变量 S 存在空间效应,且全局和局部空间关联显著。这说明研究中国区域制造业服务化对出口贸易隐含碳排放影响时必须考虑空间因素的影响,这样能够使本书对全球价值链背景下中国区域制造业服务化的出口贸易隐含碳排放效应的空间对比研究更加符合现实情况。下面根据半参数高斯地理加权回归模型(Semiparametric Gaussian GWR)正式构建实证模型进行深入检验。根据式6-5，设定三个模型分别考察中国区域制造业服务化的出口贸易隐含碳排放效应的空间差异，模型形式如下：

模型一：

$$C_i = \beta_1(u_i, v_i)Ser_i + \gamma_1 OT_i + \gamma_2 OI_i + \gamma_3 TE_i + \gamma_4 TFP_i + \beta_0(u_i, v_i) + \varepsilon_i$$

式6-6

模型二：

$$C_i = \beta_2(u_i, v_i)Ser\_P_i + \beta_3(u_i, v_i)Ser\_D_i + \gamma_1 OT_i + \gamma_2 OI_i + \gamma_3 TE_i \\ + \gamma_4 TFP_i + \beta_0(u_i, v_i) + \varepsilon_i$$

式6-7

模型三：

$$C_i = \beta_4(u_i, v_i)Ser\_RD_i + \beta_5(u_i, v_i)Ser\_Tech_i + \beta_5(u_i, v_i)Ser\_F_i \\ + \beta_5(u_i, v_i)Ser\_B_i + \beta_5(u_i, v_i)Ser\_Trans_i + \beta_5(u_i, v_i)Ser\_Trade_i \\ + \gamma_1 OT_i + \gamma_2 OI_i + \gamma_3 TE_i + \gamma_4 TFP_i + \beta_0(u_i, v_i) + \varepsilon_i$$

式6-8

模型一考察区域制造业总体服务化的出口贸易隐含碳排放效应的空间差异，模型二分别考察区域制造业生产性和分配性服务化的出口贸易隐含碳排放效应的空间差异，模型三考察区域制造业高端服务化的出口贸易隐含碳排放效应的空间差异。其中，C_i为被解释变量，用区域制造业出口贸易隐含碳排放总量表示，解释变量包括变参数局部指标和常参数全局指标。

6.2.2 指标说明

1. 变参数局部指标

制造业总体服务化指标Ser_i：用各省(自治区、直辖市)制造业出口内涵的服务投入增加值占比表示。

制造业生产性服务化指标Ser_P_i和分配性服务化指标Ser_D_i：分别用各省(自治区、直辖市)制造业出口内涵的生产性和分配性服务投入增加值占比表示。

制造业高端服务化指标(Ser_RD_i、Ser_Tech_i、Ser_F_i、Ser_B_i、$Ser\_$

$Trans_i$、Ser_Trade_i）：分别用各省（自治区、直辖市）制造业出口内涵的科学研究和技术服务投入增加值占比，各省（自治区、直辖市）制造业出口内涵的信息传输、计算机服务和软件业投入增加值占比，各省（自治区、直辖市）制造业出口内涵的金融保险业投入增加值占比，各省（自治区、直辖市）制造业出口内涵的租赁和商务服务业投入增加值占比，各省（自治区、直辖市）制造业出口内涵的交通运输投入增加值占比，各省（自治区、直辖市）制造业出口内涵的批发和零售贸易业投入增加值占比表示。

2. 常参数全局指标

（1）经济开放度指标 OT_i：制造业经济开放度可以反映一个区域经济的对外开放程度，一般用投资开放度、贸易开放度或者外贸依存度等表示。在本书中研究对象涉及制造业出口贸易，因而用贸易开放度指标反映区域制造业经济开放度，具体用各省（自治区、直辖市）制造业进出口总额占工业生产总值的比重衡量。

（2）工业开放度指标 OI_i：参考周春山等（2018）从工业的维度构建指标测算各区域的工业开放度，用各省（自治区、直辖市）外商及港澳台商投资工业企业的工业销售产值占规模以上工业企业工业销售产值的比重表示。

（3）技术禀赋指标 TE_i：要素禀赋是指一国所拥有的两种生产要素的相对比率。本章考察全球价值链背景下制造业服务化的减排效应的空间差异，其中技术禀赋差异对区域制造业服务化空间差异的影响很大，因而考虑用各省（自治区、直辖市）工业R&D项目经费支出占工业生产总值的比重衡量各省份工业的技术禀赋。

（4）生产效率 TFP_i：全要素生产率变化指数可以综合反映各省（自治区、直辖市）制造业生产效率的差异，由技术效率指数与综合效率变化指数共同决定，其中综合效率变化指数由纯技术效率和规模效率共同影响。全要素生产率的计算需要四项基础数据：GDP、固定资本存量、就业人数和技术进步，分别采用各省（自治区、直辖市）制造业增加值、各省（自治区、直辖市）制造业年末资本存量[①]、各省（自治区、直辖市）制造业城镇单位就业人员数和各

---

① 参考张军等（2004）采用永续盘存法进行计算，公式为 $K_{it}=K_{i,t-1}(1-\delta)_{it}+I_{it}$，其中 I_{it} 表示各省份制造业固定资产投资，数据来源于国研网统计数据库。在张军等（2004）计算结果中2000年各省份物质资本存量和折旧率9.6%的基础之上，计算得到2000—2014年各省份制造业年末资本存量。

省(自治区、直辖市)制造业规模以上和大中企业 R&D 项目经费支出表示。

6.2.3 数据来源和处理

1. 地区投入产出表行业归并

本章的研究针对区域制造业服务化的出口贸易隐含碳排放效应空间对比，涉及各区域制造业服务化和出口贸易隐含碳排放量的计算，所使用的投入产出表为 2002 年、2007 年和 2012 年《中国地区投入产出表》提供的中国 30 个省(自治区、直辖市)的竞争型投入产出表[①]。考虑到模型主要解释变量和被解释变量计算过程中需要的数据来源限制，按照《国民经济行业分类》(GB/T 4754—2002)，将"通用设备"和"专用设备"合并为"通用、专用设备制造业"；将"其他制造产品"和"废品废料"合并为"废弃物资源回收及其他制造"；将"水利、环境和公共设施管理"和"居民服务、修理和其他服务"合并为"其他社会服务"；并且去掉"金属制品、机械和设备修理服务"，从而将 42 个行业整合为 38 个。

2. 地区分行业直接碳排放系数

《中国能源统计年鉴》中公布了各年度全国层面工业分行业终端能源消费，以及各地区工业、农林牧渔业和第三产业整体的终端能源消费量，结合 IPCC 提供的方法计算而得的碳排放系数[②]，按照式 5-12 提供的能源消耗的碳排放计算公式，可以得到中国工业分行业、各地区工业、农林牧渔业和第三产业整体的终端能源消费的碳排放量。通过直接碳排放系数计算公式可以得到中国工业分行业、各地区农林牧渔业的单位产值碳排放量。有些研究直接使用中国工业分行业直接碳排放系数代替各地区工业分行业的相关数据，参考潘安(2017)在考虑到不同地区的技术水平差异的基础上，根据各地区工业单位产值消耗终端能源的碳排放水平按比例地对我国工业分行业的直接碳排放系数向量进行调整，得到各地区工业分行业直接碳排放系数。假设第三产业各行业单位产值的终端能源消费碳排放量相同，则各地区第三产业分行业的终端能源消费的碳排放量需要通过各行业的总产出占比将第三产业整体的终端能源消费碳排放量按比例拆分。

---

① 其中西藏自治区只公布了 2012 年的投入产出表，考虑到研究的需要和数据的可获得性，本书不把西藏自治区考虑在研究的范围内。

② 见表 5-1 和表 5-2。

3. 地区分行业出口贸易量

各地区统计年鉴并未公布地区分行业出口贸易量数据,仅仅提供了出口的总量统计数据。本章的研究中需要的各省份行业出口数据分别从国研网、中国服务贸易指南网和《中国商务统计年鉴》等年鉴资料中整理搜集而得。各地区2002年、2007年、2012年的农业和工业分行业出口贸易数据来自国研网中提供的相应年份的一千多种商品出口贸易数据。根据4分位HS海关编码归类到《国际标准行业分类》(ISIC Rev.3)的农业和工业细分行业中,然后根据《国民经济行业分类》(GB/T 4754—2002)与ISIC Rev.3之间的行业分类对应关系,即可将4分位HS海关编码的一千多种商品出口贸易数据归类到适合地区投入产出表的行业分类中。各地区2002年、2007年、2012年的服务贸易数据来源较为分散,其中仅有上海、北京、广东和浙江等地区的服务贸易报告中提供了相应地区服务贸易的统计数据,其他省份零散的服务贸易数据来源于中国服务贸易指南网、《中国商务统计年鉴》、统计年报等公开文献中。首先根据全国服务出口贸易总额对各公开文献中查找到的各省(自治区、直辖市)服务贸易出口总额数据进行口径调整,然后根据2002年、2007年和2012年各地区投入产出表中各服务的出口贸易行业结构将各省(自治区、直辖市)服务贸易出口总额进行拆分(钱志权,2018)。

4. 其他相关数据来源

各省(自治区、直辖市)制造业出口贸易总额、工业生产总值、外商及港澳台商投资工业企业工业销售产值和规模以上工业企业工业销售产值数据来源于2002年、2007年和2012年《中国工业经济统计年鉴》;工业R&D项目经费支出数据来源于《中国科技统计年鉴》。2007年之前的《中国科技统计年鉴》公布了各地区大中型工业企业R&D经费支出基本情况,2009年之后公布了各地区规模以上工业企业基本情况和R&D经费支出等指标,而2008年则同时公布了大中型工业企业和规模以上工业企业相关指标。因此根据2008年规模以上和大中型工业企业的R&D经费支出和人员全时当量之间的比例关系,将2002年和2007年相关指标按照规模以上工业企业的统一口径进行调整。各省(自治区、直辖市)制造业增加值和就业人数的数据来源于《中国工业统计年鉴》,制造业规模以上企业R&D项目经费支出数据来源于《中国科技统计年鉴》。根据2002年制造业和工业企业R&D经费支出二者之间的比例关系,将各年份工业企业口径数据拆分为制造业企业 R&D 研发经费支出。

进出口等以美元为单位的贸易数据,均采用当年汇率将美元折算成人民币进行计算。各省(自治区、直辖市)制造业出口贸易隐含碳和服务化指标计算过程参考式 3-13 和式 3-20,服务化率计算中所需要的各省(自治区、直辖市)分行业增加值数据来自各地区投入产出表,空间权重矩阵的计算过程中涉及的地图来源于国家地理信息系统网站,模型处理和参数估计过程使用 STATA 12.0 和 GWR 4.0 软件。

6.3 实证检验

将中国地区分为东部、中部、西部和东北部,根据模型一至模型三,对中国区域制造业总体服务化、异质性服务化和高端服务化的出口贸易隐含碳排放效应进行空间和年份变迁(2000、2007 和 2012)的对比。SGWR 模型检验结果见表 6-3、表 6-4 和表 6-5,检验结果中 R^2 均超过 0.8,说明相应的变参数地理加权回归模型拟合效果较好,且 diff-Criterion 均为正值,表明常参数全局指标符合初始设定要求。

6.3.1 制造业总体服务化的碳排放效应的空间对比

(1)在仅考虑所有服务投入的情况下,中国大部分地区的制造业总体服务化均对出口贸易隐含碳具有减排作用,尤其是东部地区的减排带动效应显著高于中西部和东北部地区。从 Ser 的系数值来看,东部地区有 70%以上省份的制造业服务化对出口贸易隐含碳具有负向作用,大部分省份该系数的绝对值超过 0.2,也有很多省份超过 0.3。例如,2012 年广东省总体服务化水平每提升一个百分点,制造业出口贸易隐含碳排放将会降低 0.411%,海南省则会降低 0.380%;2007 年海南省制造业服务化的减排的负向效应高达 3.891%。中部地区 2002 年虽然有将近 90%省份的制造业服务化具有减排作用,但是仅有两个省份的负向作用超过 0.2,而 2007 年和 2012 年分别仅有一个和两个省份具有负向拉动作用,且负向作用较低。与中部地区相比,西部地区的制造业服务化具有减排效应的省份数量情况稍有改善,这三年里平均有将近一半省份具有负向作用。

(2) 中国制造业服务化对出口贸易隐含碳的减排作用主要依靠东部地区。从服务化减排效应的平均水平来看，2002年、2007年和2012年东部地区的制造业服务化对出口贸易隐含碳均具有负向拉动作用，2002年平均减排效应为-0.138，2007年为-0.357，2012年则为-0.1095。虽然减排的负向作用在2007年之后有所降低，但是由于东部地区的出口贸易隐含碳相对其他地区较高，因而从总量看，东部地区服务化的出口贸易隐含碳的减排量占很大比重。东北部地区2002年、2007年和2012年总体服务化的贸易隐含碳排放效应分别为0.009、0.072和-0.33341，可知近年来随着东北部制造业服务化程度的深化，减排效应逐渐明显。东北部地区本就是重工业集聚的地区，能源消耗密集带来的出口贸易隐含碳排放必然很高，而随着东北部地区参与国际和国内价值链分工中服务投入占比的增加，服务化的减排效应逐渐凸显。2007年之后西部和中部地区制造业服务化的减排效应并不乐观。2002年中部和西部地区服务化对制造业出口贸易隐含碳的平均负向效应分别为-0.104和-0.064，但是2007年之后这两个地区的制造业服务化有增加碳排放的作用，2007年分别为0.005和0.064，2012年分别为0.001022和0.001703。这两个年份制造业服务化对出口贸易隐含碳排放的正向拉动作用并不是很明显，使东部和东北部地区制造业服务化对出口贸易隐含碳的减排作用足以抵消中部和西部地区的正效应，从而保证这两年中国整体制造业服务化能够有效减少出口贸易隐含碳排放。

表6-3　2002年、2007年和2012年中国区域总体服务化的隐含碳排放效应空间对比

地区		2002年		2007年		2012年	
		Ser系数	截距项	Ser系数	截距项	Ser系数	截距项
东部	北京	-0.261	10.662	-0.061	6.653	-0.163	8.703
	天津	-0.274	11.019	-0.058	6.691	-0.165	8.708
	河北	-0.269	10.862	-0.060	6.669	-0.166	8.770
	上海	-0.315	11.511	-0.111	7.965	0.060	4.501
	江苏	-0.315	11.531	-0.085	6.964	-0.026	5.788
	浙江	-0.309	11.390	-0.147	9.183	0.095	3.904
	福建	0.112	2.649	0.889	-9.869	0.273	1.456
	山东	-0.303	11.795	-0.063	7.071	-0.136	7.915
	广东	0.280	-2.449	0.013	6.158	-0.411	12.898
	海南	0.269	-2.397	-3.891	64.832	-0.380	10.941

续表

地区		2002年		2007年		2012年	
		Ser系数	截距项	Ser系数	截距项	Ser系数	截距项
中部	山西	-0.342	12.922	0.040	5.963	-0.159	9.056
	安徽	-0.233	10.087	-0.086	6.797	-0.076	6.334
	江西	0.060	3.902	0.010	4.665	0.039	4.733
	河南	-0.013	6.392	0.009	5.258	0.094	3.752
	湖北	-0.047	6.830	0.030	4.999	0.093	3.455
	湖南	-0.049	6.619	0.027	4.895	0.015	4.657
西部	内蒙古	-0.113	6.942	-0.111	7.732	-0.032	4.621
	广西	0.116	1.900	0.088	3.978	0.037	4.352
	重庆	0.000	5.733	0.176	1.850	0.012	5.183
	四川	0.089	4.111	0.207	1.818	-0.125	8.062
	贵州	-0.076	7.287	0.137	2.754	0.023	4.792
	云南	0.026	5.207	0.095	3.774	-0.035	6.182
	陕西	-0.079	6.670	0.058	4.695	-0.023	5.661
	甘肃	-0.179	9.160	-0.115	5.978	0.037	3.499
	青海	-0.082	6.716	-0.420	8.141	0.012	3.959
	宁夏	-0.144	8.355	-0.040	5.312	-0.120	6.990
	新疆	-0.265	11.835	0.630	-4.281	0.234	0.994
东北部	辽宁	-0.228	11.102	-0.048	6.788	-0.170	9.052
	吉林	0.152	3.693	0.133	4.242	-0.450	13.586
	黑龙江	0.103	4.280	0.132	4.245	-0.380	12.170

数据来源：通过前文方法计算而得。

从数据对比来看，近年来中国中部和西部地区制造业服务化水平变化较大，部分省份服务化水平相对较高，但是服务化的减排效应并不明显。相比而言，东部和东北部更加明显。因此需要从异质性服务化和高端服务化的角度进行更深层次的分析，挖掘区域制造业服务化减排效应的空间和年度变迁差异的深层原因。

6.3.2 制造业异质性服务化的碳排放效应的空间对比

表6-4分别提供了制造业生产性和分配性服务化的出口贸易隐含碳排放效应的空间和年度变迁差异。

(1) 东部地区分配性服务化是促使制造业出口贸易隐含碳排放减少的主要动力。从服务化的出口贸易隐含碳排放效应的平均水平看来，2002年、2007年和2012年生产性服务化的平均碳排放效应分别为 -0.1674、-0.0685 和 0.0847，分配性服务化的平均碳排放效应分别为 0.00258、-0.2679 和 -0.2064。总体来看，东部地区分配性服务化的减排效应足够抵消生产性服务化提升对出口贸易隐含碳排放的拉动作用，导致东部地区始终为中国制造业服务化减排的主要区域。

从细分省份来看，2002年、2007年和2012年东部地区制造业分配性服务化具有减排效应的省份数量逐渐增加，直至2012年仅有福建一个省份的分配性服务化的出口贸易隐含碳排放效应为正。2002年除广东和海南以外，其他八个东部省份的生产性和分配性服务化均对碳排放均具有负向效应，但是2007年之后，北京、天津、河北、福建和广东的生产性服务化提升开始拉动制造业出口贸易隐含碳排放。从表6-3的检验结果看，2012年东部地区服务化减排效应较大的省（自治区、直辖市）主要是广东、海南、山东、北京、天津和河北，江苏的制造业服务化的减排负向效应较小，而上海、浙江和福建没有减排效应。结合表6-4可以发现，与2007年相比，2012年情况相反，上海、浙江、福建、广东和海南的生产性服务化对制造业出口贸易隐含碳排放开始呈现正效应。

(2) 2002年、2007年和2012年中部地区生产性和分配性服务化对制造业出口贸易隐含碳排放的负向效应均呈现降低的趋势。2002年中部地区有山西、安徽、河南、湖北和湖南的生产性服务化对制造业出口贸易隐含碳排放具有负效应，而2007年仅有山西和安徽两省，2012年仅有山西、安徽和湖北三省。分配性服务化对碳排放的负效应情况也是如此，2002年分别有山西、安徽、湖北和湖南省具有减排效应，2007年有安徽、江西、河南和湖南四省，2012年则仅有山西、安徽和江西省的分配性服务化具有减排效应。值得注意的是，安徽省三个年份的制造业生产性和分配性服务化提升均降低碳排放。

表 6-4　2002 年、2007 年和 2012 年中国区域异质性服务化的隐含碳排放效应空间对比

地区		2002 年			2007 年			2012 年		
		Ser_P 系数	Ser_D 系数	截距项	Ser_P 系数	Ser_D 系数	截距项	Ser_P 系数	Ser_D 系数	截距项
东部	北京	-0.207	-0.102	8.400	0.161	-0.213	7.489	-0.258	-0.104	8.653
	天津	-0.223	-0.129	8.888	0.148	-0.189	7.221	-0.180	-0.166	8.790
	河北	-0.218	-0.120	8.720	0.139	-0.196	7.398	-0.192	-0.160	8.829
	上海	-0.289	-0.145	9.343	-0.136	-0.093	7.883	0.066	-0.214	6.482
	江苏	-0.268	-0.172	9.521	-0.103	-0.105	7.369	-0.044	-0.137	6.576
	浙江	-0.289	-0.080	8.421	-0.165	-0.129	8.960	0.202	-0.321	6.503
	福建	-0.020	0.177	2.270	0.427	0.296	0.714	0.387	0.708	-4.214
	山东	-0.244	-0.150	9.442	-0.012	-0.102	7.206	-0.111	-0.151	7.926
	广东	0.078	0.327	-0.087	0.424	0.126	1.865	0.007	-0.329	8.822
	海南	0.005	0.420	-0.431	-1.568	-2.075	33.987	0.970	-1.191	10.060
中部	山西	-0.250	-0.004	8.137	-0.506	0.193	6.382	-0.044	-0.203	8.444
	安徽	-0.159	-0.205	9.145	-0.088	-0.095	7.058	-0.093	-0.104	6.510
	江西	0.099	0.144	2.170	0.299	-0.028	4.521	0.321	-0.055	4.653
	河南	-0.163	0.528	0.479	0.144	-0.008	5.191	0.131	0.069	3.882
	湖北	-0.067	-0.034	6.454	0.256	0.007	4.334	-0.178	0.026	5.694
	湖南	-0.045	-0.028	6.001	0.221	-0.048	4.927	0.076	0.011	4.539

续表

地区		2002年			2007年			2012年		
		Ser_P系数	Ser_D系数	截距项	Ser_P系数	Ser_D系数	截距项	Ser_P系数	Ser_D系数	截距项
西部	内蒙古	-0.152	0.005	6.679	-0.243	-0.048	7.446	-0.638	0.218	7.867
	广西	0.024	0.385	-0.313	0.128	0.020	4.707	0.084	0.037	4.080
	重庆	-0.025	-0.003	5.597	0.208	0.105	2.705	0.085	-0.014	5.078
	四川	0.152	0.105	2.780	0.119	0.195	2.596	0.126	-0.064	5.409
	贵州	-0.073	-0.041	6.374	-0.074	0.310	2.266	0.118	-0.006	4.557
	云南	0.023	0.090	3.975	0.116	0.070	4.067	0.100	-0.060	5.588
	陕西	-0.104	0.481	0.431	-0.306	0.150	5.694	-0.058	-0.053	6.062
	甘肃	-0.115	0.099	4.988	-1.641	0.599	10.010	0.127	0.005	3.016
	青海	-0.135	0.420	2.320	-1.478	0.436	9.857	-0.312	-0.055	7.002
	宁夏	-0.093	0.128	4.343	-0.554	0.215	6.469	-0.017	-0.330	7.767
	新疆	-0.117	0.107	4.925	-2.077	0.921	10.792	-0.8000	0.188	-40.000
东北部	辽宁	-0.190	0.047	6.878	-0.020	-0.075	7.001	-0.088	-0.235	9.079
	吉林	0.342	0.166	2.358	0.114	0.124	4.518	-0.756	-1.321	25.264
	黑龙江	0.409	0.158	2.157	0.158	0.121	4.390	-0.733	-1.251	24.298

数据来源：通过前文方法计算而得。

(3)西部地区的制造业分配性服务化对出口贸易隐含碳排放的负向效应不足。从表6-4数据结果看来,西部地区与中部地区的相同之处是,生产性服务投入对制造业出口贸易隐含碳排放呈现负向效应的省份逐渐减少,到2012年有超过50%的省份生产性服务化的碳排放效应为正,例如广西、重庆、四川、贵州、云南和甘肃等省区市。与中部地区的不同之处在于,西部地区分配性服务化对制造业碳排放呈现负向效应的省份逐渐增多。2002年仅有重庆和贵州两省市的分配性服务化促使制造业隐含碳排放降低,2012年则增加至重庆、四川、贵州、云南、陕西、青海和宁夏七个省区市。西部地区分配性服务化具有减排作用的省份数量增加,不足以抵消生产性服务化对隐含碳排放的促进效应。但是从长远来看,对于西部地区的制造业应该着重增加参与国际和国内价值链分工时的分配性服务投入,强化分配性服务化对制造业出口贸易隐含碳排放的负效应。

(4)东北部地区的生产性和分配性服务化均是减排的动力来源。对于东北部地区,从省份数量来看,2012年所有省份生产性和分配性服务化对制造业出口贸易隐含碳排放均具有负效应,平均效应分别为-0.5257和-0.9356,这是促使东北部地区制造业服务化的减排效应降低的主要原因。

6.3.3 制造业高端服务化的碳排放效应的空间对比

表6-5中细分了生产性和分配性服务业,将生产性服务业分为科学研究和技术,信息传输、计算机服务和软件业,金融保险业,租赁和商务服务业,将分配性服务业细分为交通运输业服务业,批发和零售贸易服务业,分别考察中国区域制造业高端服务化的出口贸易隐含碳排放效应的空间和年份变迁差异。

(1)东部地区科学研究和技术、金融保险投入占比的增加对制造业出口贸易隐含碳排放的负向效应逐渐降低;租赁和商务服务化程度的提升是东部地区生产性服务化减排的主要动力;信息传输、计算机服务和软件业投入占比增加的减排效应在2007年凸显,后逐渐减弱;分配性服务投入减排效应的来源是批发和零售贸易服务化程度提升。

表6-5 2002年、2007年和2012年中国区域高端服务化的隐含碳排放效应空间对比

地区		2002年							2007年							2012年						
		Ser_RD系数	Ser_Tech系数	Ser_F系数	Ser_B系数	Ser_Trans系数	Ser_Trade系数	截距项	Ser_RD系数	Ser_Tech系数	Ser_F系数	Ser_B系数	Ser_Trans系数	Ser_Trade系数	截距项	Ser_RD系数	Ser_Tech系数	Ser_F系数	Ser_B系数	Ser_Trans系数	Ser_Trade系数	截距项
东部	北京	-1.018	0.428	-0.719	0.304	0.041	0.009	8.972	-1.401	-0.019	0.258	-0.372	-0.038	-0.206	7.793	-0.919	1.793	-0.324	-0.601	0.187	-0.002	5.873
	天津	-0.868	0.187	-0.683	0.251	0.031	0.062	8.901	-1.339	-0.150	0.243	-0.341	-0.024	-0.215	7.832	-0.448	1.571	-0.252	-0.713	0.194	0.005	5.676
	河北	-1.029	0.458	-0.716	0.304	0.043	0.010	8.923	-1.444	-0.111	0.266	-0.367	-0.050	-0.201	7.883	-0.784	1.720	-0.291	-0.636	0.194	0.001	5.740
	上海	-1.466	6.334	-0.473	-0.327	0.266	-0.195	4.351	-0.646	-0.762	0.082	1.521	0.074	-0.168	5.734	1.989	-0.227	0.145	-0.835	0.042	-0.026	5.286
	江苏	-2.406	4.041	-0.311	0.053	-0.054	-0.163	7.331	-1.183	-0.446	-0.037	0.608	-0.177	-0.159	8.101	1.577	0.016	0.067	-1.009	0.050	-0.015	5.801
	浙江	7.515	9.877	-2.073	-1.476	0.309	-0.075	2.919	1.221	-1.128	0.158	2.728	0.510	-0.166	1.391	3.035	-0.546	0.271	-0.453	0.229	-0.026	3.255
	福建	-6.004	1.214	0.123	-0.349	0.226	1.280	-3.887	5.337	-0.642	-0.227	1.474	0.516	-0.058	0.330	19.501	-1.381	0.244	0.352	0.292	-0.075	-0.322
	山东	0.017	-1.216	-0.516	0.013	-0.017	0.420	8.061	-1.517	-0.233	0.045	0.013	-0.026	-0.214	8.174	1.443	0.390	0.020	-1.074	0.110	-0.017	5.834
	广东	-5.564	0.229	-0.654	-1.043	0.541	-0.212	10.741	4.918	-0.492	-0.294	0.775	0.056	0.221	2.428	0.610	0.701	-0.493	0.734	0.562	-0.203	5.479
	海南	-6.428	0.259	-0.125	-0.987	0.237	-0.317	11.326	5.772	-0.617	0.274	-0.353	-0.469	0.092	4.957	2.498	-2.954	-0.463	0.280	0.557	-0.134	5.592
中部	山西	-4.981	9.919	-0.226	-0.093	0.282	-0.580	4.179	-1.764	0.085	-0.034	-0.518	0.124	0.002	6.340	-1.151	1.736	-0.260	-0.527	0.184	-0.017	5.095
	安徽	1.039	4.740	-0.877	-0.516	0.014	0.012	6.092	0.309	-0.430	-0.062	0.629	0.017	-0.120	5.987	1.035	-0.076	0.136	-0.908	0.045	0.025	1.957
	江西	-2.343	1.717	-0.154	0.577	0.079	-0.042	6.498	2.065	-0.565	-0.200	1.379	0.302	-0.005	3.351	10.813	-0.693	0.176	-0.114	0.158	-0.008	5.153
	河南	-4.123	0.301	0.388	-0.601	0.517	0.114	3.529	0.192	-0.034	0.135	-0.772	0.168	-0.087	4.977	0.056	1.009	-0.018	-0.893	0.104	0.021	4.442
	湖北	-1.929	0.191	0.157	0.073	-0.420	-0.183	10.515	1.287	-0.291	-0.181	0.782	0.323	0.002	3.604	-0.945	0.413	0.136	-0.755	0.051	0.075	3.898
	湖南	-2.090	0.278	0.366	-0.815	-0.183	-0.244	9.721	1.098	-0.026	-0.057	0.676	0.120	-0.073	3.871	2.184	0.259	0.045	-0.029	0.118	0.011	7.229
西部	内蒙古	-0.021	-1.642	-0.336	-0.148	-0.161	0.325	10.073	-2.986	1.367	-0.410	0.256	0.082	-0.073	7.415	-1.402	1.824	-0.322	-0.487	0.210	-0.009	5.713
	广西	-3.879	0.273	1.113	-0.140	-0.030	-0.034	3.435	0.119	0.669	0.330	-0.204	-0.363	0.279	4.256	2.321	0.061	-0.450	-0.055	0.463	-0.236	5.418
	重庆	-0.167	-0.073	0.004	0.764	-0.586	0.084	9.098	1.396	0.090	-0.338	1.582	0.508	-0.053	2.020	1.566	1.080	0.100	-0.079	0.061	0.024	3.046
	四川	0.354	-0.229	0.026	1.356	-0.586	0.239	6.921	2.569	-0.624	-0.146	1.008	0.348	0.008	1.974	1.137	1.686	-0.017	-0.397	0.135	-0.061	3.880
	贵州	-1.155	0.390	0.522	-0.925	-0.180	-0.140	7.668	0.798	-0.355	-0.145	0.799	0.156	0.248	2.776	1.141	2.217	-0.123	-0.199	0.192	-0.127	3.898
	云南	-1.326	0.669	0.904	-1.644	0.144	-0.198	4.527	0.840	-0.570	0.043	0.070	-0.009	0.467	2.187	0.529	2.816	-0.509	-1.651	0.523	-0.325	7.229
	陕西	-7.742	4.677	0.029	1.744	0.054	-0.987	4.364	-0.397	0.195	-0.289	-0.744	0.206	0.091	5.411	-0.863	1.635	-0.212	-0.556	0.118	0.011	5.629
	甘肃	-10.006	-0.825	-0.061	12.041	1.526	4.364	-22.075	0.757	-0.700	-0.923	-0.129	0.466	0.206	5.331	2.466	1.552	-0.700	-1.536	0.587	-0.017	7.118
	青海	1.529	0.069	0.002	-0.157	-0.233	-0.027	5.587	0.644	-0.865	-0.339	0.834	0.181	0.232	4.089	3.349	-2.417	0.707	1.042	-0.778	-0.040	2.114
	宁夏	-7.904	4.694	0.016	2.251	-0.077	-0.660	9.369	-1.046	-0.569	-0.523	-0.296	0.238	0.235	6.247	-0.303	1.506	-0.227	-0.682	0.050	0.310	6.283
	新疆	1.000	0.000	-2.875	-4.188	8.500	-3.000	-3.000	-0.050	-1.218	-0.063	0.344	-0.024	0.134	5.251	1.456	0.980	-0.779	-1.709	0.524	0.086	8.473
东北部	辽宁	-0.494	-0.022	-0.476	-0.327	0.190	-0.126	9.678	-0.227	0.111	-0.240	-0.100	0.379	-0.287	6.480	0.664	0.256	-0.038	-0.633	0.244	-0.091	5.487
	吉林	1.841	-1.797	0.107	-2.598	0.795	-0.423	11.442	-1.361	2.545	-1.299	1.133	0.719	-0.315	5.642	0.320	-0.073	-0.240	-0.444	0.421	-0.072	5.372
	黑龙江	2.021	-1.910	0.094	-2.667	0.827	-0.375	11.108	-2.451	2.002	-1.378	1.535	0.729	-0.282	5.782	0.157	-0.305	-0.346	-0.414	0.469	-0.048	5.614

数据来源：通过前文方法计算而得。

从各年份东部地区生产性服务化呈现减排效应的细分省份数量来看：2002年除浙江和山东两个省份以外，其他省份的科学研究和技术服务化具有负效应，而2007年降至六个省份，至2012年仅有北京、天津和河北地区具有负效应。金融保险服务化的减排效应的省份数量情况也是如此，到2012年仅有一半东部省份金融保险服务化具有负效应。与科学研究和技术服务化及金融保险服务化相反的是租赁和商务服务化，具有减排效应的省份逐年增加。值得注意的是，2007年所有东部省份信息传输、计算机和软件业投入占比的增加均促使制造业碳排放降低，这与2007年前后信息传输、计算机和软件业蓬勃发展具有密不可分的关系。分配性服务化对东部地区的减排作用完全依赖于批发和零售贸易的服务投入，到2012年有80%的省份具有减排效应，这三年来起到主要减排作用的地区包括上海、江苏和浙江。东部地区无法通过交通运输服务化实现减排目的，从估计结果看，虽然2002年和2007年有少数省份的交通运输服务化可以促使碳排放，但是2012年所有东部省份的交通运输投入均大幅度拉动制造业隐含碳排放增长。主要原因是相较于其他服务行业，交通运输行业属于碳排放密集程度较高的服务行业，因而制造业全球价值链分工中交通运输行业投入的增加，起初能够起到协调资源、降低交易成本、提高能源利用效率的作用，但是在交通运输服务行业达到发展高峰之后，运力过剩等因素导致其碳排放密集度较高，对出口贸易隐含碳排放的正向效应逐渐凸显。

(2)中部地区科学研究和技术对制造业出口贸易隐含碳的减排作用依然动力不足，金融保险业服务化的减排未能持续，虽然租赁和商务服务业能够大幅度促进减排，但是中部地区总体服务化减排的作用受制于分配性服务化。从估计结果看，与东部地区相似，科学研究和技术服务化起到减排作用的省份数量在2002年之后大量减少，2007年只有山西，2012年仅有山西和湖北。与东部地区相同的是，中部地区信息传输、计算机和软件业的投入对于制造业出口贸易隐含碳排放负向影响的重要年份是2007年，当年有安徽、江西、河南、湖北和湖南五个省份的信息传输、计算机和软件业服务化具有负效应，占中部省份数量将近90%。但是在2007年信息传输、计算机和软件业蓬勃发展之后，2012年仅有安徽和江西两个省份信息传输、计算机和软件业服务化具有负效应。对比4种生产性服务化的减排效应，发现租赁和商务服务化对于中部地区具有明显的减排效果，但是鉴于租赁和商务服务投入占比相对低一些，所以中部地区未能实现生产性服务化的减排目标。同样，分配性服务投入中，交通运输服务投入占比的增加对中部地区任何省份的制造业出口贸易隐含碳排放没有负向作用，而分配性服务化的减排动力来源于批发和零售贸易服务的投入占比增加。

（3）与东部和中部地区相比，西部地区制造业高端服务化的减排作用有明显差异，主要表现在信息传输、计算机和软件业服务化，金融保险服务化，交通运输业服务化及批发和零售贸易服务化的减排差异上。首先，西部地区的信息传输、计算机和软件业服务投入的减排作用并没有在2007年该服务行业蓬勃发展的时候凸显出来，其中内蒙古、广西、重庆和陕西的信息传输、计算机和软件业服务化促使制造业碳排放增加。这可能是因为在信息传输、计算机和软件业快速发展时，其服务主要密集投入于中东部地区制造业，而西部地区由于区位因素，未能享受信息传输、计算机和软件业服务化的减排福利。与东部和中部地区有明显不同的是，在2002年、2007年和2012年，西部地区金融保险服务化起到减排作用的省份逐渐增多，2007年仅有广西和云南两个省份，2012年仅有重庆和青海两个省份的金融保险服务化没有起到减排作用。西部地区交通运输服务化的减排作用稍有改善，而批发和零售贸易服务化的减排作用明显不如东部和中部地区，2007年仅有两个省份该服务化具有负效应，而2012年有四个省份没有减排作用。

（4）东北部地区生产性服务化的减排作用并不依赖于科学研究和技术服务投入，而更多地依赖于金融保险业、租赁和商务服务化；分配性服务化的减排效果则依赖于批发和零售贸易服务化程度的提升。从各服务化指标的估计系数来看，2012年任何东北部地区的科学研究和技术服务均没有减排作用。与西部地区相似，东北部地区2007年也并未享受到信息传输、计算机和软件业服务化的减排福利，到2012年才呈现出信息传输、计算机和软件业服务化的减排效果。金融保险服务化与租赁和商务服务化则承担了生产性服务化的主要减排任务。与东部、中部相似的情况是交通运输服务投入会拉动制造业出口贸易隐含碳排放的增加，而所有省份制造业的批发和零售贸易服务化均促进出口贸易隐含碳降低。

从总体看来，东部地区和中部地区制造业异质性服务化的减排效应相似。

西部地区与中东部地区的差异主要体现在信息传输、计算机和软件业服务化，金融保险服务化，交通运输业服务化方面。大部分地区科学研究和技术服务化的减排效应在减弱，尤其是东北部地区。所有地区制造业参与国际和国内价值链分工时的交通运输投入增加都会带来隐含碳排放的增加。东部和中部地区相比西部和东北部地区更早享受信息传输、计算机和软件业服务化的减排福利。

6.4 小结

本章从中国区域空间视角，运用半参数地理加权回归模型，对中国东部、中部、西部和东北部地区的制造业服务化的出口贸易隐含碳排放效应进行分析，并且分别从异质性服务化、高端服务化等角度进行差异对比，主要结论为：

中国大部分地区的制造业服务化均对出口贸易隐含碳具有减排作用，东部地区的减排效应显著高于中部、西部和东北部地区。因而，中国制造业服务化对出口贸易隐含碳的减排作用主要依靠东部地区。

东部地区分配性服务化是促使制造业出口贸易隐含碳排放减少的主要动力。2002 年、2007 年和 2012 年中部地区生产性和分配性服务化的减排作用均呈现降低的趋势。西部地区分配性服务化的减排效应不足。东北部地区的生产性和分配性服务化均是减排的动力来源。

对于东部地区，科学研究和技术、金融保险投入占比的增加对制造业出口贸易隐含碳排放的负向效应逐渐降低；租赁和商务服务化程度的提升是东部地区生产性服务化减排的主要动力。中部地区科学研究和技术服务化的减排作用依然动力不足，金融保险服务化促使制造业出口贸易隐含碳排放降低的作用未能持续，虽然租赁和商务服务化能够大幅度促进减排，但是中部地区总体服务化的减排作用受制于分配性服务化。与东部和中部地区相比，西部地区制造业高端服务化的减排作用有明显差异，主要表现在信息传输、计算机和软件业，金融保险，交通运输及批发和零售贸易服务化的减排效果上。东北部地区生产性服务化的减排作用并不依赖于科学研究和技术服务投入，而更多地依赖于金融保险、租赁和商务服务化。

第七章
全球价值链背景下制造业服务化的环境效应：国际比较视角

由于不同经济发展水平的国家在全球价值链中的地位和国际分工参与度不同，发达国家和新兴经济体的制造业服务化的环境效应必然存在显著区别。为了更明确地分析这种差异，本章以发达国家和新兴经济体为研究对象，在模型设计中构建三层级实证模型，从多国的角度检验异质性服务化和国内外来源服务化的出口贸易隐含碳排放效应的国际差异；按照技术水平对制造业分类，区别考察不同经济发展水平的国家和地区不同类型制造业服务化的出口贸易隐含碳排放规律，为中国制造业通过服务化促进减排提供重要的政策启示。

7.1 模型设计

7.1.1 模型构建

1. 不同国家或地区服务化的碳排放效应理论模型

Dietz 和 Posa(1994)建立 STIRPAT 模型用来评估人口规模(P)、经济发展水平(A)和技术水平(T)的环境效应。由于参与全球价值链的程度和阶段不同，不同国家或地区的制造业呈现不同的服务化阶段，参考该模型，本书建立适用于全球价值链背景下不同国家或地区制造业服务化的出口贸易隐含碳排放效应的理论模型，模型基本形式如下：

$$C = bS^{\beta_1}V^{\beta_2}T^{\beta_3}e \qquad \text{式 7-1}$$

其中 C 表示国家隐含碳排放量，S 表示贸易规模，V 表示一国全球价值链参与程度，T 表示能源消耗的技术水平，b 表示常数项，e 表示随机误差项。

其中 $\beta_1>0$，$\beta_2<0$，$\beta_3<0$ 分别表示一国贸易规模增加会导致隐含碳排放量增加，而一国全球价值链参与程度的提升和能源消耗技术水平的提高有助于减排。

根据第三章制造业服务化的环境效应内生机制及减排路径分析，服务化能够通过降低制造业在全球价值链的生产成本和交易成本等降低能源消耗率，从而降低碳排放。因此，能源消耗的技术水平（T）可以看作服务化（Ser）的增函数，即 $T=T_0(Ser)^\gamma$，其中 T_0 为常数，$\gamma>0$。则式7-1可以写为：

$$C=bS^{\beta_1}V^{\beta_2}T_0^{\beta_3}(Ser)^{\gamma\beta_3}e = aS^{\beta_1}V^{\beta_2}T_0^{\theta_1}(Ser)^{\theta_2}e \qquad 式7-2$$

其中，θ_2 表示制造业服务化对隐含碳影响的弹性系数。

2. 实证模型

以式7-2的模型为基础，本节将针对不同情况设计实证检验模型。

（1）模型一：假设全球价值链背景下所有国家和地区整体的制造业服务化对出口贸易隐含碳排放有负向作用，并且可能通过制造业服务化的二次项对碳排放产生影响，即制造业服务化与碳排放之间存在"倒U型"关系，检验结果见表7-2第（1）列。

$$C_{it}=\beta_1 Ser_{it}+\beta_2 Ser_{it}^2+\beta_6 Tra_{it}+\beta_7 TraIns_{it}+\beta_8 Grading_{it}+\beta_9 Pos_{it}+\beta_{10} Part_{it}+u_i+\varepsilon_{it}$$

$$式7-3$$

（2）模型二：假设不同经济发展程度的国家制造业异质性服务化及国内外来源服务化的减排效应存在差异，式7-4至式7-9分别用于检验不同经济发展程度的国家制造业生产性、分配性、消费性、社会性、国内来源和国外来源服务化的出口贸易隐含碳排放效应。检验结果见表7-2、表7-3和表7-4。

$$C_{it}=\beta_{11}Ser\_1_{it}+\beta_6 Tra_{it}+\beta_7 TraIns_{it}+\beta_8 Grading_{it}+\beta_9 Pos_{it}+\beta_{10} Part_{it}+u_i+\varepsilon_{it}$$

$$式7-4$$

$$C_{it}=\beta_{12}Ser\_2_{it}+\beta_6 Tra_{it}+\beta_7 TraIns_{it}+\beta_8 Grading_{it}+\beta_9 Pos_{it}+\beta_{10} Part_{it}+u_i+\varepsilon_{it}$$

$$式7-5$$

$$C_{it}=\beta_{13}Ser\_3_{it}+\beta_6 Tra_{it}+\beta_7 TraIns_{it}+\beta_8 Grading_{it}+\beta_9 Pos_{it}+\beta_{10} Part_{it}+u_i+\varepsilon_{it}$$

$$式7-6$$

$$C_{it}=\beta_{14}Ser\_4_{it}+\beta_6 Tra_{it}+\beta_7 TraIns_{it}+\beta_8 Grading_{it}+\beta_9 Pos_{it}+\beta_{10} Part_{it}+u_i+\varepsilon_{it}$$

$$式7-7$$

$$C_{it}=\beta_{15}Ser\_D_{it}+\beta_6 Tra_{it}+\beta_7 TraIns_{it}+\beta_8 Grading_{it}+\beta_9 Pos_{it}+\beta_{10} Part_{it}+u_{it}+\varepsilon_{it}$$

式 7-8

$$C_{it}=\beta_{16}Ser\_F_{it}+\beta_6 Tra_{it}+\beta_7 TraIns_{it}+\beta_8 Grading_{it}+\beta_9 Pos_{it}+\beta_{10} Part_{it}+u_{it}+\varepsilon_{it}$$

式 7-9

（3）模型三：假设不同经济发展程度国家的不同类型制造业的服务化将呈现不同的减排阶段，式7-10用于检验不同经济发展程度国家的高技术、中高技术、中低技术、低技术制造业服务化的碳排放效应差异。另外，分别检验不同经济发展程度国家的各类型制造业生产性、分配性、消费性和社会性、国内来源及国外来源服务化的出口贸易隐含碳排放效应差异。

$$C_{it}=\beta_3 Ser\_H_{it}+\beta_4 Ser\_MH_{it}+\beta_5 Ser\_ML_{it}+\beta_6 Ser\_L_{it}+\beta_7 Tra_{it}+\beta_8 TraIns_{it}+\beta_9 Grading_{it}+\beta_{10} Pos_{it}+\beta_{11} Part_{it}+u_{it}+\varepsilon_{it}$$

式 7-10

其中，i 和 t 分别表示国家和年份。Ser_{it}、Ser_{it}^2 分别为 i 国第 t 年制造业服务化率指标及其平方项，Ser_X 表示服务化率指标。Tra_{it}、$TraIns_{it}$、$Grading_{it}$、Pos_{it}、$Part_{it}$ 均为主要控制变量。u_{it} 表示国家异质效应，ε_{it} 为随机扰动项，β_1、$\beta_2 \cdots \beta_{11}$；$\beta_{11}$、$\beta_{12} \cdots \beta_{16}$ 等为待估计系数。

7.1.2 指标说明

由于数据可得性和稳健性的要求，模型将政治局势不稳定、经济发展水平极低以及与其他国家或地区贸易往来不密切的国家和地区剔除。考虑到国家经济发展阶段、制造业服务化程度以及经济体量等因素，研究对象选择以发达国家为代表的35个OECD国家和以金砖国家为代表的4个新兴经济体，对比研究制造业服务化引起出口贸易隐含碳排放变动的客观规律。表7-1中为被解释变量、核心解释变量和主要控制变量的统计性描述。

1. 被解释变量

被解释变量为出口贸易隐含碳排放指标 C_{it}，用 i 国第 t 年制造业的出口贸易隐含碳排放总量表示，包括35个发达国家和4个新兴经济体及其整体的制造业出口贸易隐含碳排放。

2. 核心解释变量

核心解释变量包括全球价值链背景下各国家和地区制造业服务化指标。

制造业服务化率用各国家制造业出口中服务来源增加值所占的比重表示。第7.1.1小节的模型设计中构建了三层级模型：第一层级模型的制造业服务化指标包含发达国家和新兴经济体的制造业服务化率 Ser_{it} 及其平方项 Ser_{it}^2；第二层级模型的制造业服务化指标包含发达国家和新兴经济体的制造业生产性服务化率 Ser_1_{it}、分配性服务化率 Ser_2_{it}、消费性服务化率 Ser_3_{it}、社会性服务化率 Ser_4_{it}、国内来源服务化率 Ser_D_{it}、国外来源服务化率 Ser_F_{it}；第三层级模型的制造业服务化指标包括发达国家和新兴经济体的高技术制造业服务化率 Ser_H_{it}、中高技术制造业服务化率 Ser_MH_{it}、中低技术制造业服务化率 Ser_ML_{it}、低技术制造业服务化率 Ser_L_{it}。另外，后文中的实证过程还考察了不同经济发展程度国家的高技术、中高技术、中低技术和低技术制造业异质性服务化及国内外来源服务化的出口贸易隐含碳排放效应的国际比较，因此第三层级模型的服务化指标还包括不同技术等级制造业的生产性服务化率 Ser_H1_{it}、分配性服务化率 Ser_H2_{it}、消费性服务化率 Ser_H3_{it}、社会性服务化率 Ser_H4_{it}、国内来源服务化率 Ser_HD_{it}、国外来源服务化率 Ser_HF_{it}。

3. 主要控制变量

控制变量涉及制造业贸易规模指标、全球价值链地位和参与度指标、贸易结构指标、三次产业结构指标。①各国制成品出口贸易量 Tra_{it} 反映各国贸易规模（T）。②用制造业全球价值链参与率指数 $Part_{it}$ 和制造业全球价值链地位指数 Pos_{it} 表示各国制造业全球价值链参与程度（V）。除此以外，还考虑制造业内部结构升级和三次产业结构调整对隐含碳排放的影响。③在多数研究中用制造业中高技术制造业占制造业整体的比重作为衡量制造业内部结构升级的指标，参考已有研究，用中高技术产品出口占制成品出口的比例表示制造业内部贸易结构升级指标 $TraIns_{it}$。④用各国三次产业结构中服务业增加值占制造业增加值的比重反映国家经济层面的产业结构 $Grading_{it}$，表示产业结构向后工业化演进的趋势。

表 7-1 被解释变量、核心解释变量和主要控制变量的统计性描述

指标符号	指标解释	个数	平均值	标准差	最小值	最大值
C	各国制造业出口贸易隐含碳总量(千吨)	570	10.61	1.65	5.68	14.49
Tra	各国制成品出口量[美元(现价)]	570	29.43	1.70	24.53	33.03
$TraIns$	中高技术产品出口占制成品出口的比重(%)	570	52.32	15.41	15.47	85.39
$Grading$	三次产业结构中服务业增加值占制造业增加值的比重(%)	570	6.17	8.50	1.20	62.11
Pos	制造业出口中间接增加值率与国外增加值率对数之差(ln%)	570	-16.60	11.19	-37.46	27.71
$Part$	制造业出口中间接增加值率与国外增加值率之和(%)	570	48.62	11.33	25.00	81.42
Ser	制造业出口中服务业来源增加值占比(%)	570	31.93	3.83	22.73	46.57
Ser_1	制造业出口中生产性服务来源增加值占比(%)	570	13.39	3.38	4.41	28.64
Ser_2	制造业出口中分配性服务来源增加值占比(%)	570	16.18	3.30	9.80	27.32
Ser_3	制造业出口中消费性服务来源增加值占比(%)	570	0.72	0.30	0.18	2.13
Ser_4	制造业出口中社会性服务来源增加值占比(%)	570	1.63	0.48	0.79	3.17
Ser_D	制造业出口中国内服务来源增加值占比(%)	570	18.34	5.78	3.73	30.64
Ser_F	制造业出口中国外服务来源增加值占比(%)	570	13.59	6.08	3.17	39.09
Ser_H	高技术制造业出口中服务来源增加值占比(%)	570	32.14	6.76	15.69	55.52
Ser_MH	中高技术制造业出口中服务来源增加值占比(%)	570	31.88	4.06	22.12	44.88
Ser_ML	中低技术制造业出口中服务来源增加值占比(%)	570	31.19	4.03	18.95	46.04
Ser_L	低技术制造业出口中服务来源增加值占比(%)	570	31.64	4.49	19.95	46.61

7.1.3 数据来源和处理

1. 出口贸易隐含碳

计算制造业出口贸易隐含碳排放量需要各国家和地区分行业直接碳排放系数,首先需要得到各地区分行业能源消费量,并根据IPCC提供的参考方法利用各种能源消费的标准碳排放系数计算分行业二氧化碳排放量。但是由于各国家和地区分行业的终端能源消费量数据不可得,因此不能按照式5-12计算各国家各行业的二氧化碳排放量。国际能源署(IEA)的"CO_2 Emissions from Fuel Combustion"中提供了2000—2014年全球各个国家和地区的燃料燃烧产生的二氧化碳排放,根据投入产出原理,各国家各行业对化石能源的消耗与二氧化碳排放量成正比。因而参考Wiebe等(2012)、王文举等(2011)、钱志权(2018)等的方法,按照WIOD中石油炼焦行业(Manufacture of coke and refined petroleum products)的中间产出在各国家和地区的各行业之间投入的货币比例关系,将各个国家和地区的燃料燃烧产生的二氧化碳排放分解到44个国家和地区的56个行业。根据WIOD多区域投入产出表提供的44个国家和地区的56个行业总产出数据,进一步计算得到各国家各行业直接碳排放系数。结合直接碳排放系数、各国家各行业总出口和基于WIOD多区域投入产出表计算的完全消耗系数,利用式3-20计算各国家各行业的出口贸易隐含碳。

2. 全球价值链参与率和地位指数

借鉴KPWW(2010)的贸易增加值(TIVA)计算方法,对总出口按照增加值来源进行分解,构建一国制造业参与全球价值链的参与度指数($GVC\_Participation$)和地位指数($GVC\_position$):

(1) $GVC\_Participation$ = 前向参与率指数 + 后向参与率指数 = $Iv/E + Fv/E$,即一国出口中被进口国用来生产最终产品并出口到第三国的程度(即间接增加值出口)与一国出口中国外增加值比重之和。

(2) $GVC\_position = ln(1+Iv/E) - ln(1+Fv/E)$,即一国间接附加值出口与出口中国外附加值之差。其中,Iv表示间接增加值出口,即式3-13中各国制造业对应的每行中除对角线外的部分之和,Fv表示制造业出口中国外来源增加值,即式3-13中各国制造业对应的每列中除对角线以外的部分之和,E表示各国制造业总出口。需要的数据包括各国家各行业的增加值、总产出、中间投入和总出口,所有数据均来源于 WIOD 提供的世界投入产出表(WIOT)。

3. 其他变量

贸易规模、贸易结构、产业结构指标计算需要的各国制成品出口贸易量、中高技术产品出口贸易量、各国三次产业结构中服务业增加值、制造业增加值等相关数据均来源于世界银行(World Bank)数据库和国研网,所有货币相关变量均以美元为单位,均采用 2010 年为基期相关价格指数进行平减,得到不变价数据。所有数据均做对数处理,以减轻异方差。

7.2 基于异质性服务化和国内外来源服务化的实证检验

7.2.1 全球整体制造业服务化的"倒 U 型"碳排放效应

首先对参与全球价值链的所有国家的制造业服务化的碳排放效应进行实证检验,并且加入制造业服务化的平方项,探索服务化水平与出口贸易隐含碳排放之间是否存在"倒 U 型"关系。对 39 个主要国家整体而言,横截面维度($n=39$)较大,时间维度($T=15$)较小,因而适合短面板模型。利用 STATA 12.0 对前文所建立的面板模型进行参数估计之前,需要对各模型各变量之间的关系进行协整检验,检验结果发现相关变量组合之间存在协整关系,因此可以进行回归分析。由 Hausman 检验结果来看,p 值为 0.0000,强烈拒绝原假设,因而对 39 个主要国家整体的检验采用固定效应模型。

(1)通过表 7-2 中的第(1)列的实证检验发现,服务化和服务化平方项的系数分别为 0.169 和 -0.00246,服务化的平方项对碳排放的影响显著为负,这说明随着制造业服务化程度提高,39 个主要国家整体制造业碳排放呈先增后减的"倒 U 型"二次函数关系,对称轴对应的制造业服务化率为 34.35%。将模型(1)对服务化指标取一阶导数用以表示全球整体制造业服务化对出口贸易带来的隐含碳排放的影响强度,这一影响强度为负,可以看出随着全球整体制造业服务化程度的提高,服务化水平对隐含碳排放的影响强度逐渐降低,即全球价值链背景下制造业服务化对贸易隐含碳排放的影响呈现先增后减的趋势,即随着制造业服务化程度加深,全球整体出口贸易隐含碳总量的增长幅度逐步降低。

表7-2 全球整体服务化及不同经济发展水平国家异质性服务化的碳排放效应对比

出口贸易隐含碳 C

被解释变量	(1) 所有国家 FE	(2) OECD FE	(2) 新兴 全面FGLS	(3) OECD FE	(3) 新兴 全面FGLS	(4) OECD FE	(4) 新兴 全面FGLS	(5) OECD FE	(5) 新兴 全面FGLS
Tra	0.406***(14.32)	0.453***(13.18)	0.585***(14.44)	0.416***(12.75)	0.486***(8.66)	0.429***(12.77)	0.432***(6.57)	0.431***(12.89)	0.478***(9.12)
Trahs	-0.0123***(-6.43)	-0.0134***(-5.84)	0.0138***(4.41)	-0.0114***(-5.03)	0.0208***(3.63)	-0.0140***(-6.08)	0.0156***(3.01)	-0.0142***(-6.26)	0.0314***(4.22)
Grading	-0.0351***(-6.51)	-0.0301***(-5.41)	-0.274***(-5.72)	-0.0314***(-5.89)	-0.532***(-12.36)	-0.0331***(-6.00)	-0.543***(-12.14)	-0.0316***(-5.72)	-0.414***(-5.59)
Pos	-0.0426***(-12.08)	-0.0499***(-11.45)	0.00624*(2.15)	-0.0447***(-10.70)	0.0162***(4.67)	-0.0474***(-11.03)	0.0193***(4.68)	-0.0480***(-11.19)	0.0122**(2.99)
Part	-0.0232***(-6.27)	-0.0309***(-7.77)	-0.00223(-0.39)	-0.0227***(-5.60)	0.0274***(4.91)	-0.0304***(-7.57)	0.0341***(4.22)	-0.0294***(-7.40)	0.0365***(5.35)
Ser	0.169***(3.90)								
Ser^2	-0.00246***(-3.81)								
Ser_1		-0.0278**(-3.06)	-0.151***(-8.02)						
Ser_2				0.0464***(5.74)	0.0183(0.64)				

续表

出口贸易隐含碳 C

解释变量 \ 被解释变量	(1) 所有国家 FE	(2) OECD FE	(2) 新兴 全面FGLS	(3) OECD FE	(3) 新兴 全面FGLS	(4) OECD FE	(4) 新兴 全面FGLS	(5) OECD FE	(5) 新兴 全面FGLS
Ser_3						-0.176 / (-1.47)	0.464 / (1.04)		
Ser_4	-2.899** / (-3.28)	-0.952 / (-1.15)	-3.493** / (-3.17)	-1.389 / (-1.71)	-2.803 / (-1.51)	-0.426 / (-0.52)	-1.108 / (-0.65)	-0.132** / (-2.59)	0.408* / (2.11)
常数项								-0.458 / (-0.56)	-4.015* / (-2.22)
R^2	0.6284	0.6947	0.9775	0.6302	0.9571	0.6243	0.9575	0.6414	0.9601
Hausman	151.32 / 0.0000	121.27 / 0.0000		131.63 / 0.0000		119.45 / 0.000		126.98 / 0.0000	
Wald			2993.46 / 0.0000		1190.24 / 0.0000		1582.86 / 0.0000		1378.49 / 0.0000
观测值	570	510	60	510	60	510	60	510	60

注：Ser^2 代表制造业服务化平方项①。

① 检验结果通过 STATA 12.0 软件估计而得。括号内数值为相应的 t 统计量。*，**，*** 分别表示在 1%，5%，10% 的水平上显著。"/" 前后分别代表统计量和对应的 p 值。

根据附表 4 中 39 个主要国家制造业服务化率数据来看，包括欧盟在内的大部分发达国家和经济体的服务化率已经达到甚至远远超过 34.35%，也有部分发达国家和包括中国在内的新兴经济体的制造业服务化率低于 34.35%，但是处于服务化水平快速提升阶段。若全球主要国家整体的服务化率低于拐点 34.35%，则随着服务化水平提升，全球制造业的隐含碳排放增加；当整体的服务化率越过拐点位置，则全球制造业的隐含碳排放开始降低。

(2)第(1)列的检验结果也提供了其他主要控制变量对主要国家整体贸易隐含碳排放的影响。制造业贸易规模指标 Tra 的系数显著为正，显示贸易规模每增加一个百分点，则主要国家整体贸易隐含碳排放将增加 0.406%。衡量 39 个主要国家整体制造业全球价值链参与程度的指标，即制造业全球价值链参与率指数 $Part_{it}$ 和全球价值链地位指数 Pos_{it} 的系数均为负，说明随着全球价值链分工程度的提高，全球整体制造业贸易隐含碳呈现下降趋势。制造业内部贸易结构指标 $TraIns$ 和产业结构指标 $Grading$ 的系数均显著为负，说明制造业内部贸易结构升级有利于促进主要国家整体贸易隐含碳排放降低，并且三次产业结构升级相较于制造业内部贸易结构升级对隐含碳的负向影响更大。

7.2.2 制造业异质性服务化的碳排放效应的国际比较

表 7-2 中第(2)~(5)列通过实证检验对比了 35 个发达国家整体和 4 个新兴经济体整体的制造业异质性服务化的出口贸易隐含碳排放效应差异。

OECD 国家的数据属于横截面维度(n=35)较大，而时间维度(T=15)较短的短面板结构。由 Hausman 检验结果看来，p 值均为 0.0000，强烈拒绝原假设，因而发达国家整体的检验适合采用固定效应模型。新兴经济体的数据属于横截面维度(n=4)较小，而时间维度(T=15)较长的长面板结构。模型中扰动项 ε_{it} 可能存在组间异方差、组间同期相关或者组内自相关的情况，使用"组间同期相关"和"组间异方差"稳健的标准误差，即"面板校正标准误差"(Panel-Corrected Standard Error，PCSE)可能会遗漏组内自相关的情况，而使用可行广义最小二乘法(FGLS)进行估计则仅仅针对组内自相关进行修正。因此同时考虑这三个因素可能产生的影响，使用全面的 FGLS 进行更加有效的估计，从表 7-2 的检验结果可以看出：

(1)无论何种经济发展水平的国家，生产性服务化对制造业出口贸易隐含碳的作用均具有显著负效应。OECD 国家生产性服务化每提升一个百分点，将引起制造业出口贸易隐含碳降低 0.0278%；新兴经济体生产性服务化每提升一个百分点将引起隐含碳降低 0.151%。从第四章中 39 个主要国家制造业服务化水平数据，可以发现发达经济体已经越过了全球价值链上服务化的拐点。从模型(2)的结果来看，发达国家和新兴经济体呈现了不同程度的减排效果，此时发达国家服务化的减排效应不如正处于服务化提升速度较快阶段的新兴经济体。

(2)无论何种经济发展水平的国家，分配性服务化水平提升均会造成制造业出口贸易隐含碳排放增加，但是 OECD 国家的正效应更显著。从数据结果看，对于 OECD 国家，分配性服务投入占比每增加一个百分点，会导致碳排放显著增加 0.0464%，新兴经济体碳排放也会增加 0.0183%，但是效果并不显著。

(3)消费性和社会性服务投入每增加一个百分点，OECD 国家制造业出口贸易隐含碳排放分别减少 0.176% 和 0.132%，新兴经济体的碳排放则增加 0.464% 和 0.408%。处于服务化初期或者中期的新兴经济体的分配性服务化会导致制造业出口贸易隐含碳排放增加，但是其生产性服务化减排效果显著，因而若此时制造业在全球价值链上的投入来源从消费性和社会性服务转向生产性服务，则会导致出口贸易隐含碳排放增速减缓。

7.2.3 制造业国内外来源服务化的碳排放效应的国际比较

从出口贸易利得的视角考虑，各国制造业出口中只有服务投入增加值的国内来源部分才构成了本国的利得。发达国家制造业出口产品生产在参与全球价值链时，倾向于将服务投入来源由国内转移到国外；而新兴经济体倾向于国内服务投入，尤其是在高技术和中高技术行业出口中，相对较高的服务投入强度已经从国外转向国内，这意味着高附加值的内部服务投入已经成为提高本国技术密集型产品出口竞争力的关键因素。但是与制造投入相比，高附加值服务投入的碳排放较低，且由于生产技术、批发、零售、金融、商业和物流、交通运输等服务投入的碳排放程度也不同，因此服务来源国的不同意味着制造业国际分工中高附加值低碳排放的投入环节对隐含碳的影响可能存在差异。通过对制造业服务化来源国差异的减排效应进行更详细的分解，有助于解释发达国家和新兴经济体服务投入异质性的减排效应差异。因此使用固定效应模型和全面 FGLS 模型对 OECD 国家与新兴经济体国内来源和国外来源服务投入异质性的出口贸易隐含碳效应进行比较，检验结果见表 7-3 和表 7-4。

表 7-3 发达国家与新兴经济体国内来源的异质性服务化的碳排放效应对比

出口贸易隐含碳 C

被解释变量 解释变量	国内来源 OECD FE	国内来源 新兴 全面FGLS	国内生产 OECD FE	国内生产 新兴 全面FGLS	国内分配 OECD FE	国内分配 新兴 全面FGLS	国内消费 OECD FE	国内消费 新兴 全面FGLS	国内社会 OECD FE	国内社会 新兴 全面FGLS
Tra	0.357*** (10.31)	0.479*** (8.91)	0.428*** (12.18)	0.595*** (14.46)	0.388*** (11.99)	0.470*** (8.49)	0.427*** (12.65)	0.448*** (6.66)	0.433*** (12.80)	0.470*** (8.87)
$TraIns$	-0.0135*** (-6.10)	0.00820 (1.53)	-0.0146*** (-6.29)	0.0148*** (4.84)	-0.0108*** (-4.86)	0.0183*** (3.00)	-0.0146*** (-6.39)	0.0168*** (3.16)	-0.0144*** (-6.32)	0.0270*** (3.59)
$Grading$	-0.0349*** (-6.55)	-0.433*** (-8.35)	-0.0335*** (-6.02)	-0.258*** (-5.48)	-0.0311*** (-5.93)	-0.532*** (-11.56)	-0.0336*** (-6.08)	-0.539*** (-11.88)	-0.0330*** (-5.98)	-0.463*** (-6.72)
Pos	-0.0494*** (-11.84)	0.0229*** (5.92)	-0.0471*** (-10.94)	0.0159*** (6.34)	-0.0496*** (-12.11)	0.0169*** (3.83)	-0.0472*** (-10.93)	0.0174*** (4.85)	-0.0465*** (-10.80)	0.0116** (2.21)
$Part$	-0.0115* (-2.34)	0.0128 (1.86)	-0.0297*** (-7.04)	-0.00777 (-1.33)	-0.0128*** (-2.88)	0.0282*** (5.16)	-0.0295*** (-7.22)	0.0324*** (3.41)	-0.0307*** (-7.58)	0.0350*** (4.64)
Ser_D	0.0447*** (5.89)	-0.0556*** (-4.19)	-0.000296 (-0.03)	-0.162*** (-8.85)						
Ser_D1					0.0625*** (7.19)					
Ser_D2						-0.000581 (-0.02)	0.0347 (0.28)			
Ser_D3								0.307 (0.55)		

续表

出口贸易隐含碳 C

解释变量 \ 被解释变量	国内来源				国内生产				国内分配				国内消费				国内社会			
	OECD		新兴		OECD		新兴		OECD		新兴		OECD		新兴		OECD		新兴	
	FE	全面FGLS			FE	全面FGLS			FE	全面FGLS			FE	全面FGLS			FE	全面FGLS		
Ser_D4	−0.222 (−0.28)	−0.259 (−0.18)			−0.502 (−0.60)	−3.990*** (−3.57)			−1.029 (−1.31)	−1.917 (−1.09)			−0.503 (−0.61)	−1.447 (−0.84)			−0.0917 (−1.42)	0.281 (1.39)		
常数项	0.6315	0.9640			0.6472	0.9788			0.6435	0.9568			0.6506	0.9570			0.6389	−3.103 (−1.78) 0.9583		
R^2																				
Hausman	133.96/ 0.0000				117.48/ 0.0000				136.23/ 0.0000				117.70/ 0.0000				118.91/ 0.0000			
Wald		3005.85/ 0.0000				3570.46/ 0.0000				1296.43/ 0.0000				1433.17/ 0.0000				1281.77/ 0.0000		
观测值	510	60			510	60			510	60			510	60			510	60		

注：Ser_D1、Ser_D2、Ser_D3、Ser_D4 分别代表制造业国内来源生产性服务化、国内来源分配性服务化、国内来源消费性服务化、国内来源社会性服务化。

表7-4 发达国家与新兴经济体国外来源的异质性服务化的碳排放效应对比

出口贸易隐含碳 C

解释变量 \ 被解释变量	国外来源 OECD FE	国外来源 新兴 全面FGLS	国外生产 OECD FE	国外生产 新兴 全面FGLS	国外分配 OECD FE	国外分配 新兴 全面FGLS	国外消费 OECD FE	国外消费 新兴 全面FGLS	国外社会 OECD FE	国外社会 新兴 全面FGLS
Tra	0.414*** (12.48)	0.530*** (9.91)	0.432*** (13.17)	0.470*** (8.66)	0.418*** (12.20)	0.691*** (16.63)	0.418*** (12.63)	0.434*** (7.60)	0.420*** (12.50)	0.549*** (10.64)
TraIns	-0.0144*** (-6.42)	0.0188*** (4.66)	-0.0139*** (-6.23)	0.0179*** (3.92)	-0.0148*** (-6.47)	0.00944*** (2.97)	-0.0125*** (-5.45)	0.0156*** (3.59)	-0.0144*** (-6.34)	0.0234*** (5.95)
Grading	-0.0312*** (-5.73)	-0.436*** (-8.66)	-0.0292*** (-5.36)	-0.531*** (-12.10)	-0.0336*** (-6.11)	-0.179*** (-3.56)	-0.0338*** (-6.25)	-0.526*** (-12.12)	-0.0317*** (-5.74)	-0.341*** (-6.32)
Pos	-0.0549*** (-11.86)	0.0588*** (5.03)	-0.0547*** (-12.27)	0.0132 (1.30)	-0.0494*** (-10.76)	0.0960*** (9.71)	-0.0527*** (-11.93)	0.0295*** (4.99)	-0.0496*** (-11.25)	0.0480*** (7.31)
Part	-0.0220*** (-5.06)	0.00239 (0.29)	-0.0242*** (-5.99)	0.0294*** (5.13)	-0.0266*** (-5.90)	-0.0465*** (-4.53)	-0.0266*** (-6.69)	0.0248*** (4.60)	-0.0270*** (-6.55)	0.0126** (2.15)
Ser_F	-0.0368*** (-4.15)	0.301*** (3.65)								
Ser_F1			-0.0730*** (-5.03)	-0.0557 (-0.35)						
Ser_F2					-0.0257 (-1.44)	1.231*** (8.79)				
Ser_F3							-1.234*** (-4.30)	3.741* (2.48)		

续表

解释变量 \ 被解释变量	出口贸易隐含碳 C									
	国外来源		国外生产		国外分配		国外消费		国外社会	
	OECD FE	新兴 全面FGLS	OECD FE	新兴 全面FGLS	OECD FE	新兴 全面FGLS	OECD FE	新兴 全面FGLS	OECD FE	新兴 全面FGLS
Ser_F4										
常数项	-0.139 (-0.17)	-4.908** (-2.98)	-0.652 (-0.81)	-1.808 (-1.16)	-0.222 (-0.26)	-10.23*** (-7.58)	-0.166 (-0.20)	-1.243 (-0.80)	-0.197* (-2.36)	4.176*** (5.54)
									-0.324 (-0.39)	-5.884*** (-3.69)
R^2	0.6822	0.9632	0.6808	0.9568	0.6499	0.9806	0.6286	0.9599	0.6570	0.9680
Hausman	126.94/ 0.0000		127.43/ 0.0000		119.81/ 0.0000		124.73/ 0.0000		145.04/ 0.0000	
Wald		1869.72/ 0.0000		1288.90/ 0.0000		5997.49		1756.44/ 0.0000		2819.38/ 0.0000
观测值	510	60	510	60	510	60	510	60	510	60

注：Ser_F1、Ser_F2、Ser_F3、Ser_F4 分别代表制造业国外来源生产性服务化、国外来源分配性服务化、国外来源消费性服务化、国外来源社会性服务化。

(1) OECD 国家与新兴经济体国内来源和国外来源服务化对制造业出口贸易隐含碳排放呈现显著相反的效应。OECD 国家国内来源服务投入每增加一个百分点，制造业出口贸易隐含碳排放将显著增加 0.0447%；国外来源服务投入每增加一个百分点，碳排放将显著减少 0.0368%。新兴经济体国内来源服务投入每增加一个百分点，碳排放将显著降低 0.0556%；国外来源服务投入每增加一个百分点，碳排放将显著增加 0.301%。新兴经济体制造业与国内服务业产业关联的增强是驱动制造业出口中国内来源服务化的主要因素，因此新兴经济体可以充分发挥服务化的减排作用，发挥国内现代高端服务业的发展，发挥资本、知识和技术密集型的制造业以及低技术的制造业减排效应。

(2) 无论何种经济发展水平的国家，国内来源和国外来源的生产性服务化均对制造业出口贸易隐含碳具有负效应。但是值得注意的是，新兴经济体国内来源生产性服务化的减排效果更加显著。因此，国内来源和国外来源服务化对 OECD 国家和新兴经济体的碳排放呈现显著相反效应的原因是，国内来源和国外来源生产性服务投入的差异。

(3) OECD 国家国内来源的分配性服务投入增加是造成制造业出口贸易隐含碳排放显著增加的主要原因，新兴经济体国外来源的分配性服务投入增加是主要原因。并且，OECD 国家的国外来源和新兴经济体国内来源的分配性服务投入增加虽然可以促进制造业出口贸易隐含碳排放的减少，但是效果并不显著。这是造成无论对何种经济发展水平的国家而言，制造业出口中分配性服务投入占比增加均会造成碳排放增加的主要原因。因此，OECD 国家应该合理降低国内来源分配性服务的投入程度，新兴经济体应该充分利用国内来源分配性服务投入，如现代物流仓储和交通运输服务投入的规模化和便捷化等，有效降低制造企业运输成本，促进自身能源利用效率的提高，带来出口贸易隐含碳排放降低。

(4) 国内来源的消费性和社会性服务投入对任何国家制造业出口贸易隐含碳排放的影响并不显著，因此国内来源的消费性和社会性服务化并不是 OECD 国家和新兴经济体碳排放效应差异的原因。相反，从国外来源的消费性和社会性服务投入对隐含碳影响效应的系数可以看出，OECD 国家国外来源的消费性和社会性服务投入的增加具有显著的减排效果；新兴经济体国外来源的消费性和社会性服务投入的提升则显著增加碳排放量。因而发达国家应该提升本国制造业出口中国外来源的消费性和社会性服务投入,处于服务化初期的新兴经济体应该抑制国外来源的消费性和社会性服务投入。

7.3 基于不同类型制造业服务化的实证检验

制造业内部结构服务化变动过程表现为不同类型制造业的服务化。内部结构服务化变动的出口贸易隐含碳效应的国际对比分析,对于国家针对不同类型制造业确定出口行业减排幅度和实施减排政策具有重要的参考意义。

在第4.3.3小节的分析中发现,全球价值链上不同经济发展水平的国家不同技术水平制造业的服务化情况表现各异,而不同类型制造业服务化的贸易隐含碳排放效应在OECD国家和新兴经济体中可能呈现不同的减排阶段,因此可以从制造业类型分解的角度分析原因。OECD国家的实证结果通过Hausman检验拒绝原假设,因而仍然使用固定效应模型检验;新兴经济体的实证检验考虑存在组间异方差、组内自相关和同期相关的情况,所以采用全面FGLS模型对原始固定效应回归进行迭代校正。

基于表7-5~表7-8中的检验结果,可以得到以下信息:OECD国家全球价值链上高技术和中低技术制造业服务化提升可以促使出口贸易隐含碳排放减少,但是高技术制造业服务化的减排效果并不显著;新兴经济体高技术、中高技术、中低技术和低技术制造业服务化均显著促使出口贸易隐含碳排放减少,其中高技术、中高技术、中低技术和低技术制造业服务化率每增加一个百分点,将分别导致碳排放降低0.0749%、0.0639%、0.0264%和0.0493%。

制造业内部结构服务投入异质性减排效应的差异可以进一步解释不同类型制造业服务化对出口贸易隐含碳影响差异的原因。

表7-5 发达国家与新兴经济体高技术制造业异质性服务化的碳排放效应对比

贸易隐含碳 C

解释变量\被解释变量	所有服务 OECD FE	所有服务 新兴 全面FGLS	生产性 OECD FE	生产性 新兴 全面FGLS	分配性 OECD FE	分配性 新兴 全面FGLS	消费性 OECD FE	消费性 新兴 全面FGLS	社会性 OECD FE	社会性 新兴 全面FGLS
Tra	0.420*** (12.31)	0.493*** (10.33)	0.425*** (12.46)	0.600*** (15.59)	0.420*** (12.39)	0.448*** (7.78)	0.435*** (12.92)	0.581*** (10.14)	0.427*** (12.70)	0.470*** (8.37)
TraIns	-0.0142*** (-6.15)	0.00425 (0.96)	-0.0144*** (-6.18)	0.0182*** (6.50)	-0.0145*** (-6.35)	0.0132 (1.80)	-0.0153*** (-6.67)	0.0294*** (5.57)	-0.0145*** (-6.35)	0.0107 (1.77)
Grading	-0.0331*** (-6.00)	-0.392*** (-8.99)	-0.0332*** (-5.97)	-0.219*** (-4.45)	-0.0338*** (-6.15)	-0.548*** (-12.01)	-0.0334*** (-6.10)	-0.360*** (-5.35)	-0.0334*** (-6.06)	-0.546*** (-12.27)
Pos	-0.0475*** (-11.02)	0.000788 (0.23)	-0.0474*** (-10.83)	0.000885 (0.30)	-0.0467*** (-10.88)	0.0141*** (3.17)	-0.0462*** (-10.75)	0.0104*** (2.82)	-0.0471*** (-10.94)	0.0163*** (4.78)
Part	-0.0294*** (-7.37)	0.00930 (1.71)	-0.0295*** (-7.35)	-0.00560 (-1.01)	-0.0297*** (-7.46)	0.0289*** (5.29)	-0.0296*** (-7.45)	0.00651 (0.72)	-0.0297*** (-7.44)	0.0260*** (4.88)
Ser_H	-0.00339 (-1.16)	-0.0749*** (-7.41)								
Ser_H1			-0.00211 (-0.44)	-0.138*** (-8.45)						
Ser_H2					-0.00868 (-1.65)	-0.0302 (-0.98)				
Ser_H3							0.172* (2.15)	-1.022** (-3.00)		

续表

被解释变量	贸易隐含碳 C									
	所有服务		生产性		分配性		消费性		社会性	
解释变量	OECD FE	新兴 全面FGLS	OECD FE	新兴 全面FGLS	OECD FE	新兴 全面FGLS	OECD FE	新兴 全面FGLS	OECD FE	新兴 全面FGLS
Ser_H4	-0.229 (-0.27)	0.515 (0.39)	-0.423 (-0.50)	-4.041*** (-3.92)	-0.147 (-0.17)	-0.504 (-0.25)	-0.820 (-0.98)	-4.733** (-3.09)	-0.00539 (-0.30)	-0.301 (-1.67)
$\_cons$									-0.491 (-0.60)	-0.949 (-0.56)
R^2	0.6462	0.9722	0.6462	0.9801	0.6469	0.9575	0.6698	0.9615	0.6483	0.9588
Hausman	118.84/ 0.0000		121.26/ 0.0000		125.47/ 0.0000		113.91/ 0.0000		119.65/ 0.0000	
Wald		3868.29/ 0.0000		2894.63/ 0.0000		1558.01/ 0.0000		1160.70/ 0.0000		1640.04/ 0.0000
N	510	60	510	60	510	60	510	60	510	60

注：Ser_H1、Ser_H2、Ser_H3、Ser_H4 分别代表高技术制造业生产性服务化、高技术制造业分配性服务化、高技术制造业消费性服务化、高技术制造业社会性服务化。

7.3.1 高技术制造业服务化的碳排放效应的国际比较

1. 高技术制造业异质性服务化的出口贸易隐含碳排放效应的国际比较

如表 7-5 所示，对 OECD 国家而言，虽然高技术制造业生产性、分配性和社会性服务化率提升均会导致制造业出口贸易隐含碳排放减少，但是效果并不显著。新兴经济体高技术制造业服务化减排显著的主要驱动因素是生产性服务化，高技术制造业生产性服务化率每提升一个百分点，则碳排放降低0.138%；其次是消费性服务化，减排幅度为 1.022%。

2. 高技术制造业国内外来源服务化的出口贸易隐含碳排放效应的国际比较

根据附表 6 和附表 7 的实证检验结果看，不同经济发展水平国家，高技术制造业服务投入来源国差异的隐含碳排放效应截然相反。对于 OECD 国家，高技术制造业国外来源服务化对隐含碳具有极其显著的负效应。其中发达国家高技术制造业国外来源的生产性和分配性服务化对制造业出口贸易隐含碳排放的负效应显著，由此也可以看出高技术制造业的专业化及国外来源服务化的趋势是制造业碳排放减少的主要驱动力。

与 OECD 国家相反，新兴经济体高技术制造业的国内来源服务化对隐含碳的负效应显著，主要原因与 OECD 国家也不尽相同。高技术制造业国内来源的生产性服务投入占比增加对减排效应的贡献占大部分，其次是消费性和社会性服务投入。结果显示，虽然国内来源的分配性服务投入及国外来源的生产性服务投入可以促使出口贸易隐含碳排放减少，但是效果并不显著，且国外来源的分配性服务投入是限制国外来源服务化减排效应的主要原因。因而，新兴经济体需要提升高技术制造业中生产性和分配性服务化的减排效应，限制国外来源的分配性服务投入。

7.3.2 中高技术制造业服务化的碳排放效应的国际比较

1. 中高技术制造业异质性服务化的出口贸易隐含碳排放效应的国际比较

表 7-6 从服务投入异质性的角度剖析了中高技术制造业服务化减排效应的国际差异。从检验结果来看，中高技术制造业生产性服务化对出口贸易隐含碳负效应的显著差异基本可以解释中高技术制造业服务化的碳排放效应国际

表 7-6 发达国家与新兴经济体中高技术制造业异质性服务化的碳排放效应对比

贸易隐含碳 C

解释变量 \ 被解释变量	所有服务 OECD FE	所有服务 新兴 全面FGLS	生产性 OECD FE	生产性 新兴 全面FGLS	分配性 OECD FE	分配性 新兴 全面FGLS	消费性 OECD FE	消费性 新兴 全面FGLS	社会性 OECD FE	社会性 新兴 全面FGLS
Tra	0.411*** (11.51)	0.481*** (9.17)	0.410*** (11.62)	0.564*** (14.24)	0.423*** (12.43)	0.484*** (8.65)	0.426*** (12.61)	0.435*** (6.45)	0.440*** (13.01)	0.433*** (8.61)
$TraIns$	-0.0147*** (-6.44)	0.00941* (1.95)	-0.0150*** (-6.54)	0.0115*** (3.63)	-0.0145*** (-6.32)	0.0200*** (3.87)	-0.0147*** (-6.41)	0.0155*** (2.82)	-0.0146*** (-6.46)	0.0253*** (5.66)
$Grading$	-0.0347*** (-6.23)	-0.377*** (-6.88)	-0.0347*** (-6.25)	-0.282*** (-6.39)	-0.0338*** (-6.11)	-0.543*** (-10.81)	-0.0336*** (-6.09)	-0.546*** (-11.78)	-0.0323*** (-5.87)	-0.462*** (-9.57)
Pos	-0.0461*** (-10.60)	0.0137*** (4.38)	-0.0456*** (-10.36)	0.00679*** (2.60)	-0.0471*** (-10.94)	0.0166*** (4.88)	-0.0469*** (-10.88)	0.0183*** (4.81)	-0.0468*** (-10.95)	0.00427 (0.80)
$Part$	-0.0279*** (-6.66)	0.0147** (2.42)	-0.0284*** (-6.98)	0.00124 (0.25)	-0.0290*** (-7.03)	0.0279*** (5.04)	-0.0294*** (-7.28)	0.0338*** (3.98)	-0.0291*** (-7.32)	0.0341*** (6.16)
Ser_MH	0.00794 (1.35)	-0.0639*** (-5.28)								
Ser_MH1			0.0129 (1.53)	-0.130*** (-9.26)						
Ser_MH2					0.00591 (0.70)	0.0192 (0.56)				
Ser_MH3							0.0656 (0.55)	0.374 (0.89)		

续表

解释变量\被解释变量	所有服务 OECD FE	所有服务 新兴 全面FGLS	贸易隐含碳 C 生产性 OECD FE	生产性 新兴 全面FGLS	分配性 OECD FE	分配性 新兴 全面FGLS	消费性 OECD FE	消费性 新兴 全面FGLS	社会性 OECD FE	社会性 新兴 全面FGLS
Ser_MH4	-0.329 (-0.40)	0.00942 (0.01)	-0.191 (-0.23)	-2.969** (-2.73)	-0.520 (-0.63)	-2.699 (-1.47)	-0.507 (-0.62)	-1.145 (-0.65)	-0.148* (-2.46)	0.685** (2.94)
$\_cons$									-0.673 (-0.82)	-2.646 (-1.88)
R^2	0.6207	0.9662	0.6161	0.9792	0.6301	0.9570	0.6511	0.9573	0.6504	0.9632
Hausman	117.74/ 0.0000		123.65/ 0.0000		118.10/ 0.0000		118.27/ 0.0000		119.99/ 0.0000	
Wald		3567.52/ 0.0000		3800.68/ 0.0000		1207.60/ 0.0000		1546.57/ 0.0000		1552.80/ 0.0000
N	510	60	510	60	510	60	510	60	510	60

注：Ser_MH，Ser_MH1，Ser_MH2，Ser_MH3，Ser_MH4 分别代表中高技术制造业服务化、中高技术制造业生产性服务化、中高技术制造业分配性服务化、中高技术制造业消费性服务化、中高技术制造业社会性服务化。

差异。对OECD国家而言，只有社会性服务化具有减排效果，但是社会性服务投入占比很小，减排量不大，因而从总体来看，OECD国家中高技术制造业服务化不具有减排效应。新兴经济体中高技术制造业服务化减排效应显著的主要动力是生产性服务化的显著负效应。

2. 中高技术制造业国内外来源服务化的出口贸易隐含碳排放效应的国际比较

附表8和附表9从服务投入来源国差异的角度进行实证检验，可以明显看出，OECD国家和新兴经济体中高技术制造业国外来源服务化均没有显著减排效应。虽然新兴经济体国外来源的生产性服务化可以显著降低制造业出口贸易隐含碳排放，但是由于国外来源的分配性服务化的增排效应更大，因此新兴经济体的中高技术制造业国外来源服务化的减排效果并不显著。中高技术制造业国内来源服务化的减排效应显著相反，其中OECD国家中高技术制造业服务化率每提高一个百分点，隐含碳排放则显著增加0.017%；相反新兴经济体中高技术制造业服务化率每提高一个百分点，隐含碳排放则显著降低0.071%。新兴经济体中高技术制造业国内外来源生产性服务投入的减排贡献显著，因而应该促进中高技术制造业的生产性服务化升级。

7.3.3 中低技术制造业服务化的碳排放效应的国际比较

1. 中低技术制造业异质性服务化的出口贸易隐含碳排放效应的国际比较

在表7-7中值得注意的是，无论何种经济发展水平的国家，中低技术制造业服务化提升均会显著降低制造业出口贸易隐含碳排放。从服务投入异质性角度分析，OECD国家的生产性、分配性、消费性和社会性服务化均对碳排放具有显著负效应；而新兴经济体中低技术制造业服务化减排的驱动因素仍然主要来源于生产性服务投入，生产性服务化率每提升一个百分点，将会促使隐含碳排放降低0.13%。因此，发达国家和新兴经济体都应该促进中低技术制造业服务化升级，尤其新兴经济体更应关注中低技术制造业出口中生产性服务投入的贡献力度。

表7-7 发达国家与新兴经济体中低技术制造业异质性服务化的碳排放效应对比

贸易隐含碳 C

解释变量 \ 被解释变量	所有服务 OECD FE	所有服务 新兴 全面FGLS	生产性 OECD FE	生产性 新兴 全面FGLS	分配性 OECD FE	分配性 新兴 全面FGLS	消费性 OECD FE	消费性 新兴 全面FGLS	社会性 OECD FE	社会性 新兴 全面FGLS
Tra	0.462*** (13.74)	0.442*** (7.88)	0.472*** (13.67)	0.535*** (13.52)	0.430*** (12.87)	0.524*** (8.86)	0.437*** (13.14)	0.438*** (7.28)	0.428*** (12.84)	0.467*** (9.11)
$TraIns$	-0.0155*** (-6.92)	0.0112 (1.89)	-0.0137*** (-6.12)	0.00918** (2.72)	-0.0156*** (-6.77)	0.0244*** (4.70)	-0.0146*** (-6.48)	0.0179*** (4.10)	-0.0152*** (-6.70)	0.0273*** (4.97)
$Grading$	-0.0314*** (-5.81)	-0.511*** (-11.06)	-0.0307*** (-5.65)	-0.309*** (-7.18)	-0.0333*** (-6.08)	-0.507*** (-11.72)	-0.0369*** (-6.69)	-0.517*** (-10.92)	-0.0324*** (-5.91)	-0.476*** (-9.47)
Pos	-0.0501*** (-11.80)	0.0142*** (3.85)	-0.0513*** (-11.86)	0.00499 (1.81)	-0.0471*** (-11.02)	0.0171*** (5.16)	-0.0488*** (-11.43)	0.0212*** (4.11)	-0.0473*** (-11.08)	0.0127*** (3.39)
$Part$	-0.0334*** (-8.40)	0.0282*** (5.16)	-0.0316*** (-8.01)	0.00267 (0.51)	-0.0319*** (-7.84)	0.0215** (3.03)	-0.0317*** (-7.97)	0.0326*** (4.84)	-0.0282*** (-7.05)	0.0294*** (5.60)
Ser_ML	-0.0233*** (-4.85)	-0.0264* (-2.03)								
Ser_ML1			-0.0352*** (-4.39)	-0.130*** (-9.25)						
Ser_ML2					-0.0191* (-2.48)	0.0326 (1.69)				
Ser_ML3							-0.440*** (-3.71)	0.563 (1.14)		

续表

被解释变量	贸易隐含碳 C									
	所有服务		生产性		分配性		消费性		社会性	
	OECD	新兴	OECD	新兴	OECD	新兴	OECD	新兴	OECD	新兴
解释变量	FE	全面 FGLS	FE	全面 FGLS	FE	全面 FGLS	FE	全面 FGLS	FE	全面 FGLS
Ser_ML4	-0.614 (-0.76)	-0.107 (-0.06)	-1.399 (-1.68)	-2.107 (-1.91)	-0.122 (-0.15)	-4.195* (-2.23)	-0.405 (-0.50)	-1.437 (-0.91)	-0.0939** (-2.90)	0.452* (2.30)
$\_cons$									-0.424 (-0.52)	-3.093* (-2.01)
R^2	0.7065	0.9593	0.6999	0.9784	0.6739	0.9587	0.6156	0.9576	0.6154	0.9607
Hausman	116.53/ 0.0000		126.57/ 0.0000		116.40/ 0.0000		125.38/ 0.0000		131.99/ 0.0000	
Wald		1987.42/ 0.0000		4257.31/ 0.0000		1123.43/ 0.0000		1554.15/ 0.0000		1396.83/ 0.0000
N	510	60	510	60	510	60	510	60	510	60

注：Ser_ML、Ser_ML1、Ser_ML2、Ser_ML3、Ser_ML4 分别代表中低技术制造业服务化、中低技术制造业生产性服务化、中低技术制造业分配性服务化、中低技术制造业消费性服务化、中低技术制造业社会性服务化。

2. 中低技术制造业国内外来源服务化的出口贸易隐含碳排放效应的国际比较

附表 10 和附表 11 中对中低技术制造业服务化来源国差异的出口贸易隐含碳排放效应进行国际对比。如前所述，OECD 国家中低技术制造业中任何服务投入均对碳排放具有显著负效应，因而国家来源差异的服务投入对碳排放的影响没明显区别。除了国内来源的分配性服务投入以外，其他任何国家来源的任何服务投入占比增加均会显著促使隐含碳排放降低。对新兴经济体而言则有所差异，国外来源的服务化率每提升一个百分点，将会显著促使制造业出口贸易隐含碳降低 0.196%，而国内来源的服务化对出口贸易隐含碳的减排效应不显著。分解到国家来源的服务投入异质性，可以发现仅有国内外来源的生产性服务及国外来源的消费性服务投入占比增加，会显著降低新兴经济体的制造业出口贸易隐含碳排放。

7.3.4 低技术制造业服务化的碳排放效应的国际比较

1. 低技术制造业异质性服务化的出口贸易隐含碳排放效应的国际比较

OECD 国家和新兴经济体低技术制造业服务化对制造业出口贸易隐含碳排放效应完全相反。从表 7-8 的检验结果可以看出，OECD 国家低技术制造业服务化率每提升一个百分点，将会导致制造业出口贸易隐含碳排放增加 0.013%，主要原因是低技术制造业的分配性服务投入对碳排放的显著正效应抵消了生产性服务投入的显著负效应。新兴经济体低技术制造业服务化率每提升一个百分点，将会导致隐含碳排放降低 0.0493%，其中生产性服务投入占比较高，其对碳排放的显著负效应抵消了消费性和社会性服务投入的正向影响。

2. 低技术制造业国内外来源服务化的出口贸易隐含碳排放效应的国际比较

根据附表 12 和附表 13 提供的检验结果可以看出，不同经济发展水平的国家低技术制造业的国内外来源服务化的出口贸易隐含碳排放效应完全相反。OECD 国家低技术制造业国内来源服务化对碳排放具有显著正效应，且国外来源服务化的减排效应不明显。因此 OECD 国家低技术制造业服务化率提升将会促使碳排放增加，主要原因是国内外的生产性服务化对碳排放的负效应不足以抵消国内来源的分配性服务化的显著正效应。新兴经济体国内来源的生产性服务化显著促使碳排放降低，国外来源的分配性服务化会导致碳排放增加。

表 7-8 发达国家与新兴经济体低技术制造业异质性服务化的碳排放效应对比

被解释变量	贸易隐含碳 C															
	所有服务		生产性		分配性		消费性		社会性							
解释变量	OECD FE	新兴 全面FGLS	OECD FE	新兴 全面FGLS	OECD FE	新兴 全面FGLS	OECD FE	新兴 全面FGLS	OECD FE	新兴 全面FGLS
---	---	---	---	---	---	---	---	---	---	---
Tra	0.411*** (12.09)	0.470*** (9.20)	0.455*** (13.43)	0.579*** (14.99)	0.406*** (12.66)	0.456*** (8.36)	0.427*** (12.69)	0.424*** (7.10)	0.426*** (12.67)	0.497*** (8.91)
$TraIns$	-0.0141*** (-6.23)	0.00620 (1.05)	-0.0133*** (-5.84)	0.0110*** (3.43)	-0.0108*** (-4.86)	0.0147** (2.29)	-0.0146*** (-6.37)	0.0144*** (2.96)	-0.0144*** (-6.28)	0.0342*** (4.23)
$Grading$	-0.0344*** (-6.27)	-0.438*** (-8.10)	-0.0290*** (-5.23)	-0.208*** (-3.72)	-0.0292*** (-5.54)	-0.523*** (-11.02)	-0.0337*** (-6.03)	-0.564*** (-12.27)	-0.0331*** (-5.98)	-0.396*** (-5.09)
Pos	-0.0458*** (-10.66)	0.0156*** (4.71)	-0.0501*** (-11.63)	0.00486 (1.54)	-0.0473*** (-11.59)	0.0179*** (4.81)	-0.0470*** (-10.92)	0.0214*** (5.23)	-0.0474*** (-10.97)	0.0155*** (4.52)
$Part$	-0.0275*** (-6.80)	0.0149** (2.14)	-0.0306*** (-7.78)	-0.00571 (-0.91)	-0.0234*** (-6.00)	0.0274*** (4.90)	-0.0295*** (-7.31)	0.0360*** (5.38)	-0.0295*** (-7.36)	0.0370*** (5.42)
Ser_L	0.0130** (2.68)	-0.0493*** (-3.30)	-0.0328*** (-3.91)	-0.173*** (-7.55)						
Ser_L1					0.0463*** (7.19)	-0.0228 (-0.89)				
Ser_L2							0.0249 (0.26)	0.695* (2.06)		
Ser_L3										

续表

解释变量	被解释变量	贸易隐含碳 C									
		所有服务		生产性		分配性		消费性		社会性	
		OECD FE	新兴 全面FGLS	OECD FE	新兴 全面FGLS	OECD FE	新兴 全面FGLS	OECD FE	新兴 全面FGLS	OECD FE	新兴 全面FGLS
Ser_L4		−0.530 (−0.65)	0.115 (0.08)	−0.986 (−1.20)	−3.245** (−3.05)	−1.203 (−1.53)	−0.978 (−0.57)	−0.512 (−0.62)	−0.943 (−0.58)	−0.0337 (−0.79)	0.317* (2.30)
_cons										−0.448 (−0.54)	−4.628* (−2.32)
R^2		0.6103	0.9631	0.7181	0.9767	0.6436	0.9574	0.6503	0.9591	0.6410	0.9603
Hausman		126.31/ 0.0000		124.40/ 0.0000		136.10/ 0.0000		117.04/ 0.0000		124.17/ 0.0000	
Wald			2185.81/ 0.0000		2581.07/ 0.0000		1482.65/ 0.0000		2070.38/ 0.0000		1536.99/ 0.0000
N		510	60	510	60	510	60	510	60	510	60

注：Ser_L、Ser_L1、Ser_L2、Ser_L3、Ser_L4 分别代表低技术制造业服务化、低技术制造业生产性服务化、低技术制造业分配性服务化、低技术制造业消费性服务化、低技术制造业社会性服务化。

7.4 小结

本章对包括全球 39 个国家在内的发达国家和新兴经济体的制造业总体服务化、异质性服务化和国内外来源服务化，以及不同类型制造业服务化的出口贸易隐含碳排放效应进行检验，主要结论如下：

首先，全球整体制造业服务化与出口贸易隐含碳排放之间呈现"倒 U 型"二次函数关系，说明全球价值链背景下制造业服务化对隐含碳排放的影响先增后减，即随着制造业服务化程度加深，全球整体出口贸易隐含碳总量的增长速度逐步降低。

其次，无论何种经济发展水平的国家，制造业出口中生产性服务投入对隐含碳均有显著负效应；分配性服务投入占比提升均会造成碳排放增加。OECD 国家和新兴经济体制造业的国内来源和国外来源服务化对碳排放呈现显著相反的效应，OECD 国家国外来源服务化的减排效应显著，新兴经济体情况则相反。OECD 国家国外来源生产性服务化的减排效应显著，新兴经济体国内来源生产性服务化的减排效应更加显著。

最后，OECD 国家高技术制造业服务化的减排效应并不显著，新兴经济体高技术制造业服务化的减排效应显著的主要驱动因素是高技术制造业的生产性服务化。OECD 国家高技术制造业出口中国外来源的服务投入增加对隐含碳具有极其显著的负效应。新兴经济体需要促进高技术制造业的生产性和分配性服务投入对制造业的减排作用，限制国外来源的分配性服务投入。OECD 国家的中高技术制造业服务化不具有减排效应，中低技术制造业任何服务投入增加均会显著降低碳排放。新兴经济体的中高技术和低技术制造业生产性服务化的减排效果显著。

第八章
中国制造业服务化的出口贸易隐含碳减排潜力

根据第五章至第七章的实证检验结果可知,制造业出口贸易隐含碳排放降低的趋势受到全球价值链背景下服务化升级的推动。本章将利用环境经济核算的方法,将制造业服务化作为出口贸易隐含碳排放降低的推动因素,对其2050年之前的减排潜力进行模拟估算。这对于促进国家确定减排路径、确定制造业出口的减排幅度、实施减排政策具有重要的参考意义。

8.1 制造业服务化与减排目标兼容

8.1.1 减排目标的内涵要求

《中国制造2025》减排目标的实现对制造业出口贸易隐含碳的减排提出了更高的要求,对工业和制造业发展提出了高强度、高要求。具体规定:与2015年相比,2025年规模以上工业企业的单位工业增加值的能源消耗量和单位增加值的二氧化碳排放量下降幅度分别达到34%和40%。根据国内外诸多研究,中国是出口导向型的国家,生产出口商品时消耗能源和资源,产生巨大的二氧化碳排放,这是中国工业二氧化碳排放快速增长的主要原因(Weber et al., 2008;闫云凤和杨来科,2009;Lin & Sun,2010;张兵兵等,2018)。

更深入的研究指出,中国出口产品所产生的二氧化碳排放量已经接近二氧化碳排放总量的三分之一(Meng et al., 2018),中国在全球产品内分工日益细化的背景下,充当了发达国家碳排放转移的避难所。根据WIOD提供的多区域投入产出表和出口贸易隐含碳排放计算方法,得到2000年中国制造业出口贸易隐含碳排放量为364109.26千吨,2014年增长至1813548.45千吨,15年间年均增长率高达26.54%。图8-1中提供了2000—2014年中国制造业出口贸易隐含碳占工业的比重,可以看出,2002年之后中国制造业整体出口贸易隐含碳排放占比大幅度增加，2004年之后占比超过80%，至2010年之后超过85%。以上数据均说明，中国制造业出口贸易隐含碳的减排效果对《中国制造2025》中的中国工业减排目标的实现可以起到至关重要的作用。

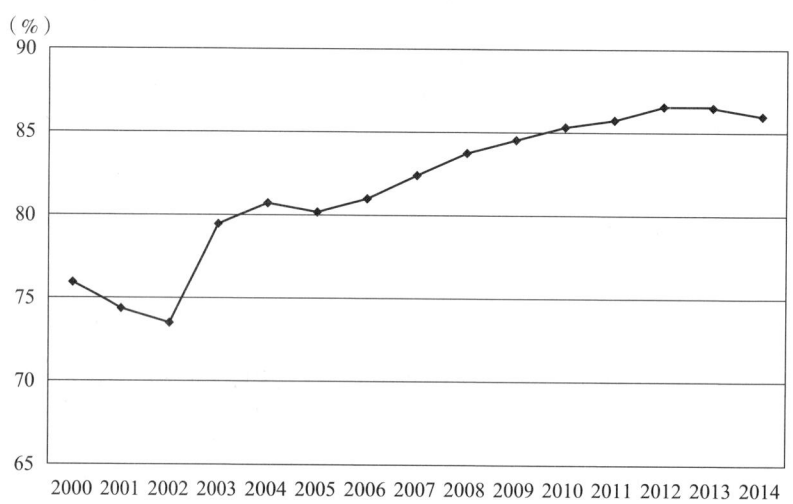

图 8-1 中国制造业出口贸易隐含碳占工业的比重

8.1.2 减排目标的制造业服务化要求

制造业服务化升级能够降低出口贸易隐含碳排放，有助于加快实现制造业的减排目标。《中国制造2025》对制造业转型升级提出要求，指出需要大力推进制造业转型升级以减少碳排放。本书第四章基于增加值来源两部门的视角构建了制造业服务化的环境效应内生机制模型，第五章、第六章和第七章中则从中国制造业行业视角、区域空间视角和国际比较视角分别检验了全球价值链背景下制造业服务化对出口贸易隐含碳排放的影响。实证检验结果表明，制造业全球价值链服务化对出口贸易隐含碳排放具有显著负效应，即制造业在参与全球价值链分工时，服务投入占比的增加有助于出口贸易隐含碳排放量的降低。因而在各国参与国际分工和产品生产细化的背景下，基于全球价值链的制造业服务化升级是促进出口贸易隐含碳排放降低的必然途径和选择。

在全球价值链背景下，基于贸易增加值来源分解的制造业服务化过程的内涵表现为"强工业化"。该层面的服务化表现为制造业整体在全球价值链上参与环节的高端化,制造业的参与环节由低端环节向高端环节攀升的过程,体现了制造业整体价值链地位的升级。加入WTO之后,中国制造业积极参与国际贸易,吸引外商投资,融入全球价值链生产。这个过程多利用中国劳动力和资源优势,促进"加工"和"组装"的加工贸易的规模化发展,将中国制造业参与的全球价值链的过程锁定在低端环节,同时给中国的环境带来巨大压力。诸多发达国家利用中国参与国际分工的积极性,将更多高污染和高能耗的生产环节转移到中国。全球各个国家大力推行减排政策,并且对中国制造业出口进行指责,并施加减排压力。在此情况下,控制污染排放高和能源消耗强的企业的规模成为首要的减排任务。从长远来看,限制该类企业规模扩张不是制造业的出口贸易隐含碳减排的长久之计。制造业全球价值链上服务化升级,即提高制造业出口贸易中服务来源增加值的占比,促进制造业价值链的高端化,最终会实现制造业出口贸易低碳化发展,有助于实现制造业总体减排目标。

全球价值链背景下制造业服务化促进出口贸易隐含碳排放降低的传导机制体现在生产环节由能源消耗多和环境污染强的投入向能源消耗少且技术含量高的投入转变,在保证制造业整体增加值提升和企业利润提高的前提下,实现出口产品价值链的绿色低碳化。郭朝先(2014)基于经济核算的方法,从"结构减排"和"技术减排"的角度对2010—2050年我国工业碳减排潜力进行了估算,为本章中中国制造业服务化的出口贸易隐含碳减排潜力的模拟估算提供了思路和借鉴方法。

8.2 制造业服务化的减排潜力估算方法

8.2.1 估算模型

根据国内外的多数研究结论,经济规模扩张拉动产业碳排放增长,这是驱动碳排放长期增长的关键因素;同时已有研究指出,技术进步能够有效降低产业碳排放,在发挥减排作用时做出主要贡献,而产业结构变动对碳排放的减排作用并不确定。第五章表5-4对中国行业层面制造业服务化的出口贸易隐含碳排放效应的实证研究发现,制造业规模扩张对出口贸易隐含碳排放效应为正。

前文的研究结果认为，产业规模不能起到出口贸易隐含碳的减排作用，而制造业的产业结构变动、技术进步和全球价值链服务化对出口贸易隐含碳排放的影响方向均为负效应。因此，可以考虑通过"服务化升级""技术进步"和"结构变动"三条途径同时对中国制造业出口贸易隐含碳减排发挥作用。本节参考联合国环境经济核算体系（System of Environmental-Economic Accounting 2012）和生态环境部环境规划院出版的《环境经济技术指南》，采用环境经济核算的方法以虚拟减排的思路构建估算模型，从"服务化减排""技术减排"和"结构减排"共同决定视角，对制造业出口贸易隐含碳的减排潜力进行模拟估算。

根据以上分析和本章的研究目的，减排估算模型规定制造业出口贸易隐含碳排放的变化由制造业服务化、制造业技术进步和制造业产业结构变动共同决定。因而下一期的制造业出口贸易隐含碳排放量为当期出口贸易隐含碳排放量、全球价值链服务化所致隐含碳排放变化量、技术进步所致隐含碳排放变化量和产业结构变动所致隐含碳排放变化量之和，第 $i+1$ 期制造业出口贸易隐含碳排放量的具体形式为：

$$C^{i+1} = C^i + \Delta C_G^{i+1} + \Delta C_t^{i+1} + \Delta C_{Ser}^{i+1}$$

$$= C^i + C^i \cdot \Delta G^{i+1} + (C^i + \Delta C_G^{i+1}) \cdot t^{i+1} + (C^i + \Delta C_G^{i+1} + \Delta C_t^{i+1}) \cdot (-\Delta Ser^{i+1})$$

$$= C^i + \underbrace{C^i \cdot (G^{i+1} - G^i)}_{\text{结构变动减排量}} + \underbrace{(C^i + \Delta C_G^{i+1}) \cdot t^{i+1}}_{\text{技术进步减排量}} + \underbrace{(C^i + \Delta C_G^{i+1} + \Delta C_t^{i+1}) \cdot (Ser^i - Ser^{i+1})}_{\text{全球价值链服务化减排量}}$$

式 8-1

其中，C^i 为第 i 期制造业出口贸易隐含碳排放量，C^{i+1} 为第 $i+1$ 期制造业出口贸易隐含碳排放量，ΔC_G^{i+1} 为第 $i+1$ 期产业结构变动所致制造业出口贸易隐含碳减排量，ΔC_t^{i+1} 为第 $i+1$ 期技术进步所致制造业出口贸易隐含碳减排量，ΔC_{Ser}^{i+1} 为第 $i+1$ 期全球价值链服务化所致制造业出口贸易隐含碳减排量。G 表示制造业结构，用产值占比表示，$\Delta G^{i+1} = G^{i+1} - G^i$ 表示第 $i+1$ 期制造业产值占比变化量；t 表示技术进步带来制造业能源消耗率的降低，从而形成的制造业单位增加值出口贸易隐含碳排放量的变化率；t^{i+1} 表示第 $i+1$ 期制造业出口贸易隐含碳排放强度变化率；Ser 表示制造业出口贸易增加值中来源于服务行业的比重，即全球价值链背景下的制造业服务化率，$\Delta Ser^{i+1} = Ser^{i+1} - Ser^i$ 表示

第 $i+1$ 期制造业服务化率变动量。

8.2.2 参数假设

根据式 8-1 所提供的环境经济核算估计方法对中国 2050 年之前制造业出口贸易隐含碳的减排潜力进行估算，在对制造业未来出口贸易隐含碳排放量进行估算时不应仅局限于制造业出口贸易规模增长的影响，还应该深入分析制造业出口贸易增加值来源结构、技术进步减排效率和产业结构变动的影响。首先需要根据各项影响减排的参数指标对未来三十年可能发生的情况进行基本设定，包括制造业出口规模增长率、全球价值链背景下制造业服务化率变动、制造业出口贸易隐含碳排放强度变化率和制造业比重变动的基本参数。

(1) 制造业出口规模增长情况。1995—2014 年中国制造业货物出口规模以年均 16.75% 的速度快速增长，其中 1995—2000 年年均增长率为 13.32%，2001—2005 年年均增长率为 25.5%，2006—2010 年年均增长率为 17.13%，2011—2014 年年均增长率为 10.525%。根据国际经济下行压力和中国制造业外贸形势的严峻以及中国制造业货物出口规模历史年均变化情况等，设定 2017 年以前制造业出口贸易规模增长率为实际值，2018—2025 年制造业出口规模年均增长率为 9%，2026—2030 年制造业出口规模年均增长率为 8%，2031—2035 年制造业出口规模年均增长率为 7%，2036—2040 年制造业出口规模年均增长率每年递减 0.2 个百分点，2041—2050 年制造业出口规模年均增长率每年递减 0.1 个百分点。

(2) 全球价值链背景下制造业服务化率变动情况。2014 年中国制造业服务化率为 28%，《中国制造 2025》认为制造业服务化有助于节能减排目标的实现，因而对中国制造业提出了向价值链两端攀升，即服务化的要求。参考欧盟等发达经济体，对中国制造业服务化率提出目标。假设目前中国制造业参与国际分工时，服务化提升速度较慢，但是随着中国在全球价值链分工中地位和位置的提升，制造业服务化速度逐步加快，至 2050 年中国制造业服务化率将超过 40%。因此，设定 2015—2025 年制造业出口贸易增加值中服务来源占比年均增加 0.2 个百分点，2026—2040 年制造业出口贸易增加值中服务来源占比年均增加 0.35 个百分点，2041—2050 年制造业出口贸易增加值中服务来源占比年均增加 0.5 个百分点。

(3)制造业出口贸易隐含碳排放强度变化率。《中国制造 2025》对工业和制造业发展提出低碳发展目标,要求与 2015 年相比,2025 年规模以上工业企业单位增加值的二氧化碳排放量下降幅度达到 40%,即规模以上工业企业单位增加值的二氧化碳排放量年均下降 4%。2014 年中国制造业单位增加值出口贸易隐含碳排放强度为 59.59 千吨/亿美元,由于中国出口产品所产生的二氧化碳排放量占二氧化碳排放总量很大的比重,考虑到中国制造业出口目前面临的减排压力,以及技术进步转化为节能减排效应的难度,因此参考《中国制造 2025》提出的要求,设定 2015—2025 年制造业单位增加值出口贸易隐含碳排放量年均降低 3.5%,2026—2040 年制造业单位增加值出口贸易隐含碳排放量年均降低 3%,2041—2050 年制造业单位增加值出口贸易隐含碳排放量年均降低 2.5%。

表 8-1　主要发达经济体制造业出口贸易隐含碳排放强度

单位:千吨 CO_2/亿美元

经济体 年份	美国	加拿大	日本	德国	英国	法国	意大利	瑞士	澳大利亚	欧盟
2000	16.68	87.25	12.02	62.33	44.01	38.88	24.87	37.59	61.43	64.84
2001	16.54	93.66	15.35	63.67	47.02	40.71	24.92	37.80	57.89	63.15
2002	16.13	89.99	18.23	62.77	42.49	37.69	22.66	34.21	52.10	58.50
2003	15.88	78.65	18.20	53.91	42.19	31.69	19.98	28.75	39.44	51.60
2004	16.37	72.75	19.52	51.91	39.20	29.48	19.65	26.77	28.77	50.03
2005	16.04	66.55	21.73	53.03	40.76	30.74	21.88	25.97	24.96	50.99
2006	16.28	58.71	25.81	53.10	39.63	31.04	22.21	25.85	23.15	50.64
2007	15.81	56.45	28.95	45.77	36.66	27.19	20.38	21.31	19.89	44.85
2008	17.62	58.18	24.61	42.80	43.18	26.21	19.15	19.88	23.50	41.83
2009	12.75	47.22	20.09	44.82	42.71	28.61	26.84	22.00	30.37	45.02
2010	14.61	46.25	23.24	48.62	49.14	38.15	45.11	20.36	25.79	57.35
2011	15.91	41.94	24.67	45.66	47.72	34.19	40.40	15.61	26.32	54.16
2012	14.52	38.68	23.42	50.61	45.60	35.74	44.95	16.80	28.72	58.51
2013	15.07	38.84	33.30	52.01	40.58	34.69	40.01	16.92	26.38	58.21

续表

经济体 年份	美国	加拿大	日本	德国	英国	法国	意大利	瑞士	澳大利亚	欧盟
2014	14.09	43.90	37.87	47.41	31.32	32.39	37.30	15.37	30.27	53.13
平均值	15.62	61.27	23.13	51.89	42.15	33.16	28.69	24.35	33.27	53.52
增长率(%)	-0.06	-0.30	0.92	-0.17	-0.04	-0.15	0.15	-0.35	-0.46	-0.17

数据来源：根据WIOD提供的多区域投入产出表和相应指标计算方法，计算而得。

（4）制造业比重变动。主要发达经济体制造业出口贸易隐含碳排放强度如表8-1所示。根据世界银行提供的数据，2014年中国制造业增加值占GDP比重为30.377%，2017年为29.344%，因此设定2017年以前制造业增加值占比为实际比重。参考欧盟、美国、日本和德国等发达经济体结构转型过程中的产业结构变动规律，结合中国目前制造业占比的下降趋势，假设中国三次产业转型速度加快，2018—2025年中国制造业增加值占比每年约下降1%，则到2025年中国制造业增加值占比将为20%~22%，相当于美国和日本等发达国家20世纪90年代初期的产业水平；假设2026—2040年中国三次产业转型速度下降，每年制造业增加值占GDP比重约下降0.5%，则至2040年中国制造业增加值占比将为12%~15%，相当于美国和欧盟等多个发达经济体21世纪初期至2010年的产业结构水平；假设2041年之后中国三次产业转型速度进一步放缓，2041—2050年每年制造业增加值占GDP比重约下降0.2%，至2050年中国制造业增加值占比将为11%~12%，相当于英国、美国和法国2017年前后的水平。

8.3 制造业服务化的减排潜力估算结果

根据第8.2.2小节对制造业出口规模增长率、制造业服务化率变动、制造业出口贸易隐含碳排放强度变化率和制造业比重变动的基本参数进行设定，参考环境经济核算法，根据式8-1进行估算。表8-2提供了2015—2050年中国制造业出口贸易隐含碳预计可能排放量，表8-3提供了2015—2050年中国制造业出口贸易隐含碳预计减排潜力。

8.3.1 预期减排潜力变化趋势

在 2015—2020 年的减排初期，由服务化程度提升、技术进步、制造业产业结构变动所带来的制造业出口贸易隐含碳减排潜力较低，共计 7.13 亿吨。其中由全球价值链背景下制造业服务化率提升所带来的减排量为 0.72 亿吨，占比仅为 10.13%；由技术进步所致的单位增加值贸易隐含碳排放强度提升带来的减排量为 3.74 亿吨，占比高达 52.43%。

2026 年之后中国制造业出口贸易隐含碳减排潜力提升幅度增大。2026—2030 年由服务化程度提升、技术进步、制造业产业结构变动所致制造业出口贸易隐含碳减排潜力合计为 13.24 亿吨。其中主要减排动力来源于服务化减排潜力的提升，由 2021—2025 年的 0.85 亿吨提升至 2.19 亿吨。

2031 年之后服务化减排、技术进步减排、结构减排力度均大幅度提升，在此期间，技术进步所致单位增加值出口贸易隐含碳排放降低带来的减排潜力最大，为 8.60 亿吨。2041—2045 年服务化减排量预估为 7.24 亿吨，比 2036—2040 年提升 3.33 亿吨；而结构减排潜力开始降低，为 8.21 亿吨，比 2036—2040 年降低 5.25 亿吨。2046—2050 年服务化减排、技术进步减排、结构减排总量合计 38.14 亿吨，其中制造业服务化率提升所带来的服务化减排量将近 9 亿吨，由技术进步所致的单位增加值贸易隐含碳排放强度提升带来的减排量为 17.70 亿吨，由制造业产业结构变动所带来的隐含碳减排量相比 2041—2045 年增加 3.38 亿吨。

表 8-2 预期 2015—2050 年中国制造业出口贸易隐含碳排放量　　单位：亿吨

时间	排放原值	只有服务化率变化	只有技术进步	只有产业结构变动	预计可能排放
2015—2020	113.98	113.26	110.25	111.32	106.86
2021—2025	148.04	147.20	143.49	142.40	137.00
2026—2030	221.24	219.05	215.24	216.18	207.99
2031—2035	315.70	312.73	307.10	307.39	295.81
2036—2040	436.64	432.73	424.73	423.18	407.36
2041—2045	582.25	575.01	568.69	574.04	553.23
2046—2050	757.00	748.15	739.30	745.41	718.86

数据来源：根据环境经济核算估算模型和相关参数假设，计算而得。

8.3.2 预期减排潜力对比

按照所设定的全球价值链背景下制造业服务化提升速度、技术进步所致单位增加值出口贸易隐含碳排放强度变化率、制造业占比变动情况，至 2050 年中国制造业出口贸易隐含碳的减排潜力总计达 153.06 亿吨。

技术进步所致单位增加值出口贸易隐含碳排放强度变化是制造业出口贸易隐含碳减排的主要动力来源，减排潜力占比平均为 44.05%，合计为 65.93 亿吨；其次为制造业产业结构变动所带来的减排潜力，平均占比为 40.07%，合计为 60.48 亿吨。但是由于技术进步转化为节能减排效应的局限性和滞后性及目前中国制造业占比变动的难度，所以技术进步减排和结构减排带来的制造业出口贸易隐含碳减排力度有降低趋势。

虽然全球价值链背景下服务化率提升所致制造业出口贸易隐含碳减排潜力占比不高，但是逐年提升，由 2021—2025 年的 7.67% 提升至 2046—2050 年的 22.83%，这样的结果符合对中国制造业参与全球价值链分工的预期。中国制造业出口贸易增加值中服务来源占比提高，在全球价值链中的位置向"微笑曲线"两端的高附加值生产环节攀升，全球价值链服务化率提升速度加快带来的制造业出口贸易隐含碳减排潜力将更高。

表 8-3　预期 2015—2050 年中国制造业出口贸易隐含碳减排潜力

单位：亿吨，%

时间	服务化减排		技术减排		结构减排		总计
	潜力	占比	潜力	占比	潜力	占比	
2015—2020	0.72	10.13	3.74	52.43	2.67	37.44	7.13
2021—2025	0.85	7.67	4.56	41.27	5.64	51.06	11.04
2026—2030	2.19	16.53	5.99	45.26	5.06	38.21	13.24
2031—2035	2.97	14.95	8.60	43.25	8.31	41.79	19.89
2036—2040	3.91	13.35	11.91	40.68	13.46	45.97	29.28
2041—2045	7.17	21.24	13.44	39.79	13.16	38.97	33.78
2046—2050	8.84	22.83	17.69	45.70	12.18	31.47	38.70

数据来源：根据环境经济核算估算模型和相关参数假设，计算而得。

8.4 小结

本章基于环境经济核算的方法，根据未来可能发生的情况，对影响制造业出口贸易隐含碳排放的因素：制造业出口规模增长情况、全球价值链背景下服务化率变动情况、出口贸易隐含碳排放强度变化率和制造业比重变动指标分别进行参数估计，从"服务化减排""技术减排"和"结构减排"共同决定的视角，对2015—2050年中国制造业出口贸易隐含碳的减排潜力进行估算。

估算结果为：在2015—2020年的减排初期，由服务化程度提升、技术进步、制造业产业结构变动所带来的制造业出口贸易隐含碳减排潜力较低；2031年之后，服务化减排、技术进步减排、结构减排力度均大幅度提升。

主要结论为：技术进步所致单位增加值出口贸易隐含碳排放强度变化是制造业出口贸易隐含碳减排的主要动力来源；全球价值链背景下服务化率提升所致制造业出口贸易隐含碳减排潜力与结构变动减排强度相当，且逐年提升。因此，全球价值链背景下服务化率提升速度加快带来的制造业出口贸易隐含碳减排潜力将更高。

第九章
结论、建议与展望

在各国参与产品内国际分工程度深化的背景下,制造业内部结构升级的环境效应成为新的研究热点。本书基于贸易增加值分解和投入服务化的视角对现有贸易与环境问题做进一步探索,分别从中国行业视角、区域空间视角、国际比较视角,对制造业服务化的出口贸易隐含碳排放效应进行多层次研究,并且对中国制造业服务化升级的减排潜力进行模拟估算。本章对主要结论进行总结,根据政策启示对中国制造业通过服务化促进减排提出相应的政策建议,并且对未来的研究方向进行展望。

9.1 主要结论

1. 全球价值链背景下制造业服务化是新的产业内部结构升级表现形式

经济和贸易高速增长的红利正在慢慢消失,目前中国制造业面临的是结构调整的阶段。不同于经济整体层面三次产业结构调整(服务业增加值占比逐步提升的过程)和制造业内部结构调整(低技术制造业主导向高技术制造业主导过渡的过程),全球价值链背景下制造业服务化升级是指制造业参与国际分工,其出口贸易增加值中来源于服务行业的比重增加的过程,表现为服务作为高端生产要素,在制造业出口贸易中作为中间投入而被间接出口的过程,反映的是制造业内部结构服务化升级。

无论从中国行业分布层面、区域空间层面还是不同经济发展水平的国家比较层面,可以发现随着一个国家参与全球价值链程度的深化,制造业产品内分工细化有明显的服务化趋势。中国制造业服务化呈现四点主要特征:①服务投入在制造业增加值创造中的作用日益重要,且生产性和分配性服务投入是制造业服务化的主要动力来源。②技术水平更高的制造业,服务化程度较高,且高端服务投入占比最高，其中批发和零售、运输和仓储等高端服务投入占比高于专业、科学和技术及信息和通信类服务投入。③国内来源服务投入占比远远高于国外来源，且各行业服务投入来源有从国外向国内转移的趋势。④相比中西部地区，中国东部地区制造业服务化水平更高，且生产性服务化水平较高的省份集聚在东部地区；大部分中部和西部地区省份的分配性服务化水平高于生产性服务化；大部分地区交通运输、批发和零售贸易、金融保险等服务投入是制造业服务化的主要来源。对比发达国家和新兴经济体的制造业服务化水平，发现：①发达国家的制造业服务化水平比新兴经济体偏高。②发达国家呈现服务化由国内来源向国外来源转移的趋势，情况与新兴经济体相反。③与新兴经济体情况相同，技术水平更高的行业服务化程度较高，且高技术制造业中生产性服务化程度更高。

2. 中国行业视角下制造业服务化的出口贸易隐含碳排放效应

中国制造业服务化的趋势显著降低出口贸易隐含碳排放水平，且制造业服务化与结构效应、技术效应和外商投资效应相互影响，对出口贸易隐含碳的减排效果显著。制造业生产性服务化没有减排效应的原因在于专业、科学和技术类以及信息和通信类服务化会增加制造业出口贸易隐含碳排放。制造业下游价值链服务化比上游服务化对出口贸易隐含碳的减排效果更加显著。

专业、科学和技术类以及信息和通信类服务化没有减排效应的主要原因是：在参与全球价值链的服务化初期阶段，首先作为中间要素投入全球价值链生产中的是消费性和社会性服务，其次是生产性和分配性服务，这些高端的服务为知识密集型和碳排放较低的行业。而对于中国目前的情况，研发和设计、信息和通信等高端服务投入力度不足，因此现阶段中国行业层面，专业、科学和技术类及信息和通信类服务化对制造业出口贸易隐含碳排放没有减排效果。

3. 区域空间视角下制造业服务化的出口贸易隐含碳排放效应

从区域空间层面看，中国制造业服务化对出口贸易隐含碳的减排作用主要依靠东部地区，其减排带动效应显著高于中西部和东北部地区。东部地区分配性服务化是制造业出口贸易隐含碳排放减少的主要动力，科学研究和技术、金融和保险投入的占比增加对制造业出口贸易隐含碳的减排作用逐渐降低。中部地区生产性和分配性服务化对碳排放的负向效应均呈现降低的趋势，科学研究和技术与金融保险业服务化的减排作用动力不足，总体服务化减排的作用受分配性服务化的制约。西部地区分配性服务投入对制造业出口贸易隐含碳排放的负向效应不足，西部地区并未享受到信息传输、计算机和软件业服务化的减排福利。相比西部和东北部地区，东部和中部地区更早享受信息传输、计算机和软件业服务化的减排福利。东北部地区的生产性和分配性服务化均是减排的动力来源，生产性服务化的减排作用更多地依赖于金融保险、租赁和商务服务化。

4. 国际比较视角下制造业服务化的出口贸易隐含碳排放效应

首先，在对发达国家和新兴经济体制造业服务化的减排效应进行对比之前，先对全球整体制造业服务化与出口贸易隐含碳排放之间的"倒 U 型"关系进行检验，结果发现"倒 U 型"关系存在，说明随着制造业服务化程度提高，全球制造业出口贸易隐含碳总量的增长速度逐步降低。这也从整体层面证实了制造业在全球价值链上与服务业相互融合对全球碳减排目标的实现有重要意义。

其次，发达国家和新兴经济体制造业出口中，生产性服务投入均会对出口贸易隐含碳排放产生显著负效应，而分配性服务投入均会增加制造业出口贸易隐含碳，且发达国家更显著。

再次，不同经济发展水平的国家服务投入异质性和来源国差异呈现相反的出口贸易隐含碳排放效应。发达国家国外来源服务化的减排效果显著，新兴经济体情况相反。另外，发达国家国外来源生产性服务化的减排效果显著，而新兴经济体国内来源生产性服务化的减排效果更加显著。

最后，发达国家的高技术制造业国外来源服务化对出口贸易隐含碳具有极其显著的负效应，而新兴经济体高技术制造业服务化减排显著的主要驱动因素是生产性服务化。新兴经济体中高技术制造业中生产性服务化的减排效果显著。发达国家中低技术制造业的任何服务投入增加均会显著降低碳排放，而新兴经济体中低技术制造业服务化减排的驱动因素仍然主要来源于生产性服务投入。新兴经济体低技术制造业服务化显著降低碳排放，且动力来源于生产性服务化，但是发达国家低技术制造业服务化无减排效应。

5. 中国制造业服务化的减排潜力

本书基于环境经济核算的方法，从"服务化减排""技术减排"和"结构减排"共同决定视角,对中国 2015—2050 年制造业出口贸易隐含碳的减排潜力进行模拟估算。主要结论为:技术进步所致单位增加值出口贸易隐含碳排放强度变化是制造业出口贸易隐含碳减排的主要动力来源;尽管全球价值链背景下服务化率提升所致制造业出口贸易隐含碳减排潜力占比不高,但是逐年提升,且在 2030 年之后大幅度上升。因此,全球价值链背景下的制造业服务化率提升速度加快带来的出口贸易隐含碳减排潜力将更高。

9.2 政策建议

本书的研究结论对通过制造业服务化升级促进出口贸易隐含碳减排有重要的政策启示意义。

1. 政策启示

全球价值链背景下制造业服务化内生于三次产业结构转型升级,能够反映产业内部结构升级的深层含义。服务化初级阶段,制造业出口贸易隐含碳排放速度较快;到制造业服务化中期向成熟期过渡阶段,制造业出口贸易隐含碳增长速度开始变缓,排放量达至顶峰后降低。高效的服务投入能够降低制造企业交易成本,提高能源利用效率,从而降低出口贸易隐含碳排放;技术研发、信息通信等高端生产性服务投入可以提高制造业企业及时有效获得信息的能力;金融保险和商务服务等能够为制造企业提供融资支持和帮助,降低企业融资成本。因此,应该加大制造业中高端类服务投入力度,更加专注于提升核心生产环节的竞争力,将专业、科学和技术类,信息和通信类,金融服务、法律商务等非核心的服务环节独立或者直接从外部引进投入,能够降低全球价值链上制造业的生产成本,提高能源利用效率和减排潜力。

中国不同地区生产和管理成本、环境规制力度、区位优势等因素方面存在差异,导致制造业在国际和国内价值链生产过程中的服务化程度有所不同,因此东部、中部、西部和东北部地区制造业服务化的减排效应存在明显空间差异。所以,政府应极力消除区域间服务贸易壁垒,促进区域间制造业与服务业的融合发展,发挥东部、中部和西部及东北部异质性服务化减排差异的比较优势,形成制造业服务化升级和减排优势一体的区域生产网络。

根据第三章中服务化与碳排放的阶段性关系的理论基础,消费性和社会性服务最先作为增加值来源投入制造业全球价值链生产中,其次是生产性和分配性服务,高端服务投入对制造业减排强度更高且更加显著。目前,发达国家的制造业服务化开始进入成熟阶段,新兴经济体正处于服务化的初期向中期过渡的阶段,投入来源逐渐转向高端的生产性和分配性服务,因此新兴经济体服务化的减排强度大于进入服务化成熟期的发达国家。

对全球整体而言,提高各国分工细化的层次,加大对新兴经济体制造业的服务投入支持,也有助于全球整体减排目标的实现。发达国家制造业服务化的成熟期阶段,是高技术制造业专业化和低技术制造业服务化的过渡时期,因此技术水平稍低的制造业服务化能够大大减少出口贸易隐含碳排放。新兴经济体处于制造业服务化初期向中期过渡的阶段,各类型制造业的专业性并不强,此时新兴经济体进入服务化快速减排阶段,任何类型制造业服务化均会显著降低出口贸易隐含碳排放。

中国应该抓住参与全球价值链分工的机会,提高制造业产出中服务来源的比重;发挥高技术制造业中生产性和分配性服务投入的减排效用,限制国外来源的分配性服务对制造业出口贸易增加值的贡献。由于新兴经济体国内来源的生产性服务投入显著降低制造业出口贸易隐含碳排放,国外来源的分配性服务投入导致碳排放增加,且低技术制造业服务化减排效应显著。因此,中国应该提升低技术制造业国内来源的生产性服务投入,抑制国外来源的分配性服务投入。

根据服务化的减排潜力估算结论,中国制造业不仅应该加大技术的投入力度,充分发挥技术进步的减排潜力,更应该促进行业之间、国内外及区域空间之间服务要素流动,促进制造业与服务活动之间融合发展,充分发挥全球价值链背景下制造业服务化升级对出口贸易隐含碳的减排作用。

2. 政策建议

本书的中心结论为:制造业服务化有助于促进出口贸易隐含碳减排,提高出口贸易环境清洁度。但是,目前中国制造业全球价值链升级存在明显的问题:首先,贸易产品大多处于全球价值链的低端,价值链的嵌入缺乏核心竞争力,重点产业的嵌入深度不够;其次,关键核心技术缺失,创新能力不足,技术研发和关键生产环节脱钩,市场配置资源能力不强,产能容易扎堆于财政补贴支持的行业。鉴于此,提出以下几点政策建议:

(1)制定企业减排目标,加大企业竞争压力,发挥制造业企业服务化的主动性。根据第三章中制造业服务化减排的微观传导路径阐述,制造业服务化的减排动力主要源于企业在全球价值链上选择生产环节的主动性和自发性,以及企业学习国际先进技术的边际效应。因此,企业会根据自身利润空间和减排压力,在全球价值链上选择比较优势的生产环节,发展潜力产业,充分发挥国际分工和生产碎片化的优势;参与国际分工上游阶段的制造企业应该加大科学技术、研发设计等高端服务要素的参与力度,参与下游阶段的制造企业应该加大交通运输、物流仓储、广告、营销和品牌等服务要素对产品的投入力度。政府应当对制造企业制定适当的减排目标,减少对碳排放和能源密集型的制造企业地方保护,通过企业内生动力加快制造业全球价值链服务化的减排进程。

(2)加大技术研发投入,促进高端技术服务要素与制造业融合。从第五章行业视角服务化的出口贸易隐含碳排放效应研究和第八章服务化的减排潜力估算结果分析中可以得知,目前中国制造业科学技术和研发服务化的减排效果并不明显,但是服务化过程中带来的技术进步能显著降低制造业出口贸易隐含碳排放。产生上述现象的主要原因是目前中国制造业科学技术和研发设计服务化水平不高,因此加深制造业的科学技术和研发设计服务化程度,充分发挥技术投入的减排作用是当务之急。科学技术、研发服务活动与制造业之间嵌入不仅仅能直接加快制造业服务化进程,反过来也能推动高端服务业的发展。政府应该建立企业技术创新基金,引进国外先进的研发技术,并且通过资金优惠或者政策扶持,鼓励技术水平较高的制造企业向技术水平较低行业传播先进的科学技术服务。中国的制造企业不仅仅要加强自身的核心技术能力,更要促进技术成果向生产过程的转化,促使研发行业作为中间投入参与到全球价值链分工中,发挥科学技术服务化的减排效应。

(3)加大信息化基础设施建设和投资力度,提高创新投入,改革企业科技创新激励机制,提供可共享的基础数据,培养更多大数据方面的高端人才。从行业层面研究结论看,中国制造业科学技术和研发、信息和通信服务化目前没有明显减排效应的原因是科学技术和研发、信息和通信服务化程度不够。从第三章服务化过程分析和阐述中可以了解到,服务活动作为高端要素对制造业全球价值链生产进行投入的过程,主要依赖于大数据从搜集到传递和处理，以及最终使用的过程。对这个过程起到核心支撑作用的就是信息和通信技术、大数据处理技术和智能化处理技术，这些技术是制造业服务化的关键基础。信息和通信技术能够保证制造企业与消费者之间的信息高效传递，使制造企业之间以及制造企业与服务业务活动之间能够保持便捷快速的信息通信。大数据处理技术更多应用于制造业价值链上下游阶段，能够有效辅助制造企业搜集和处理消费者数据，引导制造业产品的消费者偏好，为制造企业培养和拓展新的市场需求方向。智能化处理技术能够充分发挥智能技术的优势，为制造业企业顺利提供满足市场的服务和产品需求。政府牵头，企业着重培养，搭建覆盖全国范围的大数据平台，扩展共享基础数据来源，加大企业科技创新人才的培养力度，提高企业信息化投入比重，加快信息化与工业化融合，将智能技术更好地投入市场中，才能发挥信息化的减排效果。

（4）为较高技术制造业提供制度性支持，促进技术水平较高制造业的优先服务化。技术水平较高的制造业属于创新主导型制造业[①]，根据第七章发达国家和新兴经济体不同类型（高技术、中高技术、中低技术和低技术）制造业服务化的出口贸易隐含碳排放效应的结论，新兴经济体高技术和中高技术制造业服务化对出口贸易隐含碳有显著的减排效果。根据附表5主要国家和经济体不同类型制造业服务化水平的数据，与主要发达国家相比，中国高技术和中高技术制造业服务化水平不算高，但是有明显上升趋势。由于技术水平较高制造业具有技术复杂度高、产品功能丰富、更新速度快的特点，其价值链生产中更容易融合服务投入，提高服务化水平。因此，政府应该抓住技术水平较高制造业服务化减排显著的特点，为其提供制度性的支撑，为其配套各种服务投入清除障碍；鼓励企业服务化升级，促进高端服务行业的发展，推动服务业与资本和技术密集型制造业融合，以充分发挥技术水平较高制造业服务化对出口贸易隐含碳排放的正外部性作用。

（5）加快融资服务体系的完善和创新，支持制造企业开拓融资业务，推进制造业下游价值链服务化进程，为制造企业提供金融服务支持。根据中国区域制造业服务化的出口贸易隐含碳排放效应空间对比，东部地区金融保险投

---

① 创新主导型制造业是指技术进步快、创新能力强的资本密集型、技术密集型产业。按照研发投入所占比重将制造业分为高技术、中高技术、中低技术和低技术制造业，根据创新主导型制造业的特征，高技术和中高技术制造业属于创新主导型制造业。

入的占比增加对制造业出口贸易隐含碳的减排作用逐渐降低,且中部地区制造业服务化的减排作用动力不足。为了加大东部和中部地区制造业金融服务投入的减排作用,政府应当为制造业提供方便的金融支持。首先,为了解除各制造企业融资难的困境,金融体系创新需要紧跟制造业与服务活动融合的形势,积极为制造业提供方便的融资渠道和环境。其次,鼓励围绕制造业的产品拓展金融服务业务,降低金融市场对制造企业的准入门槛,完善政策环境,对于制造企业开展消费性信贷业务给予足够的支持和鼓励;风险投资机构应该将投资对象转向有减排潜力的制造企业,鼓励各大信用担保机构为制造企业提供优质评级和信用担保。最后,为制造业其他异质性服务化提供金融支持,例如为现代物流、供应链管理、在线服务、电子商务等提供有力的供应链金融、订单融资等金融支持,构建服务于其他服务化过程的金融体系模式,进一步发挥批发零售、物流仓储、商务服务等投入的减排作用。

(6) 推进制造业全球价值链生产过程与国内服务投入的深度融合,推动国内产业集群化发展,降低高端服务要素的国外依存度,为制造业生产过程中的国内来源的高级服务要素投入提供政策便利。根据前面的研究结论可知,新兴经济体制造业国内来源服务化的出口贸易隐含碳减排效果显著,因此中国制造业应该加大国内来源服务活动的投入力度。开发国内制造业和服务业之间融合发展的平台成为重要途径,政府应该积极推动国内集制造、研究、设计、金融、法律、会计、商务咨询等于一体的集群式载体,集群式载体内的制造企业和服务企业之间长期密切分工合作,有助于加深中国制造业国内生产性服务化程度,降低制造业价值链生产中的交易和协作成本。同时,针对中国东部、中部、西部和东北部地区之间制造业服务化减排效应的差异,政府应该积极制定优惠政策,鼓励区域之间、制造业和服务业之间、制造业价值链上下游企业之间的集群式发展和联合协作。另外,将高技术制造业与高端服务要素通过高科技产业园区集聚,加快制造业国内来源服务化进程,加大国内来源服务化的减排力度。

9.3 研究展望

经济发展过程对碳排放影响研究的最终目的是寻求减排路径。本书已经从不同视角对制造业全球价值链服务化的出口贸易隐含碳排放效应进行探究，第1.4.2小节中提到本书中关于制造业服务化的减排潜力研究缺乏行业贸易结构调整的针对性。贸易结构调整优化可以同时实现贸易结构调整后的GDP目标、各制造行业服务化水平提升的目标以及出口贸易隐含碳减排的目标。因此，后期将期望进一步考虑产业结构、贸易结构与制造业价值链升级、服务化之间的关系，讨论如何在总投入不变的情况下，兼顾经济效益、环境效益以及全球价值链效应，针对不同产业实施差异化的政策措施，同时实现碳排放降低、全球价值链升级和经济较快增长的多重目标。

初步的研究计划是结合国家在重大纲领文件中设定的减排约束性指标和发达国家的经济发展、环境状况指标，在减排、升级和增长的多重目标约束下，建立贸易结构调整优化模型，设定出口贸易隐含碳排放最小化目标，考虑经济损失和全球价值链服务化目标，根据各行业服务化水平和碳排放水平的差异，选择需要鼓励发展和限制发展的产业，对贸易结构调整进行优化模拟，研究中国在可承受成本范围内最大的潜在隐含碳减排量。

参 考 文 献

[1] AFIONIS S, SAKAI M, SCOTT K, et al. Consumption-based carbon accounting: Does it have a future?[J]. Wiley interdisciplinary reviews: Climate Change, 2017, 8(1): 1-19.

[2] AGRAWAL V V, FERGUSON M, TOKTAY L B, et al. Is leasing greener than selling[J]. Management Science, 2012, 58(3): 523-533.

[3] AHMAD N. A Framework for Estimating Carbon Dioxide Emissions Embodied in International Trade of Goods[J]. Sourceoecd General Economics & Future Studies, 2004(9): 151-178.

[4] Al-GHANDOOR A, Al-HINTI I, MUKATTASH A, et al. Decomposition analysis of electricity use in the Jordanian industrial sector[J]. International Journal of Sustainable Energy, 2010, 29(4): 233-244.

[5] AL-MULALI U, FOON TANG C. Investigating the validity of pollution haven hypothesis in the gulf cooperation council(GCC) countries[J]. Energy Policy, 2013(60): 813-819.

[6] ANG B W, ZHANG F Q, CHOI K H. Factorizing Changes in Energy and Environmental Indicators through Decomposition[J]. Energy, 1998, 23(6): 489-495.

[7] ANG B W. Decomposition analysis for policymaking in energy: which is the preferred method[J]. Energy Policy, 2004, 32(9): 1131-1139.

[8] ANUKOONWATTAKA W, SCAGLIUSI M, MIKIC M. Servicification and Industrial Exports from Asia and the Pacific[J]. Social Science Electronic Publishing, 2015.

[9] ARCE G, LÓPEZ, LUIS ANTONIO, GUAN D. Carbon emissions embodied in international trade: The post-China era[J]. Applied Energy, 2016(184):

1063-1072.

[10]ARNOLD J M, JAVORCIK B S, MATTOO A. Does services liberalization benefit manufacturing firms: Evidence from the Czech Republic[J]. Social Science Electronic Publishing, 2011, 85(1): 136-146.

[11]ARROW K,BOLIN B, COSTANZA R, et al. Economic growth, carrying capacity, and the environment [J]. Ecological Economics, 1995, 15(2): 91-95.

[12]AUCI S, BECCHETTI L. The instability of the adjusted and unadjusted environmental Kuznets curves[J]. Ecological Economics, 2007, 60(1): 282-298.

[13] BAKER L. OF embodied emissions and inequality: Rethinking energy consumption[J]. Energy Research & Social Science, 2018(36): 52-60.

[14] BALASSA B. Trade Liberalization among Industry Countries[R]. New York: McGraw-Hill, 1967.

[15] BALDWIN R, FORSLID R, ITO T. Unveiling the evolving sources of value added in exports[J]. Joint Research Program Series, 2015(2).

[16] BALDWIN R, LOPEZ-GONZALEZ J. Supply-chain Trade: A Portrait of Global Patterns and Several Testable Hypotheses [J]. The World Economy, 2014, 38(11): 1682-1721.

[17]BANK W. System of Environmental-Economic Accounting 2012: Central Framework[M]. Washington D. C: World Bank Publications, 2017.

[18]BARRETT J, PETERS G, WIEDMANN T, et al. Consumption-based GHG emission accounting: a UK case study[J]. Climate Policy, 2013, 13(4): 451-470.

[19]BERGMANN LUKE. Bound by Chains of Carbon: Ecological-Economic Geographies of Globalization [J]. Annals of the Association of American Geographers, 2013, 103(6): 1348-1370.

[20]BORIN A, MANCINI M. Follow the value added: bilateral gross export accounting[J]. Temi di discussione(Economic Working Paper), 2015: 1026.

[21] CHENERY H B. Patterns of Industrial Growth[J]. American Economic Review, 1960, 50(4): 624-654.

[22] CONRAD K. Locational competition under environmental regulation when

input prices and productivity differ[J]. The Annals of Regional Science, 2005, 39(2): 273-295.

[23]CUSUMANO M A, KAHL S J, SUAREZ F F. Services, industry evolution, and the competitive strategies of product firms[J]. Strategic Management Journal, 2015, 36(4): 559-575.

[24]DAVIS S J, CALDEIRA K. Consumption-based accounting of CO_2 emissions[J]. Proceedings of the National Academy of Sciences of the United States of America, 2010, 107(12): 5687-5692.

[25]DAVIS S J, PETERS G P, CALDEIRA K. The supply chain of CO_2 emissions[J]. Proceedings of the National Academy of Sciences of the United States of America, 2011, 108(45): 18554-9.

[26]DEAN J M, LOVELY M E. China's Growing Role in World Trade: Trade Growth, Production Fragmentation, and China's Environment[J]. NBER Book Chapters, 2010.

[27]DEDRICK J, KRAEMER KL, et al. Who profits from innovation in global value chains: a study of the iPod and notebook PCs[J]. Industrial & Corporate Change, 2010, 19(1): 81-116.

[28] DIETZ T, ROSA E A. Rethinking the environmental impacts of population, affluence and technology[J]. Human Ecology Review, 1994(1): 277-300.

[29]DIETZENBACHER E, MUKHOPADHYAY K. An Empirical Examination of the Pollution Haven Hypothesis for India: Towards a Green Leontief Paradox[J]. Environmental & Resource Economics, 2007, 36(4): 427-449.

[30]DIETZENBACHER E, PEI J, YANG C. Trade, production fragmentation, and China's carbon dioxide emissions[J]. Journal of Environmental Economics and Management, 2012, 64(1): 88-101.

[31]DURO J A, PADILLA E. International inequalities in per capita CO_2 emissions: A decomposition methodology by Kaya factors[J]. Energy Economics, 2006, 28(2): 170-187.

[32]DURO J A, VICENT ALCÁNTARA, PADILLA E. International inequality

in energy intensity levels and the role of production composition and energy efficiency: An analysis of OECD countries [J]. Ecological Economics, 2010, 69 (12): 2468-2474.

[33] EHRLICH P, HOLDREN J. Population and panaceas a technological perspective[J]. BioScience, 1969, 19(12): 1065-1071.

[34] ESKELAND G S, HARRISON A E. Moving to Greener Pastures? Multinationals and the Pollution Haven Hypothesis[J]. Journal of Development Economics, 2003, 70(1): 1-23.

[35] European Communities, International Monetary Fund, Organisation for Economic Cooperation and Development. Workshop on Food and Fuel Price[R]. United Nations, New York, 2008(9): 23.

[36] FALK M, PENG F. The increasing service intensity of European manufacturing[J]. Service Industries Journal, 2013, 33(15-16): 1686-1706.

[37] FELLOWS G K, DOBSON S. Embodied Emissions in Inputs and Outputs: A Value-Added Approach to National Emissions Accounting[J]. Canadian Public Policy, 2017, 43(2): 1-25.

[38] FERNÁNDEZ-AMADOR O, FRANCOIS J F, TOMBERGER P. Carbon dioxide emissions and international trade at the turn of the millennium[J]. Ecological Economics, 2016(125): 14-26.

[39] FISHBEIN B K, MC GARRY L S, DILLON P S. Leasing: A Step Toward Producer Responsibility[M]. NY: IN-FORM, 2000.

[40] FISHERVANDEN K, JEFFERSON G H, LIU H, et al. What is driving China's decline in energy intensity[J]. Resource & Energy Economics, 2004, 26 (1): 77-97.

[41] FOSTER-MCGREGOR N, STEHRER R. Value added content of trade: A comprehensive approach[J]. Economics Letters, 2013, 120(2): 354-357.

[42] FRANCOIS J, WOERZ J. Producer Services, Manufacturing Linkages, and Trade[J]. Social Science Electronic Publishing, 2007, 8(3-4): 199-229.

[43] FRIEDL B, GETZNER M. Determinants of CO_2 emissions in a small open economy[J]. 2003, 45(1): 133-148.

[44] GALEOTTI M, LANZA A, PAULI F. Reassessing the environmental Kuznets curve for CO_2 emissions: A robustness exercise[J]. Ecological Economics, 2006, 57(1): 152-163.

[45] GEREFFI G, HUMPHREY J, KAPLINSKY R, et al. Introduction: Globalisation, Value Chains and Development[J]. Ids Bulletin, 2010, 32(3): 1-8.

[46] GEREFFI G. International trade and industrial upgrading in the apparel commodity chain[J]. 1999, 48(1): 37-70.

[47] GLASMEIER A, HOWLAND M. Service-Led Rural Development: Definitions, Theories, and Empirical Evidence[J]. International Regional Science Review, 1993, 16(1-2): 197-229.

[48] GROSSMAN G M, KRUEGER A B. Economic growth and environment[J]. The Quarterly Journal of Economics, 1995, 110(2): 353-377.

[49] GROSSMAN G, KRUEGER A. Environmental impacts of a North American free trade agreement[J]. Social Science Electronic Publishing, 1992.

[50] HAUSMANN R, HWANG J, RODRIK D. What you export matters[J]. Journal of Economic Growth, 2007, 12(1): 1-25.

[51] HUMMELS D, ISHII J, YI K. The nature and growth of vertical specialization in world trade[J]. Journal of International Economics, 2001, 54(1): 75-96.

[52] JALIL A, MAHMUD S F. Environment kuznets curve for CO_2 emissions: a cointegration analysis for China[J]. Energy Policy, 2009, 37(12): 5167-5172.

[53] JAVORSEK M, CAMACHO I, CHOWDHURY R M H. Trade in Value Added: Concepts, Estimation and Analysis[J]. Economic and Social Commission for Asia and the Pacific Working Paper, 2015.

[54] JAYANTHAKUMARAN K, LIU Y. Bi-lateral CO_2 emissions embodied in Australia-China trade[J]. Energy Policy, 2016(92): 205-213.

[55] JIANG X, GUAN D, ZHANG J, et al. Firm ownership, China's export related emissions, and the responsibility issue[J]. Energy Economics, 2015(51): 466-474.

[56] JOHNSON R C, NOGUERA G. A Portrait of Trade in Value Added over Four Decades[J]. The Review of Economics and Statistics, 2017.

[57] JONES R W, KIERZKOWSKI H. Horizontal Aspects of Vertical Fragmentation[M]. Global Production and Trade in East Asia. Springer US, 2001: 33-51.

[58] KANG M J, WIMMER R. Product Service Systems as Advanced System Solutions for Sustainability[A]. Springer Proceeding in Physics, 2008, EKC 2008 Proceedings of the EU - Korea Conference on Science and Technology. 2009, 2(124): 191-199.

[59] KEE H L, TANG H. Domestic Value Added in Exports: Theory ang Firm Evidence from China[J]. The American Economic Review, 2016, 106(6): 1402-1436.

[60] KOOPMAN R, POWERS W, WANG Z, et al. Give Credit where Credit is Due: Tracing Value Added in Global Production Chains[J]. National Bureau of Economic Research Working Papers, 2011.

[61] KOZLUK T, TIMILIOTIS C. Do environmental policies affect global value chains? A new perspective on the pollution haven hypothesis[J]. OECD Economics Department Working Papers, 2016: 1282.

[62] LAMY P. Made in China'tells us little about global trade[N]. Financial Times, 2011-1-25.

[63] LANZ R, MAURER A. Services and Global Value Chains: Servicification of Manufacturing and Services Networks[J]. Journal of International Commerce Economics & Policy, 2015, 6(3): 155.

[64] LEONTIEF W. Environmental Repercussions and the Economic Structure: An Input-Output Approach[J]. The Review of Economics and Statistics, 1970, 52(3): 262-271.

[65] LIDDLE B. Consumption - Based Accounting and the Trade - Carbon Emissions Nexus[J]. Energy Economics, 2018(69): 71-78.

[66] LIONEL FONTAGNÉ, HARRISON A. The Factory-Free Economy: Outsourcing, Servitization and the Future of Industry[J]. National Bureau of Economic Research Working Papers, 2017.

[67] LIU H, et al. Carbon emissions embodied in value added chains in China[J]. Journal of Cleaner Production, 2015, 103: 362-370.

[68] LIU Y, CHEN S, CHEN B, et al. Analysis of CO_2 emissions embodied in China's bilateral trade: a non-competitive import input-output approach[J]. Journal of Cleaner Production, 2017(163): 410-419.

[69] LIU Z, DAVIS S J, FENG K, et al. Targeted opportunities to address the climate-trade dilemma in China[J]. Nature Climate Change, 2016(6): 201-206.

[70] LODEFALK M. The Role of Services for Manufacturing Firm Exports[J]. Review of World Ecomnomics, 2014, 150(1): 59-82.

[71] LONG R, et al. Embodied carbon dioxide flow in international trade: A comparative analysis based on China and Japan[J]. Journal of Environmental Management, 2018, 209: 371-381.

[72] LÓPEZ L A, ARCE G, KRONENBERG T. Pollution haven hypothesis in emissions embodied in world trade: the relevance of global value chains[J]. The Wealth of Nations in a Globalizing World, Workshop EU FP7 WIOD Project, July, 18th-19th, 2013a.

[73] LÓPEZ L A, ARCE G, ZAFRILLA J E. Financial Crisis, Virtual Carbon in Global Value Chains, and the Importance of Linkage Effects. The Spain-China Case[J]. Environmental Science & Technology, 2013b, 48(1): 36-44.

[74] LÓPEZ L A, ARCE G, ZAFRILLA J E. Parcelling virtual carbon in the pollution haven hypothesis[J]. Energy Economics, 2013c, 39: 177-186.

[75] LOW P, PASADILLA G O. Services in Global Value Chains: Manufacturing-Related Services[J]. Social Science Electronic Publishing, 2015.

[76] LOW P. The role of services in global value chains[J]. Real Sector Working Paper, Fung Global Institute, 2013.

[77] MA C, STERN D I. China's changing energy intensity trend: A decomposition analysis[J]. Energy Economics, 2008, 30(3): 1037-1053.

[78] MANZINI C, VEZOLLI E. Product-Service Systems and Sustainability[J]. United Nations Environment Programme, 2002, 254(2): 1-31.

[79] MARTIN WAGNER. The carbon kuznets curve: a cloudy picture emitted by bad econometrics? [J]. Resource and Energy Economics, 2008, 30(3): 388-408.

[80] MENG B, PETERS G P, WANG Z, et al. Tracing CO_2 emissions in global value chains[J]. Energy Economics, 2018, 73: 24-42.

[81] MI Z, ZHANG Y, GUAN D, et al. Consumption-based emission accounting for Chinese cities[J]. Applied Energy, 2016, 184: 1073-1081.

[82] MIROUDOT S, CADESTIN C. Services in Global Value Chains: From Inputs to Value-Creating Activities[J]. OECD Trade Policy Papers, OECD Publishing, Paris, 2017, No. 197.

[83] MOOMAW W, UNRUH G. Are environmental Kuznets curves misleading us? The case of CO_2 emissions[J]. Environment and Development Economics, 1997, 2: 451-463.

[84] MORAN P. Notes on continuous stochastic phenomena[J]. Biometrika, 1950, 37: 17-23.

[85] MUNKSGAARD J, PADE L L, MINX J, LENZEN M. Influence of trade on national CO_2 emissions[J]. Hydrological Processes, 2005, 23(4): 324-336.

[86] MUNKSGAARD J, PEDERSEN K A. CO_2 accounts for open economies: producer or consumer responsibility[J]. Energy Policy, 2001, 29(4): 327-334.

[87] NAKANO S, OKAMURA A, SAKURAI N, SUZUKI M, TOJO Y, YAMANO N. The Measurement of CO_2 Embodiments in International Trade: Evidence from the Harmonised Input-output and Bilaterial Trade Database[J]. STI Working Paper 3, OECD, Paris, France, 2009.

[88] NEELY A. Exploring the Financial Consequences of the Servitization of Manufacturing[J]. Operation Management Research, 2008, 12: 103—118.

[89] NEELY A. The Servitizationof Manufacturing: An Anlsysisof Global Trends[R]. 14th European Operations Management Association, 2007.

[90] NORDAS H K, KIM Y. The Role of Services for Competitiveness in Manufacturing[J]. Oecd Trade Policy Papers, 2013.

[91] OECD. Interconnected Economies Benefiting from Global Value Chains [J]. OECD Publishing, Paris, 2013.

[92] PAN J, PHILLIPS J, CHEN Y. China's balance of emissions embodied in trade: approaches to measurement and allocating international responsibility[J].

Oxford Review of Economic Policy, 2008, 24(2): 354-376.

[93] PARK S H. Intersectoral Relationships between Manufacturing and Services: New Evidence from Selected Pacific Basin Countries[J]. Asean Economic Bulletin, 1994, 10(3): 245-263.

[94] PAUL S, BHATTACHARYA R N. CO_2 emission from energy use in India: a decomposition analysis[J]. Energy Policy, 2004, 32(5): 585-593.

[95] PEI J, MENG B, WANG F, XUE J. Production sharing, demand spillovers and CO_2 emissions: the case of Chinese regions in GVCs[J]. The Singapore Economic Review, 2018, 63(2): 275-293.

[96] PETERS G P, HERTWICH E G. CO_2 Embodied in International Trade with Implications for Global Climate Policy[J]. Environmental Science & Technology, 2008, 42(5): 1401-1407.

[97] PETERS G P, HERTWICH E G. Post-Kyoto greenhouse gas inventories: production versus consumption[J]. Climatic Change, 2008, 86(1-2): 51-66.

[98] PETERS G P, MINX J C, WEBER C L, EDENHOFER O. Growth in emission transfers via international trade from 1990 to 2008[J]. Proceedings of the National Academy of Sciences, 2011, 108(21): 8903-8908.

[99] PRELL C, FENG KS. The evolution of global trade and impacts on countries' carbon trade imbalances[J]. Social Networks, 2016, 46: 87-100.

[100] QU S, LIANG S, XU M. CO_2 Emissions Embodied in Interprovincial Electricity Transmissions in China[J]. Environmental Science & Technology, 2017, 51(18): 10893-10902.

[101] REISKIN E D, WHITE A L, JOHNSON J K, et al. Servicizing the chemical supply chain[J]. Journal of Industrial Ecology, 1999, 3(2-3): 19-31.

[102] REN S, YUAN B, MA X, et al. International trade, FDI (foreign direct investment) and embodied CO_2 emissions: A case study of China's industrial sectors[J]. China Economic Review, 2014, 28: 123-134.

[103] REZZA A A. FDI and pollution havens: evidence from the Norwegian manufacturing sector[J]. Ecological Economics, 2013(90): 140-149.

[104] ROTHENBERG S. Sustainability through Servicizing[J]. MIT Sloan

Management Review, 2007, 48(2): 83-91.

[105] SELDEN T, SONG D. Environmental quality and development: Is there a Kuznets curve for air pollution emissions[J]. Journal of Environmental Economics and Management, 1994, 27(2): 147-162.

[106] SHAFIK N, BANDYOPADHYAY S. Economic Growth and Environmental Quality: Time-series and Cross-country Evidence[M]. Washington DC: World Bank Publications, 1992.

[107] SOLOVEITCHIK D, BEN-ADERET N, GRINMAN M, et al. Multiobjective optimization and marginal pollution abatement cost in the electricity sector-An Israeli case study[J]. European Journal of Operational Research, 2002, 140(3): 571-583.

[108] SU B, ANG B W. Input-output analysis of CO_2 emissions embodied in trade: competitive versus non-competitive imports[J]. Energy Policy, 2013, 56: 83-87.

[109] SU B, ANG B W. Input-output analysis of CO_2 emissions embodied in trade: a multiregion model for China[J]. Applied Energy, 2014, 114(24): 377-384.

[110] SUN J. The decrease in the difference of energy intensities between OECD countries from 1971 to 1998[J]. Energy Policy, 2002, 30(8): 631-635.

[111] SYRQUIN M, CHENERY H, MUNDIAL B. Patterns of Development, 1950 to 1983[M]. Washington, DC: World Bank Publications, 1989.

[112] TAN H, SUN A, LAU H. CO_2 Embodiment in China-Australia Trade: The Drivers and Implications[J]. EnergyPolicy, 2013, 61: 1212-1220.

[113] TANG J P. Pollution havens and the trade in toxic chemicals: evidence from US trade flows[J]. Ecological Economics, 2015, 112: 150-160.

[114] TANG X, et al. Will China's trade restructuring reduce CO_2 emissions embodied in international exports[J]. Journal of Cleaner Production, 2017, 161: 1094-1103.

[115] TIBSHIRANI R, HASTIE T. Local Likelihood Estimation[J]. Journal of the American Statistical Association, 1987, 82(398): 559-567.

[116] TIMMER M P, LOS B, STEHRER R, et al. An Anatomy of the Global Trade Slowdown based on the WIOD 2016 Release[J]. GGDC Research Memorandum, 2016.

[117] TUCKER M. Carbon dioxide emissions and global GDP[J]. Ecological Economics, 1995, 15(3): 215-223.

[118] VANDERMERWE S, RADA J. Servitization of Business: Adding Value by Adding Services[J]. European Management Journal, 1988, 6(4): 314-324.

[119] WALTER I W, UGELOW J. Environmental policies in developing countries[J]. Ambio, 1979, 8(2/3): 102-109.

[120] WANG DI, NIE RUI, SHI HAIYING. Scenario Analysis of China's Primary Energy Demand and CO_2 Emissions Based on IPAT Model[J]. Energy Procedia, 2011, 5: 365-369.

[121] WANG J, KOSAKA M, XING K. Manufacturing Servitization in the Asia-Pacific[M]. Singapore: Springer Singapore, 2016.

[122] WANG Z, WEI S J, ZHU Y K. Characterizing Global and Regional Manufacturing Value Chains: Stable and Evolving Features[J]. Development Working Papers, 2017.

[123] WANG Z, YANG Y, WANG B. Carbon footprints and embodied CO_2 transfers among provinces in China[J]. Renewable & Sustainable Energy Reviews, 2018, 82: 1068-1078.

[124] WHITE A L, STOUGHTON M, FENG L. Servicizing: The quiet transformation to extended producer responsibility[J]. Wenatchee Business Journal, 1999(1).

[125] WIEBE K S, BRUCKNER M, GILJUM S, et al. Calculating Energy-Related CO_2 Emissions Embodied in International Trade Using a Global Input-Output Model[J]. Economic Systems Research, 2012, 24(2): 113-139.

[126] WOOD ADRIAN. World Trade Report 2014-Trade and Development: Recent Trends and the Role of the WTO[J]. World Trade Review, 2015, 14(3): 546-548.

[127] World Intellectual Property Organization(WIPO). Licensing guide for De-

veloping Countries [M]. Geneva: World Intellectual Property Organization Publication, 1977.

[128] XIA Y, TANG Z. The impacts of emissions accounting methods on an imperfect competitive carbon trading market[J]. Energy, 2017, 119: 67-76.

[129] XIUPING Z, SHAOFENG C, MIAO N, et al. An Empirical Research on the Influence Factor of Carbon Emission in Chinese Provincial Regions[J]. Ecological Economy, 2009, 3: 34-37.

[130] XU XL, MU MJ, WANG Q. Recalculating CO_2 emissions from the perspective of value-added trade: An input-output analysis of China's trade data[J]. Energy Policy, 2017, 107: 158-166.

[131] YANG Z, et al. Constructing long-term (1948-2011) consumption-based emissions inventories [J]. Journal of Cleaner Production, 2015, 103: 793-800.

[132] YU Y, CHEN F. Research on carbon emissions embodied in trade between China and South Korea[J]. Atmospheric Pollution Research, 2017, 8(1): 56-63.

[133] ZHANG Y. Structural decomposition analysis of sources of decarbonizing economic development in China: 1992-2006[J]. Ecological Economics, 2009, 68(8-9): 2399-2405.

[134] ZHANG Z, ZHU K, HEWINGS G J D. A multi-regional input-output analysis of the pollution haven hypothesis from the perspective of global production fragmentation[J]. Energy Economics, 2017, 64: 13-23.

[135] ZHAO Y, LIU Y, ZHANG Z, et al. CO_2 emissions per value added in exports of China: A comparison with USA based on generalized logarithmic mean Divisia index decomposition[J]. Journal of Cleaner Production, 2017, 144: 287-298.

[136] ZHAO Y, WANG S, ZHANG Z, et al. Driving factors of carbon emissions embodied in China-US trade: A structural decomposition analysis[J]. Journal of Cleaner Production, 2016, 131: 678-689.

[137] ZHONG Z, JIANG L, ZHOU P. Transnational transfer of carbon emissions embodied in trade: Characteristics and determinants from a spatial perspective

[J]. Energy, 2018, 147: 858-875.

[138] ZHU Y, et al. Exploring the Characteristics of CO_2 Emissions Embodied in International Trade and the Fair Share of Responsibility[J]. Ecological Economics, 2018, 146: 574-587.

[139] ZSÓFIA VETÖNÉ MÓZNER. A Consumption-Based Approach to Carbon Emission Accounting-Sectoral Differences and Environmental Benefits[J]. Journal of Cleaner Production, 2013, 42(42): 83-95.

[140] ZUGRAVU N, KHEDER S B. The Pollution Haven Hypothesis: A Geographic Economy Model in a Comparative Study[J]. SSRN Electronic Journal, 2008.

[141] 曹光辉, 汪锋, 张宗益, 邹畅. 我国经济增长与环境污染关系研究[J]. 中国人口·资源与环境, 2006(1): 25-29.

[142] 陈丽娴, 沈鸿. 制造业服务化如何影响企业绩效和要素结构——基于上市公司数据的 PSM-DID 实证分析[J]. 经济学动态, 2017(5): 64-77.

[143] 陈艳莹, 叶良柱. 制造业服务化的环境效应[J]. 商业研究, 2009(8): 59-62.

[144] 戴翔. 中国制造业出口内涵服务价值演进及因素决定[J]. 经济研究, 2016, 51(9): 44-57+174.

[145] 邓晓兰, 陈宝东. 碳减排约束下我国产业结构变迁路径选择[J]. 北京理工大学学报(社会科学版), 2014, 16(6): 1-6.

[146] 方鸣. 投入服务化对工业行业环境技术效率的影响研究[J]. 江淮论坛, 2015(6): 68-75.

[147] 方远平, 毕斗斗. 国内外服务业分类探讨[J]. 国际经贸探索, 2008, 24(1): 72-76.

[148] 干春晖, 郑若谷, 余典范. 中国产业结构变迁对经济增长和波动的影响[J]. 经济研究, 2011, 46(5): 4-16+31.

[149] 顾阿伦, 何崇恺, 吕志强. 基于 LMDI 方法分析中国产业结构变动对碳排放的影响[J]. 资源科学, 2016, 38(10): 1861-1870.

[150] 郭朝先. 中国二氧化碳排放增长因素分析——基于 SDA 分解技术[J]. 中国工业经济, 2010(12): 47-56.

[151] 郭朝先. 中国工业碳减排潜力估算[J]. 中国人口·资源与环境,

2014,24(9):13-20.

[152]胡初枝,黄贤金,钟太洋,谭丹.中国碳排放特征及其动态演进分析[J].中国人口·资源与环境,2008(3):38-42.

[153]黄群慧,霍景东.全球制造业服务化水平及其影响因素——基于国际投入产出数据的实证分析[J].经济管理,2014,36(1):1-11.

[154]简兆权,伍卓深.制造业服务化的路径选择研究——基于微笑曲线理论的观点[J].科学学与科学技术管理,2011,32(12):137-143.

[155]江静,刘志彪,于明超.生产者服务业发展与制造业效率提升:基于地区和行业面板数据的经验分析[J].世界经济,2007,30(8):52-62.

[156]姜铸,李宁.服务创新、制造业服务化对企业绩效的影响[J].科研管理,2015,36(5):29-37.

[157]李鹏.产业结构调整与环境污染之间存在倒U型曲线关系吗[J].经济问题探索,2015(12):56-67.

[158]李鹏.产业结构与环境污染之间倒"U"型曲线关系的检验——基于产业结构调整幅度和经济增长速度共同影响视角的分析[J].经济问题,2016(10):21-26+109.

[159]李强.金融发展与我国产业升级:全球价值链攀升的视角[J].商业经济与管理,2015(6):86-96.

[160]李胜旗,毛其淋.制造业上游垄断与企业出口国内附加值——来自中国的经验证据[J].中国工业经济,2017(3):101-119.

[161]李小平,周记顺,王树柏.中国制造业出口复杂度的提升和制造业增长[J].世界经济,2015(2):31-57.

[162]李新光,张永起,黄安民.自贸区背景下县域产业结构升级影响因素的异质性研究[J].牡丹江师范学院学报(哲学社会科学版),2017(2):47-56.

[163]李玉文,徐中民,王勇,焦文献.环境库兹涅茨曲线研究进展[J].中国人口·资源与环境,2005(5):11-18.

[164]梁敬东,霍景东.制造业服务化与经济转型:机理与实证[J].首都经济贸易大学学报,2017,19(2):65-72.

[165]林伯强,蒋竺均.中国二氧化碳的环境库兹涅茨曲线预测及影响因

素分析[J]. 管理世界, 2009(4): 27-36.

[166]林伯强, 孙传旺. 如何在保障中国经济增长前提下完成碳减排目标[J]. 中国社会科学, 2011(1): 64-76+221.

[167]林基, 杨来科. 外商直接投资、出口贸易与二氧化碳排放——基于东亚发展中经济体与发达经济体的比较研究[J]. 国际贸易问题, 2013(10): 129-137.

[168]蔺雷, 吴贵生. 服务延伸产品差异化: 服务增强机制探讨——基于Hotelling地点模型框架内的理论分析[J]. 数量经济技术经济研究, 2005(8): 138-148.

[169]刘斌, 王乃嘉. 制造业投入服务化与企业出口的二元边际——基于中国微观企业数据的经验研究[J]. 中国工业经济, 2016(9): 59-74.

[170]刘斌, 魏倩, 吕越, 祝坤福. 制造业服务化与价值链升级[J]. 经济研究, 2016, 51(3): 151-162.

[171]刘仕国, 吴海英, 马涛, 张磊, 彭莉, 于建勋. 利用全球价值链促进产业升级[J]. 国际经济评论, 2015(1): 5-6+64-84.

[172]刘祥霞, 王锐, 陈学中. 中国外贸生态环境分析与绿色贸易转型研究——基于隐含碳的实证研究[J]. 资源科学, 2015, 37(2): 280-290.

[173]刘志彪. 生产者服务业及其集聚: 攀升全球价值链的关键要素与实现机制[J]. 中国经济问题, 2008(1): 3-12.

[174]吕越, 李小萌, 吕云龙. 全球价值链中的制造业服务化与企业全要素生产率[J]. 南开经济研究, 2017(3): 88-110.

[175]吕云龙, 吕越. 制造业出口服务化与国际竞争力——基于增加值贸易的视角[J]. 国际贸易问题, 2017(5): 25-34.

[176]马晶梅, 王新影, 贾红宇. 中日贸易隐含碳失衡研究[J]. 资源科学, 2016, 38(3): 523-533.

[177]闵连星, 罗茜, 林明辉. 制造企业服务化的生态效应、驱动因素和发展对策研究[J]. 生态经济, 2016, 32(2): 74-77.

[178]潘安, 魏龙. 中国对外贸易隐含碳: 结构特征与影响因素[J]. 经济评论, 2016(4): 16-29.

[179]潘安, 魏龙. 中国与其他金砖国家贸易隐含碳研究[J]. 数量经济

技术经济研究，2015，32(4)：54-70.

[180]潘安．对外贸易、区域间贸易与碳排放转移——基于中国地区投入产出表的研究[J]．财经研究，2017，43(11)：57-69.

[181]彭水军，袁凯华，韦韬．贸易增加值视角下中国制造业服务化转型的事实与解释[J]．数量经济技术经济研究，2017，34(9)：3-20.

[182]彭星，李斌．全球价值链视角下中国嵌入制造环节的经济碳排放效应研究[J]．财贸研究，2013，24(6)：18-26.

[183]钱志权，杨来科．东亚垂直分工对中国对外贸易隐含碳的影响研究——基于MRIO-SDA方法跨期比较[J]．资源科学，2016，38(9)：1801-1809.

[184]钱志权．全球价值链背景下中国出口增加值隐含碳研究[D]．上海：华东师范大学，2018.

[185]秦昌才，黄泽湘．碳排放责任模式的理论与实践[J]．财经科学，2012(7)：118-124.

[186]邱斌，叶龙凤，孙少勤．参与全球生产网络对我国制造业价值链提升影响的实证研究——基于出口复杂度的分析[J]．中国工业经济，2012(1)：57-67.

[187]饶畅．制造业投入服务化对碳生产率影响的理论建模和实证检验——以珠三角为例[J]．经济与管理，2013，27(6)：81-86.

[188]任建兰，徐成龙，陈延斌，张晓青，程钰．黄河三角洲高效生态经济区工业结构调整与碳减排对策研究[J]．中国人口·资源与环境，2015，25(4)：35-42.

[189]申明浩，杨永聪．基于全球价值链的产业升级与金融支持问题研究——以我国第二产业为例[J]．国际贸易问题，2012(7)：3-11.

[190]苏方林，黎文勇．产业结构合理化、高级化对碳排放影响的实证研究——基于西南地区面板数据[J]．西南民族大学学报(人文社科版)，2015，36(11)：114-119.

[191]孙立成，程发新，李群．区域碳排放空间转移特征及其经济溢出效应[J]．中国人口·资源与环境，2014，24(8)：17-23.

[192]孙攀，吴玉鸣，鲍曙明．产业结构变迁对碳减排的影响研究——空间计量经济模型实证[J]．经济经纬，2018，35(2)：93-98.

[193]陶爱萍,徐君超.金融发展与产业结构升级非线性关系研究——基于门槛模型的实证检验[J].经济经纬,2016,33(2):84-89.

[194]涂正革.中国的碳减排路径与战略选择——基于八大行业部门碳排放量的指数分解分析[J].中国社会科学,2012(3):78-94+206-207.

[195]王锋,吴丽华,杨超.中国经济发展中碳排放增长的驱动因素研究[J].经济研究,2010,45(2):123-136.

[196]王群伟,周鹏,周德群.我国二氧化碳排放绩效的动态变化、区域差异及影响因素[J].中国工业经济,2010(1):45-54.

[197]王文举,向其凤.国际贸易中的隐含碳排放核算及责任分配[J].中国工业经济,2011(10):56-64.

[198]王向进,杨来科,钱志权.制造业服务化、高端化升级与碳减排[J].国际经贸探索,2018(7):35-48.

[199]王向进,杨来科,钱志权.出口结构转型、技术复杂度升级与中国制造业碳排放——从嵌入全球价值链的视角[J].产经评论,2017,8(3):5-17.

[200]文东伟,冼国明.中国制造业的垂直专业化与出口增长[J].经济学(季刊),2010,9(2):467-494.

[201]吴进红.开放经济与产业结构升级[M].北京:社会科学文献出版社,2007.

[202]邢学杰.我国制造业转型升级发展生态环境研究[J].当代经济,2018(22):20-23.

[203]徐大丰.碳生产率、产业关联与低碳经济结构调整——基于我国投入产出表的实证分析[J].软科学,2011,25(3):42-46+56.

[204]徐振鑫,莫长炜,陈其林.制造业服务化:我国制造业升级的一个现实性选择[J].经济学家,2016(9):59-67.

[205]许广月,宋德勇.中国碳排放环境库兹涅茨曲线的实证研究——基于省域面板数据[J].中国工业经济,2010(5):37-47.

[206]许和连,成丽红,孙天阳.制造业投入服务化对企业出口国内增加值的提升效应——基于中国制造业微观企业的经验研究[J].中国工业经济,2017(10):62-80.

[207]薛白.基于产业结构优化的经济增长方式转变——作用机理及其测度[J].管理科学,2009,22(5):112-120.

[208]闫云凤,常荣平.全球价值链下的中美贸易利益核算:基于隐含碳的视角[J].国际商务(对外经济贸易大学学报),2017(3):17-26.

[209]闫云凤,黄灿.全球价值链下我国碳排放的追踪与溯源——基于增加值贸易的研究[J].大连理工大学学报(社会科学版),2015,36(3):21-27.

[210]闫云凤,赵忠秀.中国对外贸易隐含碳的测度研究——基于碳排放责任界定的视角[J].国际贸易问题,2012(1):131-142.

[211]杨玲.生产性服务进口贸易促进制造业服务化效应研究[J].数量经济技术经济研究,2015(5):37-53.

[212]袁富华.低碳经济约束下的中国潜在经济增长[J].经济研究,2010,45(8):79-89+154.

[213]原嫄,李国平.产业内部结构升级对碳排放的影响——基于OECD主要成员国面板数据的实证分析[J].气候变化研究进展,2016,12(4):332-340.

[214]原嫄,席强敏,李国平.产业关联水平对碳排放演化的影响机理及效应研究——基于欧盟27国投入产出数据的实证分析[J].自然资源学报,2017,32(5):841-853.

[215]原嫄,席强敏,孙铁山,李国平.产业结构对区域碳排放的影响——基于多国数据的实证分析[J].地理研究,2016,35(1):82-94.

[216]张宏艳,江悦明,冯婷婷.产业结构调整对北京市碳减排目标的影响[J].中国人口·资源与环境,2016,26(2):58-67.

[217]张杰,陈志远,刘元春.中国出口国内附加值的测算与变化机制[J].经济研究,2013,48(10):124-137.

[218]张捷,张媛媛,莫扬.对外贸易对中国产业结构向服务化演进的影响——基于制造—服务国际分工形态的视角[J].财经研究,2013,39(6):16-27.

[219]张捷,赵秀娟.碳减排目标下的广东省产业结构优化研究——基于投入产出模型和多目标规划模型的模拟分析[J].中国工业经济,2015(6):

68-80.

[220]张军,吴桂英,张吉鹏.中国区域物质资本存量估算:1952—2000[J].经济研究,2004(10):35-44.

[221]张雷,黄园淅.中国产业结构节能潜力分析[J].中国软科学,2008(5):27-29+31-34+51.

[222]张云,邓桂丰.双目标下我国产业结构低碳优化:实现2020年减排目标[J].华东师范大学学报(哲学社会科学版),2014,46(2):118-124+155.

[223]赵细康,李建民,王金营,周春旗.环境库兹涅茨曲线及在中国的检验[J].南开经济研究,2005(3):48-54.

[224]赵霞.生产性服务投入垂直专业化与装备制造业生产率[J].产业经济研究,2017(2):14-26.

[225]赵忠秀,王苒,闫云凤.贸易隐含碳与污染天堂假说——环境库兹涅茨曲线成因的再解释[J].国际贸易问题,2013(7):93-101.

[226]仲伟周,姜锋,万晓丽.我国产业结构变动对碳排放强度影响的实证研究[J].审计与经济研究,2015,30(6):88-96.

[227]周睿.新兴市场国家环境库兹涅茨曲线的估计——基于参数与半参数方法的比较[J].国际贸易问题,2015(3):14-22+64.

[228]朱勤,彭希哲,陆志明,于娟.人口与消费对碳排放影响的分析模型与实证[J].中国人口·资源与环境,2010,20(2):98-102.

[229]庄贵阳.中国经济低碳发展的途径与潜力分析[J].国际技术经济研究,2005(3):8-12.

附 表

附表1 《国际标准行业分类》(ISIC Rev.4)行业分类

编号	ISIC 分类	行业名称	行业描述	行业大类	行业分类
1	C10-C12	Food product	Food products, beverages and tobacco products	Manufacturing	中低技术
2	C13-C15	Textilles&apparel	Textiles, wearing apparel and leather products	Manufacturing	中低技术
3	C16	Wood	Wood and of products of wood and cork, except furniture; manufacture of articles of straw and plaiting materials	Manufacturing	中低技术
4	C17	Paper	Paper and paper products	Manufacturing	中低技术
5	C18	Print, publish	Printing and reproduction of recorded media	Manufacturing	中低技术
6	C19	Coke, petroleum	Coke and refined petroleum products	Manufacturing	中低技术
7	C20	Chemicals	Chemicals and chemical products	Manufacturing	中高技术
8	C21	Pharmaceutical	Basic pharmaceutical products and pharmaceutical preparations	Manufacturing	高技术
9	C22	Rubber & plastics	Rubber and plastic products	Manufacturing	中技术
10	C23	Non-metallic minerals	Other non-metallic mineral products	Manufacturing	中技术
11	C24	Metals	Basic metals	Manufacturing	中技术
12	C25	Fabricated metals	Fabricated metal products, except machinery and equipment	Manufacturing	中低技术
13	C26	ICT& electronics	Computer, electronic and optical products	Manufacturing	高技术
14	C27	Electrical equipment	Electrical equipment	Manufacturing	中高技术
15	C28	Machinery	Machinery and equipment n.e.c.	Manufacturing	中高技术

续表

编号	ISIC分类	行业名称	行业描述	行业大类	行业分类
16	C29	Motor vehicles	Motor vehicles, trailers and semi-trailers	Manufacturing	中高技术
17	C30	Other transport	Other transport equipment	Manufacturing	中高技术
18	C31-C32	Other manufacturing	Furniture; other manufacturing	Manufacturing	中技术
19	C33	Repair and installation	Repair and installation of machinery and equipment	Manufacturing	中技术
20	F	Construction	Construction	Services	生产性
21	G45	Wholesale	Wholesale and retail trade and repair of motor vehicles and motorcycles	Services	分配性
22	G46	Wholesale	Wholesale trade, except of motor vehicles and motorcycles	Services	分配性
23	G47	Retail	Retail trade, except of motor vehicles and motorcycles	Services	分配性
24	H49	Land transport	Land transport and transport via pipelines	Services	分配性
25	H50	Water transport	Water transport	Services	分配性
26	H51	Air transport	Air transport	Services	分配性
27	H52	Warehousing, post	Warehousing and support activities for transportation	Services	分配性
28	H53	Postal and courier	Postal and courier activities	Services	分配性
29	I	Hotel and restaurants	Accommodation and food service activities	Services	消费性
30	J58	Publishing	Publishing activities	Services	生产性
31	J59-J60	Media	Motion picture, video and television programme production, sound recording and music publishing activities; programming and broadcasting activities	Services	消费性
32	J61	Telecoms	Telecommunications	Services	分配性
33	J62-J63	Information	Computer programming, consultancy and related activities; information service activities	Services	生产性

续表

编号	ISIC分类	行业名称	行业描述	行业大类	行业分类
34	K64	Financial	Financial service activities, except insurance and pension funding	Services	生产性
35	K65	Insurance	Insurance, reinsurance and pension funding, except compulsory social security	Services	生产性
36	K66	Activities auxiliary	Activities auxiliary to financial services and insurance activities	Services	生产性
37	L68	Real estate	Real estate activities	Services	生产性
38	M69–M70	Legal and accounting	Legal and accounting activities; activities of head offices; management consultancy activities	Services	生产性
39	M71	Architectural and engineering	Architectural and engineering activities; technical testing and analysis	Services	生产性
40	M72	R&D	Scientific research and development	Services	生产性
41	M73	Advertising and marketing	Advertising and market research	Services	分配性
42	M74–M75	Other professional activity	Other professional, scientific and technical activities; veterinary activities	Services	生产性
43	N	Administrative and support	Administrative and support service activities	Services	生产性
44	O84	Public admin	Public administration and defence; compulsory social security	Services	社会性
45	P85	Education	Education	Services	社会性
46	Q	Healthy	Human health and social work activities	Services	社会性
47	R—S	Other service	Other service activities	Services	社会性
48	T	Private households	Activities of households as employers; undifferentiated goods- and services-producing activities of households for own use	Services	消费性
49	U	Extraterritorial activities	Activities of extraterritorial organizations and bodies	Services	社会性

附表2 高技术、中高技术、中低技术和低技术制造业行业分类

	R&D/GVA(%)	Manufacturing	分类代码
高技术	27.98	Basic pharmaceutical products and pharmaceutical preparations	C21
	24.05	Computer, electronic and optical products	C26
中高技术	20.44	Other transport equipment	C30
	15.36	motor vehicles, trailers and semi-trailers	C29
	7.89	Machinery and equipment n. e. c.	C28
	6.52	Chemicals and chemical products	C20
	6.22	Electrical equipment	C27
中低技术	3.58	Rubber and plastic products	C22
	2.43	Furniture; other manufacturing	C32
	2.24	Other non-metallic mineral products	C23
	2.07	Basic metals	C24
	1.93	Repair and installation of machinery and equipment	C33
低技术	1.68	Fabricated metal products, except machinery and equipment	C25
	1.59	Textiles, wearing apparel and leather products	C13-C15
	1.58	Paper and paper products	C17
	1.44	Food products, beverages and tobacco products	C10-C12
	1.17	Coke and refined petroleum products	C19
	0.7	Wood and of products of wood and cork, except furniture; manufacture of articles of straw and plaiting materials	C16
	0.67	Printing and reproduction of recorded media	C18

附表3 《国际标准行业分类》(ISIC Rev. 4)与《国民经济行业分类》
(GB/T 4754—2002)制造业归并

《国际标准行业分类》(ISIC Rev. 4)		《国民经济行业分类》(GB/T 4754—2002)	
分类代码	类别名称	大类代码	类别名称
C10-C12	Manufacture of food products, beverages and tobacco products	13	农副食品加工业
		14	食品制造业
		15	饮料制造业
		16	烟草制品业
C13-C15	Manufacture of textiles, wearing apparel and leather products	17	纺织业
		18	纺织服装 鞋 帽制造业
		19	皮革 毛皮 羽绒及其制品业

续表

《国际标准行业分类》(ISIC Rev.4)		《国民经济行业分类》(GB/T 4754—2002)	
C16	Manufacture of wood and of products of wood and cork, except furniture; manufacture of articles of straw and plaiting materials	20	木材加工及竹藤棕草制品业
C17	Manufacture of paper and paper products	22	造纸及纸制品业
C18	Printing and reproduction of recorded media	23	印刷业，记录媒介的复制
C19	Manufacture of coke and refined petroleum products	25	石油加工 炼焦及核燃料加工业
C20	Manufacture of chemicals and chemical products	26 28	化学原料及化学品制造业 化学纤维制造业
C21	Manufacture of basic pharmaceutical products and pharmaceutical preparations	27	医药制造业
C22	Manufacture of rubber and plastic products	29 30	橡胶制品业 塑料制品业
C23	Manufacture of other non-metallic mineral products	31	非金属矿物制品业
C24	Manufacture of basic metals	32 33	黑色金属冶炼及压延加工业 有色金属冶炼及压延加工业
C25	Manufacture of fabricated metal products, except machinery and equipment	34	金属制品业
C26	Manufacture of computer, electronic and optical products	40 41	通信设备 计算机及其他电子设备制造业 仪器仪表文化办公用机械制造业
C27	Manufacture of electrical equipment	39	电气机械及器材制造业
C28	Manufacture of machinery and equipment n.e.c.	35 36	通用设备制造业 专用设备制造业
C29 C30	Manufacture of transport equipment Manufacture of motor vehicles, trailers and semi-trailers Manufacture of other transport equipment	37	交通运输设备制造业
C31- C32 C33	Other manufacturing Manufacture of furniture; other manufacturing Repair and installation of machinery and equipment	21 24 42	家具制造业 文教体育用品制造业 工艺品及其他制造业

附表4 2000—2014年全球39个国家制造业服务化率

单位:%

国家	2000	2001	2002	2003	2004	2005	2006	2007	2008	2009	2010	2011	2012	2013	2014
爱尔兰	38.73	36.83	35.87	37.88	39.45	40.94	40.98	42.11	43.56	44.64	46.57	42.10	42.69	41.72	44.13
爱沙尼亚	29.87	31.01	31.59	31.40	31.40	31.43	31.28	30.96	31.26	31.68	31.86	31.70	32.18	32.81	33.33
奥地利	28.09	28.49	29.58	29.59	30.01	30.23	30.19	30.20	31.18	30.59	30.86	31.13	30.61	31.41	31.67
澳大利亚	30.18	30.16	30.83	31.51	30.63	29.10	28.80	28.46	28.42	30.86	29.79	29.59	30.09	31.13	32.49
保加利亚	34.02	33.04	32.61	32.01	33.56	33.72	35.11	33.03	33.99	34.64	36.03	33.38	33.24	33.32	32.57
比利时	35.76	35.34	35.38	35.89	35.90	35.20	35.62	36.30	35.81	36.20	34.25	34.83	34.49	38.09	38.08
波兰	34.85	37.01	37.03	36.22	35.35	36.27	36.15	36.19	36.44	35.06	34.52	33.87	34.06	33.58	33.39
丹麦	26.91	27.70	28.21	28.21	28.31	29.42	29.10	29.67	30.65	32.04	30.81	30.93	30.01	30.56	30.82
德国	32.64	33.37	33.49	33.43	33.21	33.39	33.03	33.75	34.15	34.37	32.74	33.17	32.71	34.08	33.93
法国	35.36	36.39	36.47	36.87	37.20	37.13	37.64	37.77	38.11	36.34	35.51	35.17	34.93	35.83	36.09
芬兰	30.30	30.06	30.07	30.19	30.65	31.70	30.58	30.57	32.83	34.27	33.04	33.03	34.79	34.13	33.88
韩国	25.22	25.83	26.39	26.94	26.28	26.23	25.96	26.04	25.96	26.97	25.98	25.74	25.56	25.47	25.40
荷兰	38.40	36.84	37.06	37.55	38.29	37.65	37.12	38.19	37.62	37.43	36.08	35.41	35.87	36.26	36.43
加拿大	28.10	29.74	29.56	29.29	29.22	29.38	29.53	29.85	29.78	28.48	28.05	27.69	28.05	28.39	28.95
捷克共和国	26.32	27.10	28.83	29.77	29.56	29.84	30.09	30.31	30.76	31.30	31.50	31.48	31.07	31.52	31.49
克罗地亚	32.13	32.98	33.03	33.88	33.96	35.57	36.54	36.60	36.27	36.75	37.08	36.85	36.57	36.46	36.49
拉脱维亚	30.32	30.25	30.43	32.69	31.68	32.88	32.76	32.09	31.22	31.18	30.55	30.99	31.63	32.08	32.15

· 184 ·

续表

国家	2000	2001	2002	2003	2004	2005	2006	2007	2008	2009	2010	2011	2012	2013	2014
立陶宛	31.82	32.15	30.18	30.12	29.53	29.68	29.67	28.26	31.91	30.95	30.65	30.46	29.69	30.40	28.00
卢森堡	29.45	30.84	31.95	31.26	33.44	32.09	34.51	32.09	34.74	38.26	38.32	37.09	34.47	35.81	35.47
罗马尼亚	30.11	28.85	28.05	28.95	28.84	29.10	28.89	29.10	29.55	29.64	25.42	25.04	29.57	29.87	29.70
美国	28.93	31.10	30.60	29.33	28.44	29.15	28.32	28.64	27.92	26.99	26.74	26.50	27.35	27.73	28.61
墨西哥	26.32	27.22	27.68	28.51	27.91	28.37	27.79	28.31	27.95	28.97	28.15	27.56	27.77	28.62	28.86
挪威	30.88	31.47	31.41	30.80	30.53	30.22	30.05	31.39	31.32	32.66	31.38	29.93	30.19	30.67	30.90
葡萄牙	28.80	29.18	29.25	29.85	30.06	30.32	30.04	30.33	30.70	31.30	30.63	31.64	32.05	31.58	31.42
日本	29.24	31.58	30.91	29.92	29.47	28.67	29.08	29.81	30.46	31.68	29.57	29.75	29.36	28.78	28.83
瑞士	26.56	25.52	25.57	25.91	26.41	26.30	26.41	27.01	27.24	27.47	28.44	27.68	28.02	28.72	29.15
塞浦路斯	32.22	32.56	31.18	31.53	27.84	26.34	27.25	27.38	28.06	28.90	27.89	28.16	27.32	25.60	27.67
斯洛伐克	29.69	29.20	30.37	30.77	29.24	28.94	28.99	29.47	30.03	31.27	30.68	30.79	29.67	30.00	29.13
斯洛文尼亚	27.29	27.52	27.93	28.47	28.59	29.20	29.81	30.36	30.46	30.42	30.85	30.63	29.92	29.68	29.47
土耳其	34.59	34.24	33.20	32.40	32.21	31.36	31.86	31.73	33.02	33.98	32.42	32.09	34.13	33.10	34.01
西班牙	31.84	32.98	33.72	34.03	34.31	34.44	34.55	35.45	35.38	35.11	32.63	32.00	32.03	32.50	32.95
希腊	39.28	42.32	41.27	40.61	41.29	40.29	40.27	39.17	40.79	40.96	42.68	38.11	41.21	39.03	37.37
匈牙利	29.25	30.08	30.86	30.43	30.22	31.11	31.17	31.52	32.37	32.31	31.79	31.68	31.52	31.39	30.72
意大利	37.39	38.35	38.65	39.25	39.16	39.23	38.90	39.06	39.42	38.61	36.16	36.02	36.69	37.61	37.48

续表

国家	2000	2001	2002	2003	2004	2005	2006	2007	2008	2009	2010	2011	2012	2013	2014
英国	30.97	32.77	33.44	33.62	33.85	33.23	33.11	34.00	32.73	32.94	29.99	29.56	29.49	29.78	30.25
巴西	31.36	32.36	31.53	30.56	28.93	31.79	33.07	33.23	32.90	32.90	33.17	33.00	34.61	34.81	35.08
俄罗斯	26.79	30.42	30.24	32.09	28.27	26.93	27.47	28.28	28.97	31.09	30.78	28.72	28.97	30.04	31.67
印度	31.21	33.18	33.34	34.72	34.47	33.96	31.18	29.91	29.25	31.82	30.88	30.49	29.27	30.44	31.82
中国	23.21	23.81	24.09	23.25	22.73	23.01	23.25	23.93	23.77	25.33	25.16	24.91	25.88	27.12	28.04

数据来源：根据第 3.2.1 小节中服务化率指标测度方法，计算而得。

附表 5　2000—2014 年主要国家和经济体不同类型制造业国内外来源服务化对比

单位：%

年份	中国 高技术 国内	中国 高技术 国外	中国 中高技术 国内	中国 中高技术 国外	中国 中低技术 国内	中国 中低技术 国外	中国 低技术 国内	中国 低技术 国外	美国 高技术 国内	美国 高技术 国外	美国 中高技术 国内	美国 中高技术 国外	美国 中低技术 国内	美国 中低技术 国外	美国 低技术 国内	美国 低技术 国外	欧盟 高技术 国内	欧盟 高技术 国外	欧盟 中高技术 国内	欧盟 中高技术 国外	欧盟 中低技术 国内	欧盟 中低技术 国外	欧盟 低技术 国内	欧盟 低技术 国外	德国 高技术 国内	德国 高技术 国外	德国 中高技术 国内	德国 中高技术 国外	德国 中低技术 国内	德国 中低技术 国外	德国 低技术 国内	德国 低技术 国外
2000	16.3	9.7	19.5	5.6	17.4	4.5	16.0	5.0	24.4	4.3	23.8	4.7	25.6	3.9	26.3	3.9	21.3	13.2	21.9	11.6	21.3	11.1	23.1	10.7	22.9	9.9	22.5	9.9	22.2	10.0	23.5	10.1
2001	16.8	10.0	19.6	4.5	17.5	4.3	15.9	5.0	29.1	4.2	25.2	4.4	27.5	3.9	27.5	3.9	21.7	14.0	22.6	11.7	22.1	11.6	23.2	10.7	24.0	10.8	22.8	10.0	23.1	9.9	24.5	9.6
2002	16.2	10.7	19.0	4.3	17.0	4.5	17.4	5.4	26.2	3.8	25.7	4.5	28.1	3.8	27.9	3.9	21.6	13.7	23.0	11.5	22.5	10.8	23.9	10.8	24.3	9.7	23.6	9.4	24.2	9.2	25.7	9.2
2003	14.8	11.6	16.9	5.1	15.1	5.1	15.9	5.7	23.2	3.5	25.0	4.6	28.0	4.0	26.4	4.0	21.7	13.8	23.2	12.0	22.6	11.2	24.0	10.9	24.1	9.4	23.5	9.4	23.9	9.3	25.6	9.6
2004	14.3	12.0	15.9	5.6	14.0	5.4	14.4	5.8	22.3	3.8	24.1	5.1	26.3	4.3	24.1	4.3	21.0	14.3	23.0	12.8	22.3	11.6	23.0	11.2	22.8	9.2	23.2	9.9	23.3	9.9	24.8	9.8
2005	15.4	12.1	16.4	5.4	13.5	5.4	14.4	5.5	20.6	3.9	24.9	5.3	27.4	4.6	22.7	4.6	20.9	14.3	22.8	12.7	21.9	12.0	23.0	11.7	22.5	9.3	23.0	10.3	22.7	10.4	24.8	10.4
2006	15.6	12.0	17.1	7.3	13.8	5.6	14.8	5.2	21.3	4.1	23.8	5.6	26.9	5.0	22.7	4.9	20.4	14.6	22.2	13.2	21.2	12.7	22.4	12.5	22.6	10.1	22.2	10.6	22.0	11.3	23.7	10.8
2007	15.6	12.8	17.1	7.3	14.4	5.6	15.3	5.2	19.5	4.0	24.0	5.5	26.2	5.5	20.2	4.9	20.4	14.6	22.2	13.2	21.1	13.5	22.7	12.5	22.5	9.8	22.6	11.3	21.9	11.7	24.2	11.2
2008	16.7	11.7	17.3	6.8	14.3	5.4	15.6	4.7	16.6	3.0	23.8	5.7	26.1	4.6	22.1	5.5	22.2	13.6	21.8	13.5	21.5	12.9	22.6	12.5	21.3	9.6	23.1	11.5	22.6	11.2	23.9	11.1
2009	19.9	10.2	19.9	6.1	16.2	4.7	17.1	4.0	16.6	3.1	24.1	5.1	26.2	5.1	21.3	5.0	18.4	14.4	18.9	14.3	19.3	14.3	20.0	14.5	19.9	9.6	20.4	11.9	20.8	10.8	25.6	12.2
2010	18.9	10.4	18.9	6.4	15.8	5.3	17.2	4.3	15.7	3.1	23.4	5.4	25.3	5.0	20.1	5.0	15.7	14.9	18.5	14.4	18.4	14.7	18.4	15.2	20.3	9.8	20.5	11.9	20.1	13.4	23.2	12.8
2011	19.4	9.9	18.9	6.4	15.4	4.9	17.3	4.3	16.7	3.2	23.4	5.2	25.9	5.3	21.2	5.4	15.5	13.9	18.4	14.7	18.7	14.7	18.4	14.9	19.9	9.8	20.5	12.4	20.5	13.3	22.2	12.9
2012	20.6	9.5	20.7	6.0	16.9	4.9	18.2	4.0	14.8	3.7	23.5	6.0	26.4	5.5	22.4	5.3	15.8	14.0	18.4	14.7	18.7	14.7	18.7	15.4	20.4	10.2	20.1	13.1	20.4	10.4	23.4	15.0
2013	21.6	9.3	22.0	6.0	18.4	5.0	19.9	4.0	14.8	3.7	23.5	6.2	26.4	5.5	22.4	5.3	16.0	17.1	18.4	15.1	19.0	15.2	19.5	16.4	19.9	10.2	20.1	13.1	20.1	14.4	23.4	15.0
2014	23.4	8.3	23.6	5.5	19.6	4.7	21.0	3.7	15.3	3.8	24.3	6.4	26.9	5.6	23.4	5.2	15.8	17.5	18.3	15.3	18.7	15.3	19.7	16.4	20.3	10.0	20.0	13.1	20.1	14.4	23.2	15.2

年份	韩国 高技术 国内	韩国 高技术 国外	韩国 中高技术 国内	韩国 中高技术 国外	韩国 中低技术 国内	韩国 中低技术 国外	韩国 低技术 国内	韩国 低技术 国外	日本 高技术 国内	日本 高技术 国外	日本 中高技术 国内	日本 中高技术 国外	日本 中低技术 国内	日本 中低技术 国外	日本 低技术 国内	日本 低技术 国外	印度 高技术 国内	印度 高技术 国外	印度 中高技术 国内	印度 中高技术 国外	印度 中低技术 国内	印度 中低技术 国外	印度 低技术 国内	印度 低技术 国外
2000	16.1	11.9	14.8	8.8	12.4	8.8	14.9	9.5	25.5	3.8	25.8	3.3	26.4	4.0	24.8	3.3	25.6	9.1	22.4	7.9	23.4	6.5	27.1	4.8
2001	17.3	11.4	15.8	8.9	12.9	8.8	15.2	9.8	29.2	4.4	27.3	3.7	27.6	4.6	25.6	4.4	26.6	10.0	23.4	8.6	25.9	7.1	28.3	5.3
2002	18.6	10.8	16.6	8.6	13.3	8.5	16.2	9.8	28.2	4.5	26.2	3.7	28.2	4.6	26.0	3.7	25.3	10.1	23.1	8.3	26.6	7.2	28.1	5.7
2003	18.9	11.0	16.8	9.0	13.2	9.0	16.4	9.4	26.3	4.2	25.8	3.7	26.9	4.4	25.1	3.6	27.9	9.5	25.4	9.1	29.7	7.4	28.4	5.7
2004	18.2	10.7	16.2	9.3	12.1	9.4	14.8	9.8	24.9	4.4	25.4	4.0	25.7	4.7	24.9	4.0	26.8	10.3	23.9	9.1	28.5	8.6	27.4	6.4
2005	18.4	10.9	16.3	9.2	12.7	10.4	13.3	10.4	24.2	4.6	24.2	4.4	24.1	5.1	22.9	4.7	25.6	10.5	22.2	9.8	28.3	9.4	26.2	6.9
2006	17.1	10.9	16.3	9.5	12.9	10.4	12.6	11.3	23.6	5.1	24.8	5.0	24.8	6.1	22.5	5.0	25.7	9.9	21.4	9.5	25.8	8.7	21.7	7.8
2007	16.9	10.9	15.0	9.7	12.9	11.2	12.6	11.3	23.1	5.5	25.5	5.5	25.1	5.5	22.0	6.3	25.7	9.8	20.6	9.8	24.6	8.7	20.2	7.8
2008	15.7	11.8	16.4	11.2	10.9	12.3	10.0	14.1	24.3	5.9	24.6	5.7	25.1	8.0	19.4	7.1	25.8	8.7	19.8	9.2	23.6	8.6	19.5	7.7
2009	16.8	11.4	16.4	10.5	13.3	12.3	12.6	13.1	26.5	5.2	26.0	5.2	27.7	7.0	23.1	6.0	26.4	9.6	21.4	9.2	26.8	9.0	22.3	7.7
2010	18.6	10.5	15.8	10.4	13.2	12.1	11.8	13.5	23.5	5.4	23.6	5.4	25.7	7.8	21.2	6.4	25.9	9.6	22.4	9.0	24.6	9.3	20.6	8.0
2011	14.8	12.5	14.9	11.1	11.9	12.6	9.9	14.1	23.1	5.2	24.0	6.0	23.8	8.1	21.2	6.9	25.5	9.4	21.4	8.5	22.9	8.9	20.7	7.9
2012	13.7	12.0	14.9	10.5	12.6	12.6	10.5	13.9	22.4	5.4	23.3	6.0	22.9	8.7	20.9	6.9	25.3	9.4	21.4	8.7	22.9	8.9	19.7	7.9
2013	13.6	11.6	15.2	10.8	12.6	13.1	10.8	13.9	21.1	6.0	24.0	6.0	20.8	9.2	18.6	7.7	26.6	8.4	23.0	8.4	23.8	8.3	20.9	7.9
2014	13.4	11.4	15.4	10.5	14.1	11.7	11.6	13.4	20.3	6.8	21.9	6.0	19.7	10.0	18.1	8.2	27.9	7.7	24.5	8.3	26.3	7.7	22.2	7.9

数据来源：根据第 3.2.1 小节中服务化率指标测度方法，计算而得。

附表6 发达国家与新兴经济体高技术制造业国内来源的异质性服务化的碳排放效应对比

解释变量\被解释变量	国内来源 FE OECD	国内来源 全面FGLS 新兴	生产性 FE OECD	生产性 全面FGLS 新兴	贸易隐含碳 C 分配性 FE OECD	分配性 全面FGLS 新兴	消费性 FE OECD	消费性 全面FGLS 新兴	社会性 FE OECD	社会性 全面FGLS 新兴
Tra	0.425*** (12.66)	0.523*** (9.80)	0.423*** (12.72)	0.645*** (15.04)	0.43*** (12.70)	0.452*** (8.17)	0.425*** (12.79)	0.65*** (11.72)	0.426*** (12.63)	0.485*** (8.53)
TraIns	-0.015*** (-6.50)	0.0046 (0.94)	-0.02*** (-6.88)	0.0151*** (5.11)	-0.02*** (-6.40)	0.00973 (1.39)	-0.015*** (-6.66)	0.03*** (6.43)	-0.0146*** (-6.39)	0.00947 (1.58)
Grading	-0.03*** (-6.24)	-0.37*** (-8.04)	-0.04*** (-6.49)	-0.185*** (-3.80)	-0.03*** (-6.07)	-0.533*** (-12.13)	-0.0352*** (-6.43)	-0.26*** (-3.72)	-0.0335*** (-6.08)	-0.53*** (-12.1)
Pos	-0.048*** (-11.14)	0.012*** (4.31)	-0.05*** (-11.02)	0.0104*** (4.50)	-0.05*** (-10.6)	0.0151*** (4.33)	-0.0477*** (-11.20)	0.01*** (4.22)	-0.0472*** (-10.93)	0.019*** (5.49)
Part	-0.03*** (-6.96)	0.0159*** (3.01)	-0.03*** (-7.04)	-0.00274 (-0.55)	-0.03*** (-7.40)	0.0292*** (5.51)	-0.0281*** (-7.07)	-0.0019 (-0.24)	-0.0295*** (-7.35)	0.026*** (4.95)
Ser_HD	0.00603 (1.93)	-0.05*** (-6.71)								
Ser_HD1			0.0166** (3.28)	-0.140*** (-9.81)						
Ser_HD2					-0.0028 (-0.46)	-0.0419 (-1.85)				
Ser_HD3							0.320*** (3.40)	-1.66*** (-4.34)		

续表

解释变量\被解释变量	贸易隐含碳 C									
	国内来源		生产性		分配性		消费性		社会性	
	OECD	新兴	OECD	新兴	OECD	新兴	OECD	新兴	OECD	新兴
	FE	全面FGLS	FE	全面FGLS	FE	全面FGLS	FE	全面FGLS	FE	全面FGLS
Ser_HD4									0.00735 (0.40)	−0.345* (−2.10)
$\_cons$	−0.601 (−0.73)	−1.714 (−1.22)	−0.523 (−0.64)	−6.008*** (−5.11)	−0.451 (−0.54)	−0.488 (−0.31)	−0.640 (−0.79)	−6.753*** (−4.39)	−0.485 (−0.59)	−1.486 (−0.94)
R^2	0.6304	0.9701	0.6240	0.9804	0.6499	0.9592	0.6526	0.9664	0.6447	0.9598
Hausman	119.65/ 0.0000		122.41/ 0.0000		119.18/ 0.0000		117.92/ 0.0000		118.84/ 0.0000	
Wald		4565.1/ 0.0000		4254.55/ 0.0000		1888.46/ 0.0000		1418.55/ 0.0000		1861.00/ 0.0000
N	510	60	510	60	510	60	510	60	510	60

注：Ser_HD、Ser_HD1、Ser_HD2、Ser_HD3、Ser_HD4 分别代表高技术制造业国内来源服务化、高技术制造业国内来源生产性服务化、高技术制造业国内来源分配性服务化、高技术制造业国内来源消费性服务化、高技术制造业国内来源社会性服务化。

附表 7　发达国家与新兴经济体高技术制造业国外来源的异质性服务化的碳排放效应对比

<table>
<tr><th rowspan="3">解释变量\被解释变量</th><th colspan="10">贸易隐含碳 C</th></tr>
<tr><th colspan="2">国外来源</th><th colspan="2">生产性</th><th colspan="2">分配性</th><th colspan="2">消费性</th><th colspan="2">社会性</th></tr>
<tr><th>OECD FE</th><th>新兴 全面FGLS</th><th>OECD FE</th><th>新兴 全面FGLS</th><th>OECD FE</th><th>新兴 全面FGLS</th><th>OECD FE</th><th>新兴 全面FGLS</th><th>OECD FE</th><th>新兴 全面FGLS</th></tr>
<tr><td>Tra</td><td>0.382*** (11.05)</td><td>0.507*** (7.93)</td><td>0.390*** (11.47)</td><td>0.47*** (7.53)</td><td>0.399*** (11.38)</td><td>0.54*** (9.04)</td><td>0.42*** (12.29)</td><td>0.468*** (8.36)</td><td>0.40*** (11.61)</td><td>0.530*** (7.84)</td></tr>
<tr><td>$TraIns$</td><td>-0.013*** (-5.83)</td><td>0.0150*** (3.00)</td><td>-0.0140*** (-6.24)</td><td>0.02*** (3.98)</td><td>-0.0131*** (-5.64)</td><td>0.0098* (1.97)</td><td>-0.01*** (-6.13)</td><td>0.0145** (2.73)</td><td>-0.01*** (-5.94)</td><td>0.0180*** (4.19)</td></tr>
<tr><td>$Grading$</td><td>-0.034*** (-6.29)</td><td>-0.489*** (-8.83)</td><td>-0.0330*** (-6.11)</td><td>-0.53*** (-10.9)</td><td>-0.0351*** (-6.38)</td><td>-0.41*** (-7.15)</td><td>-0.03*** (-6.17)</td><td>-0.539*** (-12.46)</td><td>-0.03*** (-5.73)</td><td>-0.440*** (-6.51)</td></tr>
<tr><td>Pos</td><td>-0.053*** (-11.94)</td><td>0.024*** (4.37)</td><td>-0.0515*** (-11.92)</td><td>0.017** (2.90)</td><td>-0.0506*** (-11.34)</td><td>0.03*** (6.28)</td><td>-0.05*** (-10.9)</td><td>0.0218*** (4.59)</td><td>-0.05*** (-11.4)</td><td>0.0277*** (4.41)</td></tr>
<tr><td>$Part$</td><td>-0.024*** (-5.81)</td><td>0.030*** (5.59)</td><td>-0.0247*** (-6.09)</td><td>0.03*** (4.87)</td><td>-0.0262*** (-6.27)</td><td>0.03*** (5.95)</td><td>-0.03*** (-7.21)</td><td>0.0322*** (5.30)</td><td>-0.03*** (-6.7)</td><td>0.0295*** (5.55)</td></tr>
<tr><td>Ser_HF</td><td>-0.018*** (-4.37)</td><td>0.0565 (1.71)</td><td></td><td></td><td></td><td></td><td></td><td></td><td></td><td></td></tr>
<tr><td>Ser_HF1</td><td></td><td></td><td>-0.0275*** (-4.56)</td><td>-0.0031 (-0.05)</td><td></td><td></td><td></td><td></td><td></td><td></td></tr>
<tr><td>Ser_HF2</td><td></td><td></td><td></td><td></td><td>-0.0307*** (-2.72)</td><td>0.25*** (3.84)</td><td></td><td></td><td></td><td></td></tr>
<tr><td>Ser_HF3</td><td></td><td></td><td></td><td></td><td></td><td></td><td>-0.136 (-1.09)</td><td>1.275 (1.47)</td><td></td><td></td></tr>
</table>

续表

附表

<table>
<tr><th rowspan="3">解释变量</th><th colspan="10">贸易隐含碳 C</th></tr>
<tr><th colspan="2">国外来源</th><th colspan="2">生产性</th><th colspan="2">分配性</th><th colspan="2">消费性</th><th colspan="2">社会性</th></tr>
<tr><th>OECD
FE</th><th>新兴
全面 FGLS</th><th>OECD
FE</th><th>新兴
全面 FGLS</th><th>OECD
FE</th><th>新兴
全面 FGLS</th><th>OECD
FE</th><th>新兴
全面 FGLS</th><th>OECD
FE</th><th>新兴
全面 FGLS</th></tr>
<tr><td>被解释变量 Ser_HF4</td><td>0.635
(0.75)</td><td>-3.563
(-1.77)</td><td>0.438
(0.53)</td><td>-1.893
(-0.97)</td><td>0.228
(0.27)</td><td>-5.117**
(-2.76)</td><td>-0.305
(-0.36)</td><td>-2.150
(-1.34)</td><td>-0.20**
(-2.80)</td><td>1.368*
(2.13)</td></tr>
<tr><td>_cons</td><td></td><td></td><td></td><td></td><td></td><td></td><td></td><td></td><td>0.156
(0.18)</td><td>-4.643*
(-2.08)</td></tr>
<tr><td>R^2</td><td>0.6197</td><td>0.9588</td><td>0.6211</td><td>0.9568</td><td>0.6143</td><td>0.9648</td><td>0.6325</td><td>0.9582</td><td>0.6352</td><td>0.9597</td></tr>
<tr><td>Hausman</td><td>127.66/
0.0000</td><td></td><td>129.34/
0.0000</td><td></td><td>135.62/
0.0000</td><td></td><td>120.28/
0.0000</td><td></td><td>124.32/
0.0000</td><td></td></tr>
<tr><td>Wald</td><td></td><td>1609.44</td><td></td><td>1290.75/
0.0000</td><td></td><td>2457.63/
0.0000</td><td></td><td>1609.62/
0.0000</td><td></td><td>1771.00/
0.0000</td></tr>
<tr><td>N</td><td>510</td><td>60</td><td>510</td><td>60</td><td>510</td><td>60</td><td>510</td><td>60</td><td>510</td><td>60</td></tr>
</table>

注：Ser_HF, Ser_HF1, Ser_HF2, Ser_HF3, Ser_HF4 分别代表高技术制造业国外来源服务化、高技术制造业国外来源生产性服务化、高技术制造业国外来源分配性服务化、高技术制造业国外来源消费性服务化、高技术制造业国外来源社会性服务化。

附表 8 发达国家与新兴经济体中高技术制造业国内来源的异质性服务化的碳排放效应对比

解释变量\被解释变量	国内来源				贸易隐含碳 C							
			生产性		分配性		消费性		社会性			
	OECD FE	新兴 全面FGLS	OECD FE	新兴 全面FGLS	OECD FE	新兴 全面FGLS	OECD FE	新兴 全面FGLS	OECD FE	新兴 全面FGLS		
Tra	0.403*** (11.59)	0.504*** (9.45)	0.409*** (11.88)	0.584*** (14.29)	0.421*** (12.40)	0.472*** (8.64)	0.427*** (12.66)	0.430*** (6.63)	0.434*** (12.83)	0.426*** (8.06)		
$TraIns$	-0.015*** (-6.58)	0.0118** (2.63)	-0.015*** (-6.69)	0.0146*** (4.73)	-0.014*** (-6.32)	0.0186*** (3.75)	-0.015*** (-6.39)	0.0143* (2.41)	-0.015*** (-6.40)	0.0224*** (5.26)		
$Grading$	-0.036*** (-6.49)	-0.343*** (-6.07)	-0.035*** (-6.39)	-0.265*** (-5.90)	-0.034*** (-6.20)	-0.534*** (-9.32)	-0.034*** (-6.08)	-0.548*** (-11.95)	-0.032*** (-5.81)	-0.496*** (-10.96)		
Pos	-0.047*** (-11.09)	0.0204*** (5.90)	-0.046*** (-10.65)	0.0131*** (5.31)	-0.048*** (-11.05)	0.0167*** (4.46)	-0.047*** (-10.94)	0.0174*** (4.93)	-0.046*** (-10.76)	0.00276 (0.41)		
$Part$	-0.024*** (-5.03)	0.00885 (1.31)	-0.027*** (-6.30)	-0.00444 (-0.81)	-0.027*** (-6.13)	0.0283*** (5.21)	-0.029*** (-7.22)	0.0354*** (4.13)	-0.031*** (-7.59)	0.0348*** (5.88)		
Ser_MHD	0.0170* (2.53)	-0.071*** (-5.70)										
Ser_MHD1			0.0228* (2.33)	-0.147*** (-9.73)								
Ser_MHD2					0.0124 (1.40)	0.00281 (0.08)						
Ser_MHD3							0.0425 (0.33)	0.474 (1.09)				

续表

解释变量\被解释变量	贸易隐含碳 C									
	国内来源				分配性				社会性		
	生产性										
	OECD FE	新兴 全面 FGLS	OECD FE	新兴 全面 FGLS	OECD FE	新兴 全面 FGLS	OECD FE	新兴 全面 FGLS	OECD FE	新兴 全面 FGLS

解释变量	国内来源 生产性 OECD FE	国内来源 生产性 新兴 全面FGLS	分配性 OECD FE	分配性 新兴 全面FGLS	消费性 OECD FE	消费性 新兴 全面FGLS	社会性 OECD FE	社会性 新兴 全面FGLS
Ser_MHD4							−0.107 (−1.61)	0.591* (2.35)
$\_cons$	−0.358 (−0.44)	−0.923 (−0.65)	−0.205 (−0.25)	−3.795*** (−3.38)	−0.561 (−0.68)	−2.022 (−1.22)	−0.506 (−0.61)	−0.979 (−0.57)
R^2	0.6096	0.9670	0.6243	0.9794	0.6210	0.9568	0.6500	0.9576
Hausman	124.78/ 0.0000		121.02/ 0.0000		122.18/ 0.0000		119.15/ 0.0000	
Wald		3881.94/ 0.0000		4506.22/ 0.0000		1282.63/ 0.0000		1619.94/ 0.0000
N	510	60	510	60	510	60	510	60

注:此续表社会性列还包含:OECD FE Hausman 119.09/0.0000, N=510;新兴 全面FGLS _cons=−1.874 (−1.34), Wald=1365.01/0.0000, N=60。

注:Ser_MHD、Ser_MHD1、Ser_MHD2、Ser_MHD3、Ser_MHD4 分别代表中高技术制造业国内来源服务化、中高技术制造业国内来源生产性服务化、中高技术制造业国内来源分配性服务化、中高技术制造业国内来源消费性服务化、中高技术制造业国内来源社会性服务化。

附表 9 发达国家与新兴经济体中高技术制造业国外来源的异质性服务化的碳排放效应对比

解释变量\被解释变量	国外来源		生产性		分配性		消费性		社会性	
	OECD FE	新兴 全面FGLS	OECD FE	新兴 全面FGLS	OECD FE	新兴 全面FGLS	OECD FE	新兴 全面FGLS	OECD FE	新兴 全面FGLS
Tra	0.435*** (12.76)	0.463*** (8.10)	0.434*** (12.59)	0.46*** (8.87)	0.430*** (12.78)	0.559*** (9.64)	0.43*** (12.62)	0.477*** (8.41)	0.433*** (12.88)	0.540*** (10.12)
$Tralns$	-0.015*** (-6.43)	0.0172*** (3.17)	-0.015*** (-6.39)	0.011** (2.19)	-0.02*** (-6.45)	0.0250*** (5.00)	-0.03*** (-6.42)	0.0178*** (3.98)	-0.05*** (-6.47)	0.0298*** (5.89)
$Grading$	-0.034*** (-6.10)	-0.537*** (-11.46)	-0.033*** (-6.05)	-0.50*** (-11.3)	-0.03*** (-6.15)	-0.421*** (-7.22)	-0.03*** (-5.99)	-0.528*** (-11.81)	-0.034*** (-6.23)	-0.389*** (-7.23)
Pos	-0.049*** (-10.88)	0.0144** (2.15)	-0.048*** (-10.87)	0.0021 (0.36)	-0.05*** (-10.9)	0.0313*** (5.19)	-0.05*** (-10.3)	0.0150*** (3.16)	-0.048*** (-11.16)	0.0358*** (6.12)
$Part$	-0.028*** (-6.63)	0.0297*** (4.82)	-0.029*** (-7.22)	0.0325*** (6.17)	-0.03*** (-6.36)	0.0126 (1.74)	-0.03*** (-7.46)	0.0283*** (5.26)	-0.027*** (-6.38)	0.0193*** (3.35)
Ser_MHF	-0.0123 (-1.33)	-0.0245 (-0.39)								
Ser_MHF1			-0.0128 (-0.84)	-0.28*** (-2.87)						
Ser_MHF2					-0.0246 (-1.35)	0.374*** (2.63)				
Ser_MHF3							0.208 (0.65)	-0.705 (-0.48)		

续表

解释变量 \ 被解释变量	贸易隐含碳 C									
	国外来源		生产性		分配性		消费性		社会性	
	OECD FE	新兴 全面FGLS	OECD FE	新兴 全面FGLS	OECD FE	新兴 全面FGLS	OECD FE	新兴 全面FGLS	OECD FE	新兴 全面FGLS
Ser_MHF4									−0.245* (−2.00)	3.460*** (3.95)
_cons	−0.659 (−0.79)	−1.542 (−0.85)	−0.640 (−0.76)	−0.600 (−0.39)	−0.533 (−0.65)	−5.868** (−2.96)	−0.487 (−0.59)	−2.012 (−1.32)	−0.628 (−0.76)	−5.894*** (−3.44)
R^2	0.6740	0.9569	0.6645	0.9618	0.6659	0.9611	0.6451	0.9569	0.6655	0.9642
Hausman	129.10/ 0.0000		129.05/ 0.0000		116.22/ 0.0000		119.82/ 0.0000		146.85/ 0.0000	
Wald		1314.17/ 0.0000		1625.49		1351.88/ 0.0000		1292.52/ 0.0000		2206.06/ 0.0000
N	510	60	510	60	510	60	510	60	510	60

注：Ser_MHF, Ser_MHF1, Ser_MHF2, Ser_MHF3, Ser_MHF4 分别代表中高技术制造业国外来源服务化、中高技术制造业国外来源生产性服务化、中高技术制造业国外来源分配性服务化、中高技术制造业国外来源消费性服务化、中高技术制造业国外来源社会性服务化。

附表10 发达国家与新兴经济体中低技术制造业国内来源的异质性服务化的碳排放效应对比

	国内来源		生产性		分配性		消费性		社会性	
					贸易隐含碳C					
解释变量\被解释变量	OECD FE	新兴 全面FGLS	OECD FE	新兴 全面FGLS	OECD FE	新兴 全面FGLS	OECD FE	新兴 全面FGLS	OECD FE	新兴 全面FGLS
Tra	0.448*** (13.26)	0.452*** (7.99)	0.448*** (13.11)	0.547*** (13.01)	0.429*** (12.78)	0.526*** (9.26)	0.431*** (12.88)	0.420*** (7.23)	0.435*** (12.94)	0.457*** (8.85)
$TraIns$	-0.014*** (-6.39)	0.0134* (2.37)	-0.014*** (-6.07)	0.0129*** (3.88)	-0.015*** (-6.50)	0.0249*** (5.02)	-0.014*** (-6.35)	0.0167*** (3.67)	-0.015*** (-6.58)	0.0253*** (4.96)
$Grading$	-0.032*** (-5.93)	-0.511*** (-10.79)	-0.035*** (-5.94)	-0.299*** (-6.52)	-0.033*** (-6.04)	-0.509*** (-12.08)	-0.035*** (-6.36)	-0.503*** (-10.31)	-0.034*** (-5.98)	-0.494*** (-10.49)
Pos	-0.047*** (-11.09)	0.0182*** (5.03)	-0.048*** (-11.23)	0.0137*** (5.40)	-0.047*** (-10.83)	0.0142*** (4.28)	-0.047*** (-11.06)	0.0207*** (5.05)	-0.047*** (-10.91)	0.00925 (1.91)
$Part$	-0.036*** (-8.26)	0.0270*** (4.88)	-0.032*** (-7.93)	-0.00139 (-0.25)	-0.033*** (-7.45)	0.0218*** (3.31)	-0.032*** (-7.81)	0.0358*** (5.40)	-0.030*** (-7.63)	0.0304*** (5.71)
Ser_MLD	-0.021*** (-3.43)	-0.0235 (-1.50)	-0.0267** (-2.82)	-0.147*** (-8.60)						
Ser_MLD1					-0.0152 (-1.65)	0.0400* (1.98)				
Ser_MLD2							-0.311* (-2.42)			
Ser_MLD3								0.941 (1.86)		

续表

被解释变量 解释变量	贸易隐含碳 C									
	国内来源		生产性		分配性		消费性		社会性	
	OECD	新兴	OECD	新兴	OECD	新兴	OECD	新兴	OECD	新兴
	FE	全面 FGLS	FE	全面 FGLS	FE	全面 FGLS	FE	全面 FGLS	FE	全面 FGLS
Ser_MLD4									-0.119^* (-2.38)	0.433^* (2.12)
$\_cons$	-0.424 (-0.52)	-0.661 (-0.38)	-0.859 (-1.04)	-2.701^* (-2.33)	-0.236 (-0.28)	-4.312^* (-2.42)	-0.400 (-0.49)	-1.083 (-0.69)	-0.564 (-0.69)	-2.540 (-1.72)
R^2	0.6617	0.9583	0.6536	0.9776	0.6609	0.9593	0.6092	0.9588	0.6091	0.9602
Hausman	115.96/ 0.0000		118.46/ 0.0000		117.48/ 0.0000		121.71/ 0.0000		121.77/ 0.0000	
Wald		1754.47/ 0.0000		4390.97/ 0.0000		1127.37/ 0.0000		1849.84/ 0.0000		1357.17/ 0.0000
N	510	60	510	60	510	60	510	60	510	60

注：Ser_MLD，Ser_MLD1，Ser_MLD2，Ser_MLD3，Ser_MLD4 分别代表中低技术制造业国内来源服务化、中低技术制造业国内来源生产性服务化、中低技术制造业国内来源分配性服务化、中低技术制造业国内来源消费性服务化、中低技术制造业国内来源社会性服务化。

附表 11 发达国家与新兴经济体中低技术制造业国外来源的异质性服务化的碳排放效应对比

解释变量\被解释变量	国外来源 OECD FE	国外来源 新兴 全面FGLS	生产性 OECD FE	生产性 新兴 全面FGLS	贸易隐含碳 C 分配性 OECD FE	贸易隐含碳 C 分配性 新兴 全面FGLS	消费性 OECD FE	消费性 新兴 全面FGLS	社会性 OECD FE	社会性 新兴 全面FGLS
Tra	0.441*** (13.18)	0.413*** (7.91)	0.457*** (13.42)	0.456*** (10.11)	0.429*** (12.80)	0.426*** (6.76)	0.441*** (13.24)	0.494*** (9.40)	0.420*** (12.52)	0.507*** (8.42)
TraIns	-0.016*** (-6.94)	0.00680 (1.19)	-0.015*** (-6.59)	0.00209 (0.41)	-0.016*** (-6.73)	0.0147** (2.64)	-0.015*** (-6.76)	0.0136** (2.97)	-0.015*** (-6.60)	0.0241*** (3.91)
Grading	-0.033*** (-5.95)	-0.552*** (-12.47)	-0.031*** (-5.64)	-0.468*** (-10.66)	-0.034*** (-6.15)	-0.568*** (-10.77)	-0.037*** (-6.68)	-0.508*** (-11.31)	-0.033*** (-5.96)	-0.475*** (-7.67)
Pos	-0.051*** (-11.58)	-0.0138 (-1.50)	-0.052*** (-11.74)	-0.0170* (-2.50)	-0.048*** (-11.16)	0.00363 (0.33)	-0.051*** (-11.73)	-0.00198 (-0.25)	-0.048*** (-11.13)	0.0299** (2.93)
Part	-0.026*** (-6.18)	0.0388*** (6.61)	-0.027*** (-6.79)	0.0305*** (5.93)	-0.027*** (-6.46)	0.0365*** (4.41)	-0.027*** (-6.91)	0.0294*** (5.63)	-0.027*** (-6.48)	0.0248*** (4.21)
Ser_MLF	-0.028*** (-3.46)	-0.196*** (-3.45)								
Ser_MLF1			-0.061*** (-3.81)	-0.483*** (-5.38)						
Ser_MLF2					-0.0309* (-2.08)	-0.178 (-1.23)				
Ser_MLF3							-1.281*** (-3.94)	-5.034* (-2.52)		

续表

被解释变量	贸易隐含碳 C									
	国外来源		生产性		分配性		消费性		社会性	
解释变量	OECD FE	新兴 全面FGLS	OECD FE	新兴 全面FGLS	OECD FE	新兴 全面FGLS	OECD FE	新兴 全面FGLS	OECD FE	新兴 全面FGLS
Ser_MLF4									-0.128* (-2.32)	1.567 (1.34)
$\_cons$	-0.730 (-0.90)	0.984 (0.61)	-1.232 (-1.48)	-0.0578 (-0.04)	-0.424 (-0.52)	-0.186 (-0.09)	-0.631 (-0.78)	-1.857 (-1.27)	-0.326 (-0.40)	-3.766 (-1.86)
R^2	0.7124	0.9627	0.7138	0.9690	0.6635	0.9577	0.6244	0.9606	0.6439	0.9578
Hausman	122.59/ 0.0000		126.33/ 0.0000		116.56/ 0.0000		125.45/ 0.0000		150.29/ 0.0000	
Wald		2231.41/ 0.0000		2902.31/ 0.0000		1536.04/ 0.0000		1547.28/ 0.0000		1391.02/ 0.0000
N	510	60	510	60	510	60	510	60	510	60

注：Ser_MLF，Ser_MLF1，Ser_MLF2，Ser_MLF3，Ser_MLF4 分别代表中低技术制造业国外来源服务化、中低技术制造业国外来源生产性服务化、中低技术制造业国外来源分配性服务化、中低技术制造业国外来源消费性服务化、中低技术制造业国外来源社会性服务化。

附表12 发达国家与新兴经济体低技术制造业国内来源的异质性服务化的碳排放效应对比

被解释变量	贸易隐含碳 C									
	国内来源		生产性		分配性		消费性		社会性	
	OECD	新兴	OECD	新兴	OECD	新兴	OECD	新兴	OECD	新兴
解释变量	FE	全面FGLS	FE	全面FGLS	FE	全面FGLS	FE	全面FGLS	FE	全面FGLS
Tra	0.391*** (11.30)	0.487*** (9.50)	0.457*** (13.22)	0.593*** (14.65)	0.391*** (12.00)	0.458*** (8.46)	0.426*** (12.66)	0.421*** (7.06)	0.428*** (12.71)	0.485*** (8.79)
TraIns	-0.014*** (-6.42)	0.00633 (1.15)	-0.013*** (-5.87)	0.0144*** (4.63)	-0.012*** (-5.63)	0.0133* (2.08)	-0.015*** (-6.48)	0.0140** (2.75)	-0.014*** (-6.24)	0.0304*** (3.76)
Grading	-0.034*** (-6.17)	-0.429*** (-8.07)	-0.032*** (-5.84)	-0.213*** (-3.81)	-0.031*** (-5.93)	-0.516*** (-10.68)	-0.035*** (-6.21)	-0.563*** (-12.35)	-0.034*** (-6.09)	-0.433*** (-5.71)
Pos	-0.049*** (-11.52)	0.024*** (6.07)	-0.046*** (-10.85)	0.0171*** (6.38)	-0.051*** (-12.23)	0.0210*** (4.25)	-0.047*** (-11.00)	0.0188*** (5.23)	-0.047*** (-10.84)	0.0136*** (3.40)
Part	-0.021*** (-4.54)	0.00790 (1.01)	-0.033*** (-8.07)	-0.0116 (-1.67)	-0.016*** (-3.63)	0.0247*** (3.89)	-0.029*** (-7.06)	0.0381*** (5.23)	-0.03*** (-7.44)	0.0363*** (4.84)
Ser_LD	0.023*** (3.72)	-0.054*** (-3.76)								
Ser_LD1			-0.036** (-3.20)	-0.180*** (-7.38)						
Ser_LD2					0.049*** (6.83)	-0.0321 (-1.26)				
Ser_LD3							0.124 (1.30)	0.773* (2.03)		

续表

被解释变量	贸易隐含碳C									
	国内来源		生产性		分配性		消费性		社会性	
	OECD	新兴	OECD	新兴	OECD	新兴	OECD	新兴	OECD	新兴
解释变量	FE	全面FGLS	FE	全面FGLS	FE	全面FGLS	FE	全面FGLS	FE	全面FGLS
Ser_LD4									-0.0343 (-0.48)	0.251 (1.77)
$\_cons$	-0.351 (-0.43)	-0.296 (-0.20)	-0.989 (-1.19)	-3.882*** (-3.53)	-0.813 (-1.03)	-0.812 (-0.50)	-0.534 (-0.65)	-0.848 (-0.52)	-0.482 (-0.58)	-3.811* (-1.98)
R^2	0.6156	0.9642	0.6740	0.9766	0.6401	0.9580	0.6642	0.9591	0.6394	0.9589
Hausman	126.16/ 0.0000		114.07/ 0.0000		137.74/ 0.0000		0.6642/ 0.0000		117.84/ 0.0000	
Wald		0.9642/ 0.0000		2525.38/ 0.0000		1603.86/ 0.0000		2100.33/ 0.0000		1407.80/ 0.0000
N	510	60	510	60	510	60	510	60	510	60

注：Ser_LD、Ser_LD1、Ser_LD2、Ser_LD3、Ser_LD4 分别代表低技术制造业国内来源服务化、低技术制造业国内来源生产性服务化、低技术制造业国内来源分配性服务化、低技术制造业国内来源消费性服务化、低技术制造业国内来源社会性服务化。

附表 13 发达国家与新兴经济体低技术制造业国外来源的异质性服务化的碳排放效应对比

解释变量	被解释变量	国外来源				贸易隐含碳 C							
				生产性		分配性		消费性		社会性			
		OECD FE	新兴 全面 FGLS	OECD FE	新兴 全面 FGLS	OECD FE	新兴 全面 FGLS	OECD FE	新兴 全面 FGLS	OECD FE	新兴 全面 FGLS		
Tra		0.427*** (12.65)	0.526*** (8.48)	0.428*** (12.78)	0.450*** (8.61)	0.431*** (12.81)	0.607*** (9.35)	0.422*** (12.65)	0.464*** (8.29)	0.425*** (12.61)	0.547*** (9.83)		
TraIns		-0.015*** (-6.39)	0.0227*** (4.21)	-0.014*** (-6.30)	0.0111 (1.73)	-0.014*** (-6.09)	0.0193*** (4.96)	-0.014*** (-6.14)	0.0185*** (4.32)	-0.015*** (-6.38)	0.0245*** (5.70)		
Grading		-0.033*** (-6.03)	-0.530*** (-12.23)	-0.031*** (-5.42)	-0.495*** (-9.79)	-0.033*** (-5.94)	-0.483*** (-11.08)	-0.032*** (-5.89)	-0.548*** (-11.83)	-0.033*** (-5.90)	-0.431*** (-8.81)		
Pos		-0.048*** (-10.56)	0.0461* (2.27)	-0.051*** (-11.15)	-0.00840 (-0.53)	-0.046*** (-10.62)	0.0643*** (3.92)	-0.050*** (-11.44)	0.0277** (3.13)	-0.048*** (-10.85)	0.0431*** (5.86)		
Part		-0.029*** (-6.87)	0.00945 (0.69)	-0.028*** (-6.85)	0.0372*** (5.00)	-0.032*** (-7.50)	-0.0150 (-0.95)	-0.028*** (-7.06)	0.0240*** (3.96)	-0.029*** (-7.17)	0.0138* (2.21)		
Ser_LF		-0.00209 (-0.32)	0.178 (1.46)										
Ser_LF1				-0.0313* (-2.34)	-0.355 (-1.61)								
Ser_LF2						0.0146 (1.47)	0.582** (2.98)						
Ser_LF3								-0.820** (-3.00)	2.707 (1.28)				

续表

被解释变量	贸易隐含碳 C															
	国外来源				生产性				分配性				消费性		社会性	
	OECD		新兴		OECD		新兴		OECD		新兴		OECD	新兴	OECD	新兴
解释变量	FE	全面 FGLS	FE	全面 FGLS	FE	全面 FGLS	FE	全面 FGLS	FE	全面 FGLS	FE	全面 FGLS	FE	全面 FGLS	FE	全面 FGLS
Ser_LF4																3.054***
																(3.95)
_cons	−0.480		−3.936*		−0.537		−0.781		−0.628		−6.003**		−0.283	−1.885	−0.0413	−5.048**
	(−0.58)		(−2.08)		(−0.66)		(−0.50)		(−0.76)		(−3.24)		(−0.35)	(−1.22)	(−0.69)	(−3.04)
R^2	0.6488		0.9582		0.6741		0.9585		0.6492		0.9629		0.6436	0.9577	0.6486	0.9641
Hausman	125.44/				131.65/				117.59/				124.00/		138.91/	
	0.0000				0.0000				0.0000				0.0000		0.0000	
Wald			1401.24/				1354.27/				1483.97/			1468.63/		1998.65/
			0.0000				0.0000				0.0000			0.0000		0.0000
N	510		60		510		60		510		60		510	60	510	60

注：Ser_LF，Ser_LF1，Ser_LF2，Ser_LF3，Ser_LF4 分别代表低技术制造业国外来源服务化、低技术制造业国外来源生产性服务化、低技术制造业国外来源分配性服务化、低技术制造业国外来源消费性服务化、低技术制造业国外来源社会性服务化。

术语索引表

C
产业升级 ·················· 4

F
分配性服务 ················ 35

G
高端服务化 ················ 9
规模效应 ·················· 4

H
环境效应 ·················· 1

J
技术减排 ·················· 7
减排潜力 ·················· 3
结构减排 ·················· 7

M
贸易隐含碳 ················ 1
贸易增加值 ················ 3

Q
全球价值链 ················ 1

S
社会性服务 ················ 35
生产性服务 ················ 4
生产者责任 ················ 21

T
碳排放责任 ················ 3
投入产出法 ················ 15

W
温室气体 ·················· 1

X
消费性服务 ················ 35
消费者责任 ················ 21

Y
异质性服务化 ·············· 9

Z
制造业服务化 ·············· 1
制造业升级 ················ 4

后 记

在毕业论文完成阶段,我明白我的博士生涯真的是要结束了。曾经有无数个时间点我梦想着能够完成毕业论文并顺利答辩,想象着我沉浸在收获成果的喜悦中,满心欢喜。此时此刻,我终于靠近征程的终点,但是内心所感受到的心酸代替了几乎所有的欢愉。求学过程的不易和曲折带来重重打击,满心的苦楚在此刻全部凝聚为眼眶里打转的泪水。回想艰苦而充实的四年博士学习,需要感谢的人太多。

首先,感谢敬爱的导师杨来科教授,感谢四年以来他对我的严格要求和悉心指导。导师学识渊博,严谨求实,敏锐的学术眼光和深厚的学术功底令我终身受益。导师传授了我科研的思维和治学的方法,引领我不再对学术研究无知和惶恐,而是成为一名可以进行独立研究的博士生。导师工作繁忙,但仍然会挤出时间督促我。在我对论文选题和篇章结构感到迷茫时,导师及时为我指点迷津;当我对论文撰写怠惰放松时,导师及时给我提醒和鞭策;在我取得阶段性成果时,导师替我高兴并及时提醒我戒骄戒躁。在此深谢师恩,今后必不忘教诲,砥砺前行。

其次,诚挚感谢经济与管理学部的诸位老师。感谢黄泽民教授、李巍教授、冯文伟教授、吴信如教授、叶德磊教授、殷德生教授、张玉鹏教授对我专业课程的指导,帮助我深化专业方面的理论学习和提高科研必备技能。感谢教学秘书徐遥琴老师、辅导员张艳虹老师对学生工作的付出,帮助我解决除学习以外的诸多事宜,为我安心学术研究提供便利的条件。另外,对为本论文进行评审并提出宝贵意见的专家教授提出衷心的感谢。

感谢志同道合的同门好友钱志权、张云、闫云凤、赵捧莲、林基、常冉、郑国姣、刘学智、赵凌云、徐博等,与他们交流我备受鼓舞,获益良多。

最后，感谢我的父母，含辛茹苦将我养育成人，培养我正直的人格和坚韧的品质；感谢我的姐姐，在我人生的每次抉择时给我提供足够的建议和帮助；感谢我的先生，几百个陪伴我伏案到深夜的日子里给予我无微不至的照顾、包容和鼓励。

在此，谨对过去的四年画上一个完整的句号。未来可期，大有可为。